Blue Book of Urban
Assessment Data
in Guangdong
(2019)

广东省
城市评估数据
蓝皮书
(2019)

广东省城乡规划设计研究院
广东省城市规划协会 组织编写

王 浩 马 星 主编

中国建筑工业出版社

图书在版编目（CIP）数据

广东省城市评估数据蓝皮书. 2019 / 王浩，马星主编. —北京：中国建筑工业出版社，2019.9
ISBN 978-7-112-24144-6

Ⅰ.①广… Ⅱ.①王… ②马… Ⅲ.①城市—发展—评估—研究报告—广东—2019 Ⅳ.①F299.276.5

中国版本图书馆CIP数据核字（2019）第179797号

责任编辑：毋婷娴
责任校对：李欣慰

本书基于遥感数据、商业数据、互联网开源数据等多源数据，运用空间分析、空间计量以及多元统计分析等定量方法，分析并总结了改革开放40年来广东省在人口、用地、产业、公共服务、地域文化、生态格局等6个方面的发展趋势及特征。研究成果对广东省的国土空间资源梳理、优化配置、分类管控提供数据和技术上的参考，全面支撑广东省新一轮国土空间开发与保护格局规划和构建，也为全国其他区域的国土空间要素梳理提供方法和案例借鉴。

本书基础地理数据来源于国家基础地理信息中心的全国地理信息资源目录服务系统。

广东省城市评估数据蓝皮书（2019）

广东省城乡规划设计研究院
广东省城市规划协会　组织编写
王　浩　马　星　主编

*

中国建筑工业出版社出版、发行（北京海淀三里河路9号）
各地新华书店、建筑书店经销
北京雅盈中佳图文设计公司制版
北京富诚彩色印刷有限公司印刷

*

开本：880×1230毫米　1/16　印张：21$\frac{1}{2}$　字数：501千字
2019年10月第一版　2019年10月第一次印刷
定价：**259.00**元
ISBN 978-7-112-24144-6
　　（34630）

版权所有　翻印必究
如有印装质量问题，可寄本社退换
（邮政编码100037）

编委会	
顾　问：	邱衍庆　马向明　陈鸿宇
主　任：	王　浩
副主任：	马　星
委　员：	邓力凡　杜　勇　彭雨滕　杨晓羚
	林尤涛　马　瑶　原明清　余　蔚
	陈俊松　梅梦媛　丁冬冬　王晓路
	王婉君　魏冀明　李粼粼　陈　宇
	石莹怡　庞哓媚

前言

四旬革故路峥嵘，南粤发展谱新篇。1978年，中国拉开了改革开放的序幕，广东省作为改革开放的前沿阵地，按照党中央、国务院的统一部署，紧跟国家改革开放的步伐，不忘初心、坚定不移地推动体制改革和对外开放，实现了经济的跨越式发展、社会的历史性进步，谱写了社会和谐、人民幸福的岭南发展壮丽篇章。

改革开放以来，国家力图降低行政成本，提高行政效率，开展了7次国务院政府机构改革。党的十九届三中全会审议通过了《中共中央关于深化党和国家机构改革的决定》和《深化党和国家机构改革方案》，组建自然资源部，强化了国土空间规划对空间资源的管控和约束作用、国土空间高质量的开发利用和保护作用。

正在编制的《广东省国土空间规划（2020-2035）》是尝试解决中央和总书记最关心的生态优先、高质量发展问题，探索绿色生产、生活方式，争创生态文明、绿色发展的实践范例，为广东破解资源环境约束、区域发展不平衡矛盾，优化省域空间格局和资源配置，提供空间保障支撑和一揽子解决方案。该规划将全省作为一个整体，探索如何能更好地优化资源配置、统筹空间管控、提升空间治理水平，从而逐步建立起全省统筹的开发与保护格局。

经过改革开放40年的发展，广东省取得优秀发展成就的同时，也存在国土空间开发和保护方省域发展不平衡不充分，难以满足以人民为中心和生态优先发展的要求。具体体现为资源环境约束过紧，与生态文明、永续发展要求不匹配；区域发展差距过大，与经济大省地位不相称；国土空间品质不高，与人民美好生活的需求有差距；资源要素配置不优，与"一核一带一区"格局不匹配；国土安全风险增大，国土安全保护和韧性能力有待提高等五个不匹配现象。

《广东省城市评估数据蓝皮书（2019）》以新的纪年方式命名，并作为《广东省城市评估数据蓝皮书2017》的延续，主要内容包括广东省在人口发展、用地发展、产业发展、社会保障和公共服务、地域文化发展、生态发展等6个方面的现实状况评估、发展成就总结和发展趋势判断。

人口发展方面，分析广东省层面的人口规模变化特征、年龄结构特征、自然增长特征、区域分布特征等人口总体特征，对改革开放以来人口发展历程进行阶段性总结。基于现状基本特征，通过构建模型对影响广东省人口变动的生育水平、死亡水平、流动人口、户籍人口、常住人口等因素的预测，判断今后至2035年广东省人口增长、人口流动、劳动力数量、人口老龄化、人口空间均衡分布、人口城镇化等方面的发展趋势，支撑广东全域与人口发展相适应的空间资源供给。

用地发展方面，通过对历史建设用地总量增长变化特征，城乡建设用地、城镇工矿用地、村庄用地等建设用地结构特征的现状梳理，评估广东省土地城镇化与人口城镇化匹配关系、城乡建设用地与常住人口匹配关系、城镇工矿用地与城镇人口匹配关系、村庄用地与乡村人口匹配关系等，以期梳理人口、财政等影响城市土地使用的内在逻辑，支撑广东省整体土地指标投放，破除土地资源对城市发展的过紧束缚。

产业发展方面，通过结合国际产业转移大趋势，对比国内外发展阶段，梳理广东产业发展的历史脉络及当前面临的一些问题，重点关注广东八大主导制造业、服务业等重点行业的发展现状及未来发展趋势。从"一核一带一区"视角出发，探讨珠三角及粤东西北区域的产业特征及发展不平衡不充分问题。

社会保障与公共服务方面，重点总结了广东省在改革开放 40 年来，居民收入、社会结构、社会保障等民生方面的变化、取得的成就与存在的不足。从全国视角看广东省在公共服务财政投入力度和水平，从次区域角度分析公共服务设施空间配置的均衡性，并重点考察各市文化、教育、体育、医疗等公益性公共服务设施的建设及服务情况。从全省整体、区域及地市层面支撑公共资源精准投放和保障人民最基本的生活需求。

广东省作为最为开放的省份之一，是多元文化碰撞和交流的地区，具有较为丰富的文化资源。在地域文化发展方面，本书将以历史动态视角梳理各类文化引入、碰撞、融合的过程，阐述广东地域文化特征，从空间上盘点全省地域内文化资源要素的空间分布、质量等特征，对近年来广东省通过绿道、古驿道、碧道等文化资源线性空间的打造，实现文化资源要素体系化整合，强化地域文化特色的经验和成就进行了总结，为未来更多全省及全国层面的文化空间打造提供了方法和案例借鉴。

改革开放 40 年来，广东从落后的农业省一跃成为全国第一经济大省，处于中国经济的领跑地位。在经济发展的同时，广东应全面贯彻"绿色发展，生态优先"发展理念。在生态保护方面，本书通过对广东省生态本底评估、生态安全格局推演、人与水和生态的关系的梳理，为广东省生态格局保护和生态修复提供技术建议。

综上，全书基于详实的数据、客观的方法论证，梳理并总结了广东省改革开放 40 年来在人口、用地、产业、公共服务、地域文化、生态格局等 6 个方面的发展脉络及特征，对广东省的国土空间资源梳理、优化配置、分类管控提供数据和技术上的参考，全面支撑广东省新一轮国土空间开发与保护格局规划和构建，也为全国其他区域的国土空间资源要素梳理提供方法和案例借鉴。

目录

前言

01 第一章
栉风沐雨40年 —— 广东省经济社会发展变化　001

1.1　经济实现跨越式发展，综合实力大幅提升　002

1.2　经济结构优化，新旧动能转换　004

1.3　国际交往日趋活跃，全面开放格局基本形成　008

1.4　城市基础设施建设加快推进，生态环境品质大幅提高　010

1.5　大力保障和改善民生，人民生活水平大幅提高　018

02 第二章
人口发展　025

2.1　广东人口发展基本特征　026

2.2　广东人口发展趋势预测　045

03 第三章
用地发展　055

3.1　广东省土地资源总体特征及空间分布　056

3.2　广东省建设用地总体特征和发展趋势　064

3.3　广东省建设用地结构特征　068

3.4　广东省人口、城镇化与用地关系　074

3.5　广东省人口、经济与用地关系　081

04 第四章
产业发展 093

4.1　广东省产业发展历程　094
4.2　产业发展现状特征分析　095
4.3　广东产业发展总体趋势　127
4.4　广东制造业及服务业发展现状及趋势　131
4.5　广东产业发展的区域协同特征　156

05 第五章
社会保障与公共服务 185

5.1　广东社会发展现状　186
5.2　公共服务总体概况　208
5.3　公共服务建设情况　210
5.4　公益性公共服务设施发展状况　215

06 第六章
地域文化 249

6.1　广东地域文化特质　250
6.2　地域文化资源要素及空间分布　261
6.3　文化要素线性空间　275

07 第七章
生态保护 285

7.1　广东省生态本底梳理　286
7.2　广东省生态安全格局推演　319
7.3　广东省水与人和生态的关系　331

参考文献　335
后　　记　336

第一章
栉风沐雨40年
——广东省经济社会发展变化

01

1978年12月,党的十一届三中全会召开,拉开了我国改革开放的大幕。回首40载光辉历程,我国各项事业取得了举世瞩目的非凡成就。广东作为改革开放的前沿阵地,坚定不移地推动体制改革和对外开放,经济社会发展成绩斐然,人民生活实现了由温饱向小康的历史性转变。

1.1 经济实现跨越式发展,综合实力大幅提升

十一届三中全会以来,广东沿着党中央指明的方向持续推进改革开放,经济实现跨越式发展,综合实力大幅提升。

1.1.1 地区生产总值

1978—2017年,广东省地区生产总值呈现爆发式增长。1978年GDP为185.85亿元,1990年突破千亿大关,2000年突破万亿大关,2017年达到89705.23亿,相比1978年增长了近482倍。从历年增长速度上看,改革开放至2010年广东省的地区生产总值基本保持在每年10%以上的增长率,并在1993年前后增速达到高峰,进入21世纪的前八年依旧实现了12%以上的高速增长,2010年后增速逐渐回落,但仍维持在8%左右的较高水平(图1-1)。

图1-1 1978—2017年广东省地区生产总值

1.1.2 财政收入

1978—2017年,广东省地方一般公共预算收入突飞猛进。1978年收入为41.82亿元,2000年为910.56亿元;2004年后财政收入开始迅速增长,从2004年的1418.51亿元增长至2017年

的 11320.35 亿元。从历年增幅来看，广东省地方一般公共预算收入在进入 21 世纪后进入了平稳高速增长的阶段，2004-2011 年的平均年增速高达 21.5%，2011 年之后增速逐渐下降，但每年仍有 10% 以上的增幅（图 1-2）。

图1-2　1978-2017年广东省地方一般公共预算收入

1.1.3　社会消费品零售总额

1978-2017 年，广东省社会消费品零售总额也得到了极大增长，且与 GDP 增长同步。1978 年仅为 79.86 亿元，1998 年便已达千亿级别，2017 年总额为 38200 亿元，四十年内增长了 477%，年平均增速高达 17.43%（图 1-3）。

图1-3　1978-2017年广东省社会消费品零售总额变化图

1.1.4 固定资产投资总额

固定资产投资总额也呈爆发式增长。1978年，全省固定资产投资总额仅为27.23亿元，1998年为2668.13亿元。进入21世纪以后固定资产投资总额增速加快，2017年为37477.96亿元，约为1978年的1376倍（图1-4）。

图1-4　1978-2017年广东省固定资产投资总额趋势图

1.2 经济结构优化，新旧动能转换

改革开放以来，随着产业转移升级和经济发展战略的调整，广东的三次产业结构比重由1978年的29.8∶46.6∶23.6调整为2017年的4.0∶42.4∶53.6，国民经济增长由第一、二产业带动转为由第二、三产业带动，产业内部结构日趋高端化。

1.2.1 产业结构变化

1978-2017年，第一产业比例逐年下降，从30%下降到不足5%，第二产业有升有降，1988-2008年间二产贡献率逐渐增至50.7%，之后开始下降，至2017年二产占比为42.4%；第三产业则急速增长，1978年占比不足25%，2017年已超过50%，产业结构重心逐渐向第三产业转移（图1-5）。从三次产业对地区生产总值增长的带动作用来看，1988-2008年间第二产业是广东省经济快速增长的主要动力；2008-2017年，第二产业动能迅速下降，三产开始取代二产成为支撑经济发展的持续动力（图1-6）。

1.2.2 经济效率

经济生产效率也获得了飞跃式提升。1978年，全员劳动生产率为9906元/人，单位GDP能耗值为2.37万吨；到2017年，全员劳动生产率已提高至223415元/人，增长率达215%（图1-7）；

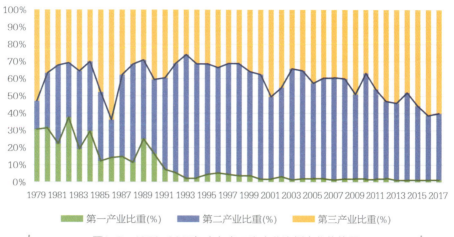

图1-5 1979-2017年广东省三次产业比例变化趋势图

图1-6 1979-2017年广东省三次产业对地区GDP增长的拉动

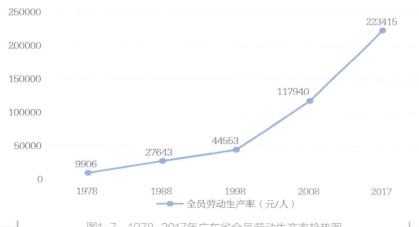

图1-7 1978-2017年广东省全员劳动生产率趋势图

单位GDP能耗值下降至0.32万吨，仅为1978年的十分之一，经济发展更为高效、绿色、低碳（图1-8）。

图1-8　1990-2017年广东省单位GDP能耗趋势图

1.2.3　科技研发

科技研究方面，我省现有研究与实验发展（R&D）人员87.99万人，比2010年增长近一倍（图1-9）；科技研究机构数量为23318个，是2010年的5.24倍（图1-10）；专利申请受理量与批准量快速增长，2017年专利申请受理量已达627817件（其中发明专利182639件），专利申请批准量332648件（其中发明专利45740件）（图1-11）。2000年，R&D经费支出占地区生产总值0.99%，经费内部支出107.12亿元；2017年，R&D经费支出占地区生产总值2.61%，经费内部支出2343.63亿元（图1-12）。

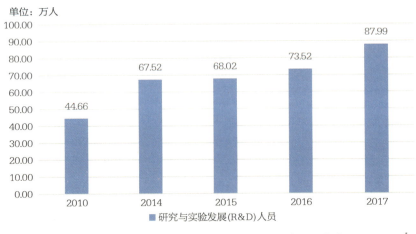

图1-9　2010-2017年广东省研究与实验发展（R&D）人员

图1-10 2010-2017年广东省科研机构数

图1-11 2000-2017年专利申请情况变化图

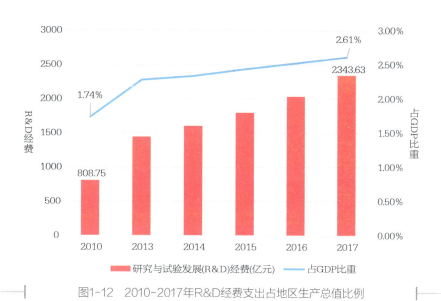

图1-12 2010-2017年R&D经费支出占地区生产总值比例

1.3 国际交往日趋活跃，全面开放格局基本形成

2001年我国正式加入世界贸易组织。广东牢牢把握住历史机遇，利用自身对外优势，在贸易、人才、文化等方面加强国际交流与合作，国际交往更加密切，逐步形成全方位对外开放格局。

1.3.1 对外经济贸易

改革开放以来，广东省对外贸易规模不断扩大。1978年，全国货物进出口总额为206.4亿美元，而1987年广东省的货物进出口总额就已经达到了210.37亿美元。1987–2017的30年内，我省货物进出口总额从210.37亿美元增长至10066.8亿美元，增长了46倍还多（图1–13）。

图1-13　1987-2017年广东省货物进出口总额

四十年来，广东省利用外资总额实现飞跃式增长。1979年，全省实际利用外资9143万美元，其中外商直接投资3074万美元；1990年开始呈现迅速增长势头，并在2003年达到189.4亿美元；经历短暂调整后，在2014年达到峰值272.8亿美元（图1–14）。至2017年，我省实际利用外资达到229.5亿美元，其中外商直接投资229.1亿美元。全省实际利用外资总额是四十年前的250倍，外商直接投资占比也从1979年的33.6%提升到2017年的99.82%（图1–15）。

1.3.2 国际文化交流

自1979年对外开放以来，国际交往更加密切，共有43个国家和地区的外商对我省进行直接投资；同时我省也对43个国家和地区进行直接投资，这些密切的国际贸易活动，大大增强了我省与世界经济文化的联系。

与此同时，对外交流的活跃也带动了旅游业的兴盛。2000年以来，全省出入境游客规模持续增长。2017年，全省入境游客392.14万人，相较2000年增长129.92万人，增长率达49%（图1–16）。

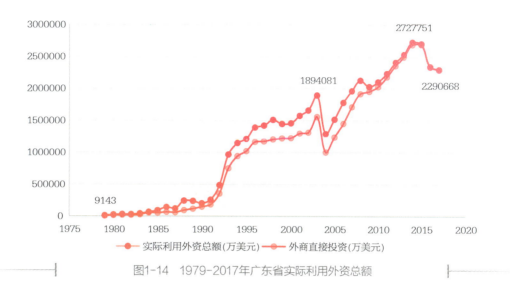

图1-14　1979-2017年广东省实际利用外资总额

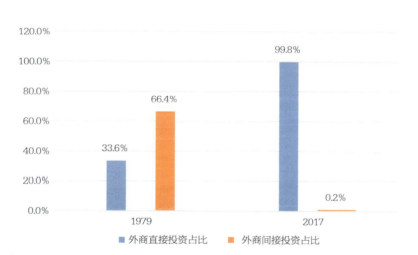

图1-15　1979年和2017年广东省外商直接投资占利用外资总额比重

图1-16　2000-2017年广东省入境游客数量变化

出境游客数量也呈现出持续增长的趋势。2000年，团体出境旅游人数仅116.20万人次，2016年已达988.54万人次，增长近7.5倍（图1-17）。

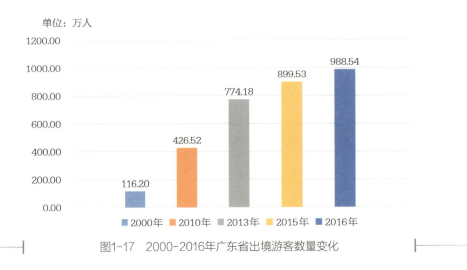

图1-17　2000-2016年广东省出境游客数量变化

1.4　城市基础设施建设加快推进，生态环境品质大幅提高

改革开放以来，随着广东省城镇结构和产业结构调整，城镇群发生了巨大变化，城市建设投资力度不断加大，基础设施建设加快推进，城市面貌得到了极大改善。

1.4.1　城市建设投资规模

1990年，基础产业、基础设施的投资额分别为139.95亿元、132.62亿元，总额不足300亿元。2000-2010年间基础产业和基础设施投资分别增长了4.2倍和3.9倍；截至2017年，基础产业投资额为10506.02亿元，基础设施投资额为9168.79亿元，分别比1990年增长近74倍、68倍，总额为19674.81亿元，是1990年的72倍（图1-18）。

1.4.2　交通服务建设

（1）公路运输

2000年，全省民用汽车共172.91万辆，2017年民用汽车已达到1894.94万辆，增长了近10倍（图1-19）。

2000年，全省公路通车里程为102606公里，2010年达到190144公里，此后稳定增长，2017年为219580公里。17年间增长了116974公里，增长了1.14倍；其中高速公路总里程增长迅速，2017年高速公路总里程为8347公里，是2000年的7倍。2000年，全省桥梁总长度为19668公里，2017年达到47794公里，增长了1.43倍（图1-20）。

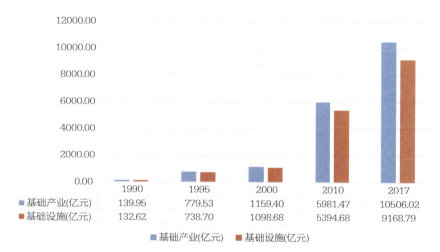

图1-18 1990-2017年广东省基础产业和基础设施完成投资额变化图

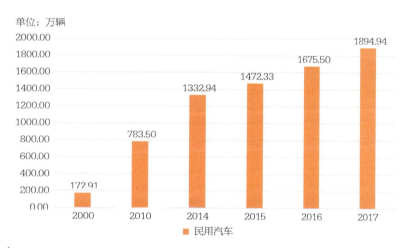

图1-19 2000-2017年广东省民用汽车数量

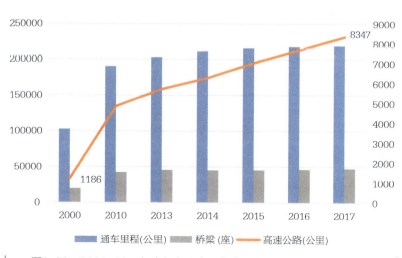

图1-20 2000-2017年广东省公路、高速公路通车里程以及桥梁变化

（2）铁路运输

2000年，全省铁路营业里程为1942公里，共有铁路机车538台；2017年，铁路营业里程增加至4307公里，其中高铁运营里程达1538公里，铁路机车数量为342台，铁路运输能力逐步提升（图1-21）。

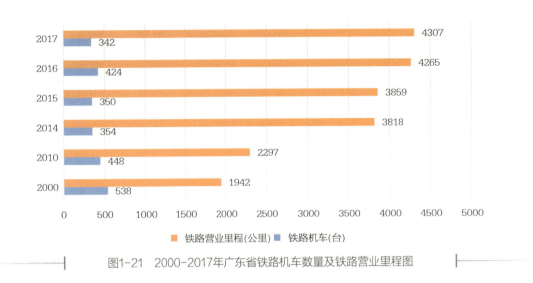

图1-21 2000-2017年广东省铁路机车数量及铁路营业里程图

1985-2017年，铁路旅客运输规模急速扩大。1985年，客运量为3357万人，此后一直保持良好增长势头；1995-2005年增长较为快速，2015年以后趋于平稳，2017年达到28476万人次，相比1985年增长了7.5倍（图1-22）。同时，旅客周转量也随之上涨。1985年，全省旅客周转量仅为50.41亿人公里，2017年已达872.08亿人公里，增长率达1630%（图1-23）。

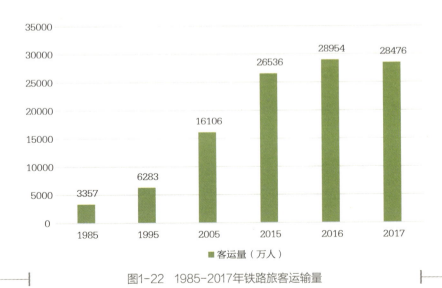

图1-22 1985-2017年铁路旅客运输量

图1-23 1985-2017年铁路旅客周转量

（3）水路运输

2000-2017年间，内河通航里程数稳中有降，驳船和机动船数量逐年减少。港口泊位数呈下降趋势，由2000年的3191个缩减至2017年的2886个；同时，万吨级港口泊位逐年上升，2000年为126个，2017年增长了145.2%，共有309个（图1-24）。港口泊位长度也得到了较大增长。2000年，全省港口泊位总长度为180.2公里，2017年这一数据上升至267.7公里，增长率为48.5%（图1-25）。

1978年全省港口货物吞吐量仅为7133万吨，2000年已达31649万吨，2017年达198015万吨，四十年间增长了26.76倍。港口游客吞吐量也呈增长态势，2000年全省旅客吞吐量仅为1670.32万人，2014年增至3346.87万人；2014-2017年旅客吞吐量变化趋于平缓，截至2017年吞吐量达到了3659.63万人（图1-26）。

图1-24 2000-2017年广东省船只数量及内河通航里程图

图1-25 2000-2017年广东省码头数、万吨级码头数和码头泊位长度变化

图1-26 2000-2017年广东省客货吞吐量变化

(4)航空运输

改革开放以来,我省民航事业迅速发展壮大。1980年,全省民用飞机架次仅为1.60万次,十年后的1990年已达6.20万次。进入21世纪以来,更是呈现爆发式增长,2000年尚为23.60万次,2010年翻了一番,达到58.56万次。截至2017年,全省民用飞机架次为94.30万次,逼近百万大关,相比1980年增长了近58倍(图1-27)。

2000-2017年间,全省民航运输航线呈快速增长态势。2000年,民用航空航线里程50.03万公里,航线329条;2017年,航线里程280.44万公里,增长了4.6倍,航线增长至1064条,约增长2.2倍(图1-28)。

旅客吞吐量与货物吞吐量也随之增长。1980年,全省民航旅客运输数量仅为161万人,2000年达到2143万人,此后一路高涨不下。2017年全省旅客运输数量为12940万人次,是

图1-27　1980-2017年广东省民用飞机架次变化图

图1-28　2000-2017年广东省民用运输飞机数量、民用航空里程及民用航空航线数量图

图1-29　1980-2017年民航旅客与货物运输吞吐量变化图

1980年的80倍。1980年，民航货物运输量为2.90万吨，2000年上升至73万吨，2017年为301.27万吨，体量进一步扩大，37年间增长约103倍（图1-29）。

1.4.3 城市生态建设与环境保护

建设生态文明是关系人民福祉，关乎民族未来的大事。党的十八大把生态文明建设纳入中国特色社会主义事业五位一体总体布局，明确提出大力推进生态文明建设，努力建设美丽中国。广东省始终高度重视生态文明建设，大力推进城市生态建设，取得了不俗成效。

（1）城市人均公园绿地面积

2010年，城市人均公园绿地面积为13.29平方米，2017年为18.24平方米，7年间增长了4.95平方米，增长率为37.2%，城市更加绿色宜居（图1-30）。

图1-30　2010-2017年广东省城市人均公园绿地面积

（2）城市绿化覆盖率

城市绿化覆盖率也在逐年增加。2010年，城市绿化覆盖率41.3%，此后稳步上升，2017年达43.5%（图1-31）。

图1-31　2010-2017年广东省城市绿化覆盖率

（3）森林覆盖率

2010年森林覆盖率为57%，2017年为59.08%，7年增长了2.08%（图1-32）。

图1-32　2010-2017年广东省森林覆盖率

（4）生活垃圾无害化处理率

2010年72.1%的生活垃圾得到无害化处理，到2015年这一数据上升至91.6%。截至2017年，全省生活垃圾无害化处理率达到98%，生活垃圾无害化处理能力逐年强化（图1-33）。

此外，广东省还大力推进垃圾分类工作，于2016年施行《广东省城乡生活垃圾处理条例》，是全国首部将生活垃圾分类纳入立法的省级地方性法规。广州、深圳被列入全国46个垃圾分类重点城市，并在住建部2018年第二季度发布的工作情况中分别排名第六和第二位。

图1-33　2010-2017年广东省城市生活垃圾无害化处理率

（5）污水处理率

2010年，全省城市污水处理厂集中处理率为73.1%，2014年突破90%，2017年达94.4%（图1-34）。

图1-34　2010-2017年广东省城市污水处理厂集中处理率

1.5　大力保障和改善民生，人民生活水平大幅提高

改革开放以来，广东各级政府从解决人民群众实际生活问题出发，制定出台一系列政策改善民生，努力使经济发展的成果惠及民生，城乡居民生活实现由温饱到小康的转变。

1.5.1　就业人口

1978-2017年，伴随着广东省经济的稳定快速增长，我省历年就业人口呈现稳定增长的态势，1978年就业人口为2275.95万人，2017年达到6340.79万元，平均年增速2.7%（图1-35）。

图1-35　1978-2017年广东省就业人口数与增长情况

1.5.2　工资收入

1978-2017年，广东省城镇单位就业人员平均工资呈指数型增长，1978年为615元，2000年为13859元，2017年达到80020元，相比1978年增长了130倍，年均增速达13.3%，间接反映出广东省经济保持良好稳定的状态发展（图1-36）。

图1-36　1978-2017年广东省城镇单位就业人员平均工资

1978-2017年，广东省城镇常住居民与农村常住居民人均收入随着时代发展稳定上涨，1978年城镇常住居民人均收入为412.13元，农村常住居民人均收入为193.25元；2017年城镇常住居民人均收入达40975.14元，农村常住居民人均15779.74元。人民可支配收入大幅度增长，生活水平不断提高（图1-37）。

图1-37　1978-2017年广东省城乡居民人均可支配收入

1.5.3　消费水平

人民是社会消费的主体，人民的消费行为是拉动经济增长的重要动力。1978年广东省城镇人均消费支出不足400元，随后人均消费支出逐年提升，至2017年城镇人均消费支出达30197.9元，农村人均消费支出大13199.6元，分别是1978年的75.5倍和71.4倍（图1-38）。除此之外，城乡居民恩格尔系数也有显著下降，其中城镇居民恩格尔系数由1978年的66.6%降至2017年的32.2%，农村由61.7%降至40.2%，城乡居民的消费能力显著上升，生活质量不断提高（图1-39）。

图1-38　1978-2017年广东省人均消费支出

图1-39　1978-2017年广东省城乡居民恩格尔系数

1.5.4 教育事业

改革开放以来，我省积极推进高等教育创新强校工程，率先在全国启动高水平大学和高水平理工科大学建设，高等教育发展水平显著提高。高等教育规模明显扩大，高等教育布局结构进一步完善。截至目前，全省共有普通高校152所，比2010年增加21所，增幅达16%，学校数排名全国第二；普通本专科在校生数192.58万人，排名全国第二。高等教育毛入学率提高到38%，进入高等教育大众化中期阶段。

同时我省的义务教育与中等教育也取得了长足进步，2017年我省学龄儿童入学率达99.99%，小学毕业生升学率与高中毛入学率分别为96.04%和96.48%（图1-40）。

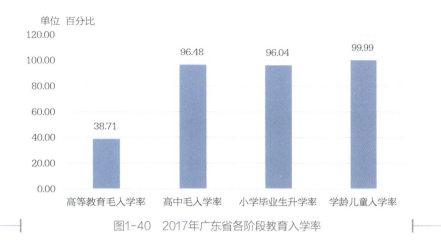

图1-40　2017年广东省各阶段教育入学率

1.5.5　文化事业

改革开放以来，广东省文化事业繁荣稳步发展。1978-2000年，广东省各类文化机构总数总体呈现稳步增长的态势，进入20世纪以后文化机构总数基本保持稳定。通过比较各类文化机构数量发现，文化馆、图书馆、博物馆和档案馆数逐年增加，至2016年四类机构共计达到672个（图1-41）。艺术表演团体数则总体呈现下降趋势，电影放映单位数在1978-2004年不断减少，2004年之后开始由降转升，至2016年达到1974个（图1-42）。与此同时，广东省文化艺术作品也在不断增长，2017年全省图书馆藏量为8708万册，博物馆藏品量为106.81万件，相比2010年分别增长了1.18倍和2.74倍（图1-43）。

图1-41　1978-2017年广东省文化馆、公共图书馆、博物馆与档案馆数量变化

图1-42　1978-2017年广东省电影放映单位与艺术表演团体数量变化

图1-43　2000-2017年广东省公共图书馆藏量与博物馆藏品数

1.5.6　卫生事业

1978-2017年，广东省卫生事业建设得到了长足发展。1978年，医院、卫生院数量1968个，执业（助理）医师4.79万人，医院、卫生院床位数8.41万个；2000年，医院、卫生院数量2426个，执业（助理）医师11.12万人，医院、卫生院床位数15.72万个；2017年，医院、卫生院数量2666个，执业（助理）医师25.89万人，医院、卫生院床位数49.21万个。四十年间，医院、卫生院增长率达35%，执业（助理）医师人数增长近4.5倍，医院、卫生院床位数量增长4.85倍，卫生医疗体系不断进步与完善，卫生保健工作水平不断提高（图1-44）。

图1-44 1978-2017年广东省医疗机构、床位和卫生工作人员数

1.5.7 社会保障

我省已经形成多元的社会保障体系，社会保险种类齐全，涵盖养老保险、失业保险、医疗保险、工伤保险、生育保险五大类。2017年广东省常住人口11169万人，城乡基本医疗保险参保人数为10365万人，参保率高达93%；城乡基本养老保险参保人数为8399.4万人，参保率为75.5%。完备的社会保障体系与持续投入切实保障人民的各项社会福利权益，为人民提供广泛基础、合理有效的社会保障与支持（图1-45）。

图1-45 2017年广东省各类保险参保人数

第二章
人口发展

人口与经济社会、资源环境协调发展，是一个社会基础性、全局性和战略性问题，人口发展既支撑经济社会发展，同时也受资源环境因素的制约。《国家人口发展规划（2016-2030）》指出，进入21世纪后，我国人口发展的内在动力和外部条件发生了显著改变，人口发展出现重要转折性变化。人口增长趋势放缓，人口老龄化程度不断加深；以独生子女为代表的80后、90后已经成为劳动力市场的主力；国家生育政策从长期独生子女政策向"单独二孩"再到"全面二孩"政策调整，全国迎来了二孩政策"婴儿潮"；根据国家新型城镇化发展规划，通过加快户籍制度改革，常住人口城镇化和市民化将显著提升。根据联合国《世界人口展望》2017年修订版报告的预测，中国人口总量将在2030年前后达到峰值，以后转入负增长，到2100年中国人口将降至10.21亿。2016-2030年，特别是2021-2030年，我国人口发展将进入关键转折期，人口自身安全及人口与经济、社会等外部系统关系的平衡都将面临诸多问题和潜在风险挑战，但是中国劳动力总量仍然充裕，仍处在人口红利期。

广东是全国人口第一大省，是2010年以来全国唯一常住人口过亿的省份，流动人口占全国1/3，广东的人口变动不仅对广东经济社会发展产生重大影响，也对全国经济社会发展有不可忽视的影响。改革开放以来，广东人口规模快速增长，巨大的人口红利成为支撑广东经济多年高速增长的重要原因。但随着近年来广东人口发展趋势的变化，人口规模和劳动人口规模增速不断放缓，人口老龄化和社会抚养负担加重。劳动力成本的不断上升，劳动力密集型产业的东南亚转移，以及创新产业的不断涌现，产业结构的转变导致劳动力需求的转变，将面临技术型"用工荒"。随着"全面二孩"政策实施、户籍制度改革、人口城镇化战略的推进，同时粤港澳大湾区的正式确立和珠三角城市群的快速发展，广东人口发展将面临较为复杂的形式。随着机构改革自然资源部的成立，新的空间资源管控体系将逐步建立。如何处理好人口和空间资源的关系将是应对人口发展转型的重大难点。从现在至2035年，是广东人口发展转型的关键转折时期，需要科学把握人口发展大趋势，准确把握人口变化的趋势性特征，深入了解人口变化给社会经济发展、空间资源管控、自然资源开发与保护带来的挑战，科学地认识和预测人口发展趋势，谋划好与人口发展相适应的自然资源管控策略。

2.1 广东人口发展基本特征

2.1.1 人口规模变动特征
（1）人口规模经历由爆发式快速增长向缓慢式低速增长的变动过程

从广东人口增速情况表及变动趋势图（图2-1）可以看出，广东常住人口从1990年开始有了快速增长，1990-2000年的年均增速达到3.14%，而1990年前增速为2%；2000年以后常住人口增速开始放缓，2000-2010年年均增速降至1.9%；2010年以后常住人口增速进一步放缓加快，2010-2017年年均增速降至0.97%。户籍人口的变动相对常住人口更加平缓，但也表现出由快到慢的过程，2000年以前户籍人口每十年的年均增速保持在1.8%及以上，2000年以后每十年的年均增速下降至1.3%以下（表2-1）。流动人口的变动最为明显，20世纪90年代是广东流动人口增长最快的时期，1990年流动人口为331.47万人，2000年则达到2105.41万人，十年增加近1774万人，增加了5.35倍，年均增速达到20.3%；2000-2010年流动人口趋于稳定，增速放缓，2010年流动人口为3139.04万，十年间增加1033.63人，年均增速下降至4.07%；2010年开始，流动人口增速下降更为明显，2015年流动人口为3201.96万，仅比2010年增加62.92万人，

图2-1 1982-2017年广东省人口变动情况

广东省人口增速情况表

表2-1

时间段 \ 指标	常住人口年均增速（%）	户籍人口年均增速（%）	流动人口年均增速（%）	省外流动人口年均增速（%）	常住人口年均增速－户籍人口年均增速（%）
1982-1990	2.00	1.80	—	—	49.70
1990-2000	3.14	1.84	20.3	—	27.57
2000-2010	1.90	1.29	4.07	3.62	5.24
2010-2017	0.97	1.28	—	—	-0.31
1982-1985	1.52	1.46	—	—	55.53
1985-1990	2.28	2.01	—	—	46.30
1990-1995	3.08	1.68	19.09	—	42.79
1995-2000	3.21	2.01	21.54	—	13.97
2000-2005	1.23	1.05	5.58	—	2.37
2005-2010	2.58	1.53	2.59	—	8.20
2010-2015	0.77	1.12	0.39	—	-0.83
2015-2017	1.46	1.70	24.5	—	0.3

2010-2015年年均增速仅为0.39%。从省外流动人口的变化情况来看，改革开放后的80年代至90年代是省外流动人口增长爆发期，1982-1990年省外流动人口年均增速为49.7%；1990-2000年省外流动人口仍处于高速增长期，但已不再是增长的爆发期，十年年均增速下降至27.57%；2000-2010年省外流动人口增速明显放缓，十年年均增速下降至5.24%；2010年开始省外流动人口呈缓慢下降趋势，年均增速变为负值。

（2）人口规模增长与经济增长高度正相关

1990年以来随着GDP总量的快速增长，广东省常住人口和省外流动人口的规模都有较大程度的增长。结合省外流动人口、常住人口和户籍人口与广东省GDP总量等经济要素间的相关关系可以看出，广东省人口规模与各经济要素有着高度正相关关系（表2-2）。从中可以反映出，广东省的人口发展趋势与经济发展趋势高度一致，一方面改革开放后随着经济的快速发展，人口快速增长，尤其是大量外来人口涌入广东，为广东的经济发展做出巨大贡献；另一方面大量的外来流动人口，特别是劳动年龄人口进入广东，维持了广东经济近几十年来的高速发展态势。

省外流动人口、常住人口和户籍人口与广东省GDP总量关系　　　　　表2-2

指标及相关性	指标	常住人口规模	户籍人口规模	常住-户籍人口规模
GDP总量	相关系数R	0.918	0.933	0.889
	显著度水平	0.000	0.000	0.000
外商直接投资额	相关系数R	0.949	0.949	0.938
	显著度水平	0.000	0.000	0.000
固定资产投资总额	相关系数R	0.871	0.899	0.820
	显著度水平	0.000	0.000	0.000

（3）流动人口对广东人口规模的增长贡献巨大

改革开放以来，大量的劳动年龄的流动人口为广东经济发展提供了优质的劳动力资源。2010年第六次人口普查数据显示广东省跨县流动人口3680.67万，其中15~64岁劳动年龄人口为3295.5万，占全部流动人口的89.5%；同时，流动人口的劳动年龄人口占广东常住人口中劳动年龄人口（7963.03万）的比重达41.4%（图2-2）。流动人口的发展也与广东经济发展趋势一致，自1992年邓小平"南方谈话"以来，广东经济逐渐进入高速增长时期，也是流动人口大规模增长时期。随着2008年全球金融危机爆发，以外向型经济为特色的广东经济发展也进入了新旧动能转换的产业结构和经济转型时期，人口增长尤其是流动人口增长放缓。这也反映了产业转型带来的劳动力市场供需结构改变的特点。

虽然人口流动过程有所放缓，但广东人口迁徙对经济社会发展的贡献作用逐渐发挥出来，2006-2015年，全省户籍迁移人口1000万，其中省外户籍迁移人口374.48万，省外户籍净迁入

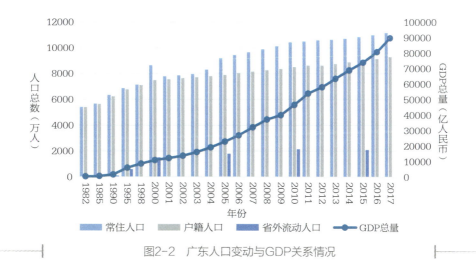

图2-2 广东人口变动与GDP关系情况

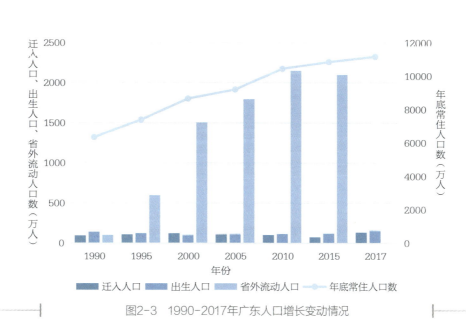

图2-3 1990-2017年广东人口增长变动情况

人口200万。同期,流动人口增加438.83万,其中省外流动人口增加305万。省外新增户籍迁入人口已经大于省外新增流入流动人口。从中可以反映出,人口户籍迁移的作用将逐渐强于人口流动的作用,在未来将存在大量人口落户广东(图2-3)。

2.1.2 人口年龄结构变动特征

(1) 人口年龄结构由年轻型向老年型转变

从人口金字塔图形可以看出,广东省1990年的人口结构呈现大部分人口集中在20~35岁之间的下宽上窄的金字塔形结构,这种结构表明人口属于年轻型,少年儿童人口比重大,老年人口比重小,在自然增长作用下人口呈迅速增长的扩张型特征(图2-4);2000年以后的人口年龄结构逐步走向底部变小,顶部变宽的纺锤形结构,这种结构表明人口年龄结构走向成熟型,并向着老年型过渡,少年儿童人口急速下降,老年人口逐步增多(图2-5)。与"人口四普"相比,"人口五普"中20~55岁的劳动人口比重增长较多,特别是20~25岁女性比重变化较大,反映了当时纺织业对女性劳动业的需求(图2-6)。

从常住人口年龄结构数据,可以看出广东常住人口老龄化大致可分为四个阶段:20世纪80年代以前,老年人口规模和占比持续低位运行,人口年龄结构长期处于年轻型阶段;20世纪80

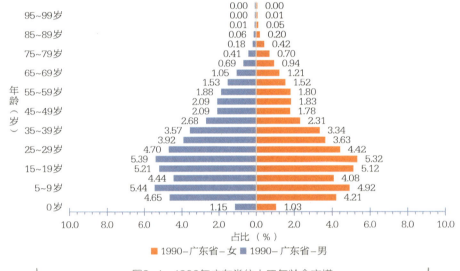

图2-4 1990年广东常住人口年龄金字塔

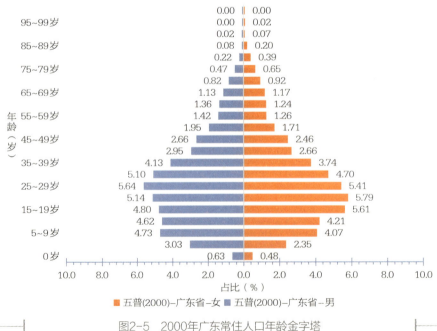

图2-5 2000年广东常住人口年龄金字塔

年代至2000年，老年人口规模和占比增长明显，人口年龄结构由年轻型转变成为成年型；2000—2010年老年人口规模平稳增长，老年人口占比不升反降，人口由成年型逐步向老年型缓慢过渡（图2-7）；2010年至2015老年人口规模明显增长，老年人口占比快速上升，人口结构加速进入老年型阶段（图2-9）。与"人口五普"相比，"人口六普"和2015年抽样调查中45~60岁人口比重的增长及20~35岁人口比重的下降，表明劳动力年龄结构正日趋老龄化（图2-8，图2-10）。

图2-6 广东省2000年常住人口与1990年常住人口构成变化

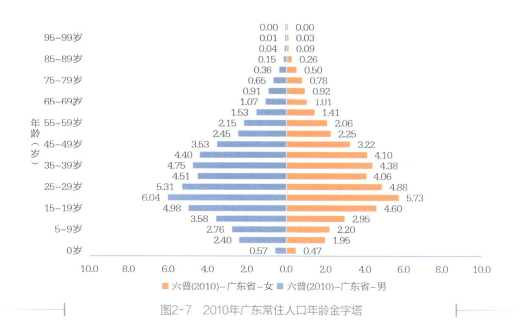

图2-7 2010年广东常住人口年龄金字塔

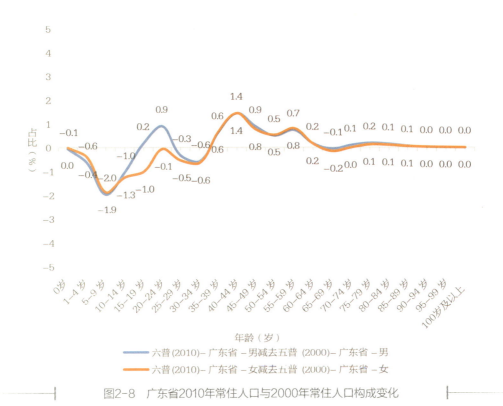

图2-8 广东省2010年常住人口与2000年常住人口构成变化

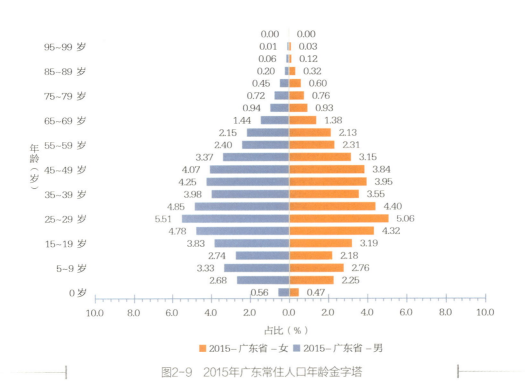

图2-9 2015年广东常住人口年龄金字塔

图2-10 广东省2015年常住人口与2010年常住人口构成变化

（2）适龄劳动人口比重逐渐下降，人口抚养负担加重

2015年以前广东常住人口中劳动年龄人口仍处于上升趋势，但2015年以后随着流动人口规模的小幅度下降，劳动年龄人口比重也由2014年的76.35%下降到74.15%，2016年虽有所上升，但下降趋势已经初现。从人口抚养系数的变动趋势来看，少儿抚养比先呈下降趋势，由1990年的46.57逐年下降至2013年的18.97，2014年少儿抚养比有所反弹，开始上升至23左右。随着"单独二孩"和"全面二孩"政策的实施，出生人口规模增加，但出生人口成为适龄劳动人口还需时间，因此劳动年龄人口相对有所下降，因此导致了少儿抚养比的上升。与此同时，老年人口抚养比逐渐上升（图2-11）。按照联合国标准，一个地区65岁老人占7%以上，该地区进入老龄化社会，广东省自2005年起已经开始正式步入老龄化社会（图2-12）。

图2-11 1990-2017年广东常住人口抚养系数情况

图2-12 1990-2017年广东常住人口年龄结构变动

（3）户籍人口老龄化程度较常住人口明显

由于大量劳动年龄人口流入，当前广东常住人口老龄化偏低。除去流动人口，户籍人口年龄结构呈现老龄化特征，广东户籍人口较常住人口更早进入老龄社会。根据广东省统计年鉴数据计算，广东省户籍人口中60岁及以上老年人口比重呈持续直线上升态势，2005年该比重为11.8%，2010年达到12.58%，2016年增长至14.55%。对比2010年广东常住人口和户籍人口年龄结构可以得出，正是大规模处于劳动年龄的流动人口的补充效益，缓解了常住人口老龄化程度，但户籍人口的老龄化程度依然很高。

2.1.3 人口自然增长变动特征

通过分析新中国成立以来近70年的人口自然变动趋势，可以清晰地展现广东省人口自然增长变化。从1950年开始，广东省人口自然增长大致可以分为三个阶段：第一阶段以高出生率、高死亡率、低自然增长率为基本特征；第二阶段以低死亡率、高出生率、高自然增长为基本特征的人口高速增长阶段；第三阶段以低死亡率、低出生率、低自然增长率为基本特征。可以看出广东在20世纪末完成人口转变。但与江苏、浙江、山东和福建等其他经济发达省份进行比较，可以发现，20世纪90年代后广东人口自然增长率普遍比其他经济发达省份高。广东省2000年人口出生率为12.91‰，自然增长率为8.14‰；而浙江出生率为10.3‰，自然增长率为4.29‰；福建出生率为11.60‰，自然增长率为5.75‰；山东出生率为10.75‰，自然增长率为4.46‰；江苏自然增长率最低‰，仅为2.56‰。到2015年，广东人口自然增长率仍然高于江苏、浙江和山东等省。虽然广东人口自然增长率较其他发达地区高，这使得广东人口的增长相对其他发达地区更快，但从出生率和自然增长率变动趋势来看，目前广东人口出生率也处于相对较低水平，进入低生育水平时代（图2-13）。

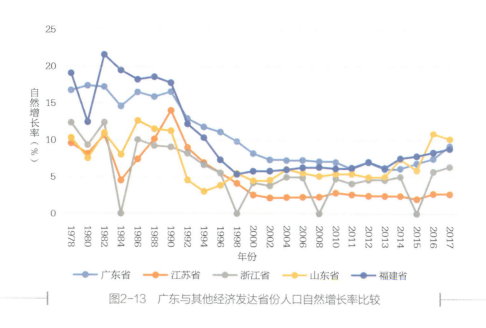

图2-13 广东与其他经济发达省份人口自然增长率比较

2.1.4 人口区域分布变动特征

因经济社会发展等因素，广东省人口区域分布具有较明显的聚集效应。自1990年以来，珠三角地区以"三来一补"和"世界工厂"为主要特征的经济持续高速发展，人口大量集聚于广州、佛山、东莞、中山、深圳和珠海等市。另外，受生育观念的影响，潮汕地区人口的自然增长较快，人口密度较大。2005年后茂名和湛江人口逐渐增加，至2015年广东人口基本形成四大区域：珠三角人口聚集区、潮汕揭粤东人口聚集区、湛茂阳粤西人口聚集区以及粤北人口分散区。从全省层面来看四大区域人口增长存在以下特征：

（1）人口持续向珠三角地区集聚，珠三角人口密度超过粤东地区

近年来珠三角人口占全省比重呈上升趋势，粤东西北地区人口比重进一步下降，珠三角地区人口增速快于外围地区。2017年，珠三角人口占比由2008年的51.94%上升为55.07%，人口密度1122人/平方米。粤东人口占比15.51%，人口密度1117人/平方米。粤西人口占比14.37%，人口密度490人/平方米。粤北人口占比15.05%，人口密度218人/平方米（图2-14）。广东省呈现以珠三角为核心的3.6∶1∶1∶1的结构。此外，2017年，珠三角城镇化率达85.29%，城镇人口5245.73万人，占全省城镇人口的67.25%。珠三角城镇化人口增量与增速远高于粤东西北地区（图2-15）。

（2）粤东西北地区人口增长水平持续走低，珠三角引领人口增长

2008—2014年，珠三角常住人口增长由高速增长转变为低速匀速增长，2015年后增长率有逐步上升趋势（2%~3%）。近十年，粤东西北地区常住人口增速一直维持在较低水平，不足1%，其中，东翼常住人口增长率由领先地位逐步落后于西翼和北部山区，甚至出现负增长（图2-16）。

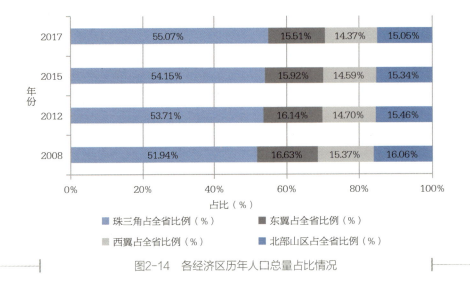

图2-14 各经济区历年人口总量占比情况

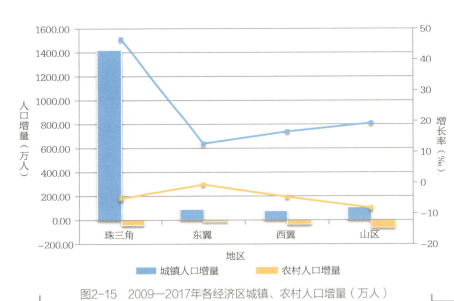

图2-15 2009—2017年各经济区城镇、农村人口增量(万人)与增长率(‰)

(3)粤东西北地区人口流出,户常倒挂明显

从2017年各地常住人口与户籍人口差值来看,8个净流入城市全部为珠三角城市,粤东西北地区城市及肇庆市为净流出城市(图2-17)。

按照其特征可以分为以机械增长为动力的珠江三角洲人口聚集区、以自然增长为动力的人多地少型粤东人口聚集区、劳动力转型的粤西人口聚集区和以山区为主的人口蛰伏区等四大人口区域。

此外按照形成时间先后,分别为:珠三角人口聚集区、粤东人口聚集区、粤西人口聚集区和粤北人口蛰伏区。

图2-16 各经济区历年人口总量及增速变化情况

图2-17 2017年各地级市常住人口与户籍人口差值、常住人口增长率

2.1.5 人口城镇化特征

（1）城镇人口增长推动城镇化率稳定增长

2017年全省城镇化率为69.85%，处于全国第四位；城镇人口7801.55万人，是全国城镇人口最多的省份。比第二位山东省多出1740万人（图2-18）。

根据纳瑟姆曲线理论，2017年全省共有6个地级市城镇化水平超过80%，4个地级市城镇化水平在70%~60%已进入"城镇化稳定阶段";5个地级市城镇化水平在50%~60%均已进入"城

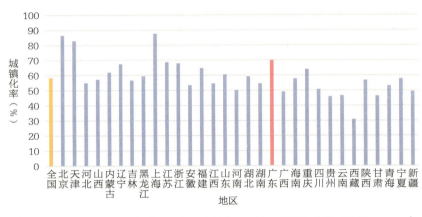

图2-18 2017年全国各省、直辖市、自治区城镇化水平对比图

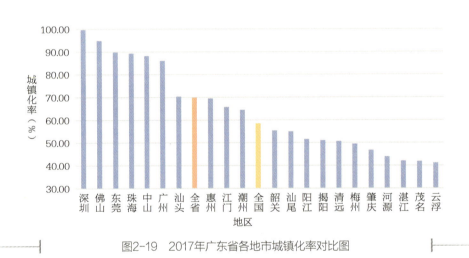

图2-19 2017年广东省各地市城镇化率对比图

镇化加速增长阶段"；6个地级市城镇化水平40%~50%。一半城市超过全国平均水平，一半落后（图2-19）。

（2）省内外城镇化区域差距逐年缩小

总体上，全省城镇化率稳定增加。2005—2017年，广东省城镇化率从60.68%增加到69.85%。年均增长0.76个百分点（图2-20）。粤东西北城镇化率有不同程度的增长，粤东2017年增长几乎停滞，仅增长了0.02个百分点（图2-21）。

城镇人口平稳增加。2017年，广东城镇人口为7801.55万人。2005—2017年，全省共新增城镇人口2229万人，占全国新增城镇人口的8.85%，年均增加185.75万人（表2-3）。

城镇人口增长呈现三个阶段。2005—2010增加1328.1万人，占2005—2017年总增长60%，年均增长265.62万人。2011年增长出现断崖式下降，年均增加规模基本不足80万，2015年后呈相对稳定增长趋势，2017年新增190.2万人（图2-22）。

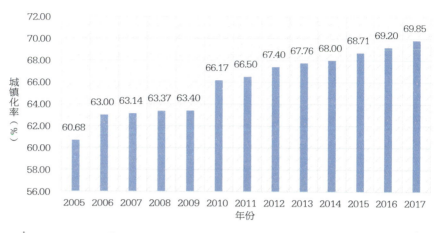

图2-20　2005-2017年广东省城镇化率示意图

图2-21　2005-2017年分区域城镇化率示意图

图2-22　2009-2017年广东省历年城镇人口总量及增长变化情况

2006-2017年广东城镇人口总量与增量表　　　　　　　　表2-3

指标＼年份	2006	2007	2008	2009	2010	2011	2012	2013	2014	2015	2016	2017
城镇人口总量（万人）	9304	9449	9893	10130	10441	10505	10594	10644	10724	10849	10999	11169
城镇人口增量（万人）	280.8	100.8	309.8	150.4	486.3	76.9	154.5	72	79.9	162	157	190.2

虽然城镇化速度较慢，广东省自身人口基数大和外来人口持续稳定流入，促使广东省城镇人口平稳增加。

（3）全省城镇化速度放缓、各地市城镇化增速持续或波动放缓

近年来，全国全面贯彻西部大开发、中部崛起等国家战略，促进后发地区城镇化水平提升，同时地区差距缩小加速人口回流。全国东部沿海地区新增城镇人口普遍下降、中西部地区新增城镇人口上升。广东城镇化带动作用也略有下降，城镇人口总量占全国比例从2005年的9.92%下降至2017年的9.59%。其中2005-2010年广东省新增城镇人口占全国12.35%，2010-2017年下降至6.21%，新增城镇人口下降幅度最大（图2-23）。

图2-23　全国部分地区新增城镇人口总量

全国及其他省市与广东城镇化水平差距逐年缩小。全国与广东城镇化水平差距从2005年的17.69个百分点缩小到2017年的11.33个百分点。江苏与广东的差距也从2005年的10.18个百分点缩小到2017年的1.09个百分点，与湖北、四川等中西部城市的差距也不断缩小。江苏和浙江两省在2010年城镇化率超过60%后仍保持较高增长速度，2010-2017年，江浙两省的城镇化率年均增长1.17和0.91个百分点。区域发展不平衡，导致广东城镇化水平超过60%后，增速明显慢于江浙两省。广东在超过 60% 后年均增长 0.76%，2010 年年均增长下降至 0.52 个百分点。至 2017 年，广东、江苏、浙江三省的城镇化水平趋近，为 69.85%，68.76%，68%（图 2-24）。

全省总体增速放缓。2005-2017 年，年均增加广东省城镇化率年均增长 0.76 个百分点，低于全国年均增长的 1.29 个百分点，2005 年以来，城镇化率年均增速排第 25 位。2010-2017 年城镇化率年均增长 0.53 个百分点（图 2-26）。

目前广东省城镇化水平达 69.85%，城镇化程度较高，增速将趋于平缓，但由于粤东、粤西以及粤北地区城镇化水平普遍偏低，未来随着区域发展差距的缩小，其他区域城镇化增速加快，将成为全省城镇化增长的主要动力（图 2-25）。

图2-24　2005-2017年全国、广东、浙江、江苏、山东省城镇化水平变化示意图

图2-25　2017年分地区城镇化率及2010-2017年城镇化增速对比图

2010-2014 年，珠三角外围以及粤东西北城市，城镇化率相对较高，且波动较大，受珠三角产业转移对城镇化有促进作用，2014 年后促进作用逐步减弱，2014-2017 各地市城镇化增速减缓，城镇化呈低速稳定增长。

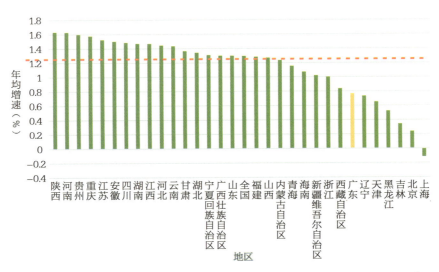

图2-26 2005-2017年全国部分省、直辖市、自治区城镇化年均增速对比图

2014-2017年，粤北、粤西城市总体增速保持在0.5~1.0个百分点，粤东低于0.5个百分点，珠三角存在分异，惠州、肇庆增速保持在0.5以上，其余低于0.5。东莞、潮州、茂名、韶关2017年城镇化有加速的趋势（图2-27~图2-30）。

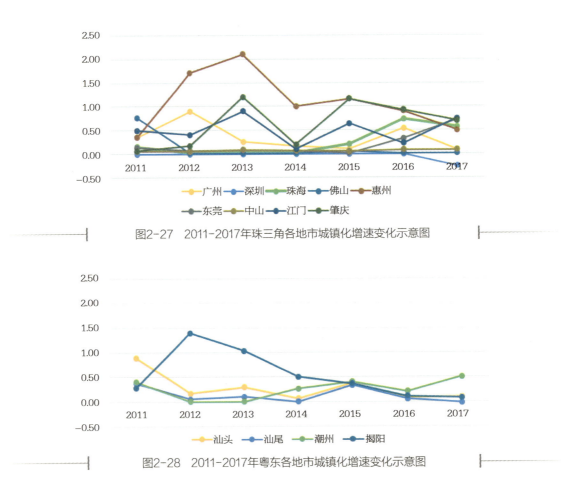

图2-27 2011-2017年珠三角各地市城镇化增速变化示意图

图2-28 2011-2017年粤东各地市城镇化增速变化示意图

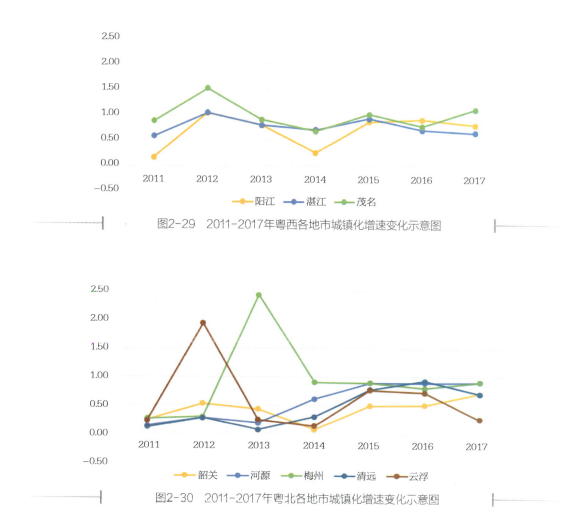

图2-29　2011-2017年粤西各地市城镇化增速变化示意图

图2-30　2011-2017年粤北各地市城镇化增速变化示意图

纵观2010-2017年，惠州（1.10）、梅州（0.93）、茂名（0.98）城镇化增速相对较快，而粤东区域的汕尾城镇化率年均增长仅0.13个百分点（图2-31）。

图2-31　各地市2017年城镇化率、2010-2017年各地市城镇化水平变化示意图

（4）常住人口与户籍人口城镇化水平差距逐步扩大

2017年，广东省户籍人口城镇化率54.92%，高于全国的42.35%。2010-2017年，广东省户籍人口城镇化率从52.14%到54.92%，年均增长0.54个百分点。常住人口城镇化率从66.17%到69.85%，年均增长0.53个百分点。增速两者基本持平。

2010年，广东省户籍人口规模为8521.55万人，其中非农业人口为4443.96万人，户籍人口城镇化率52.14%，比常住人口城镇化率（66.17%）低14.03%。

2017年，广东户籍人口城镇化率为54.92%，比常住人口低14.93个百分点，2017年全国差距（16.17%），相较2010年两者差距拉大了0.9个百分点。

广东省在促进有能力在城镇稳定就业和生活的常住人口有序实现市民化方面的任务仍十分艰巨。

2.1.6 改革开放以来人口发展的阶段及特征

通过对广东省人口发展特征的梳理，可以发现广东省人口保持持续增长，未出现大的人口断层和低估现象，人口和经济发展基本相吻合。但通过人口增长的驱动力分析可以看出改革开放以来广东经历了四个人口发展阶段：

第一阶段是以人口出生率、人口自然增长率为驱动力的人口增长阶段。1992年以前，以人口出生率、人口自然增长率为驱动的人口增长模式，这一阶段比全国大部分地区持续时间要长。

第二阶段是以人口迁移流动为驱动力的人口增长阶段。1992-2007年期间，即邓小平"南方谈话"到2008年世界金融危机之前，广东省经济处于高速增长的黄金15年，也是人口增长的高峰时期，这一阶段人口增长的驱动力来自人口迁移流动。

第三阶段是以劳动力供求关系变动为驱动力的人口调整阶段。2008-2013年广东省的经济经过世界金融危机冲击后，人口进入调整时期，由于经济发展动力的转换，产业结构的调整、产业转型升级等，一方面，广东省制造业由劳动密集型产业向资本、技术密集型转移，对劳动力的需求减少；另一方面，劳动力市场全国范围的大开放格局全面形成，减弱了广东对劳动力的聚集作用，劳动力供给有所减少。这一阶段是人口增长转折时期，人口增长的驱动力来自劳动力的供求关系的改变。

第四阶段是以人口出生率和人口迁徙为特征的双驱动人口增长阶段。2014年广东实施"单独二孩"政策、2016年实施"全面二孩"政策，人口出生率回升，加上户籍制度改革，逐渐放宽入户门槛，有条件吸纳劳动力入户城镇。这一阶段的特征是人口出生率和人口迁入双驱动带动人口增长。

总之，广东人口持续增长及与社会经济发展相适应的特征是现阶段人口发展的特色。未来随着广东省城镇化发展提质提速，珠三角城市群不断成熟和粤港澳大湾区的崛起，服务业繁荣发展、高质量的公共服务体系及高效的空间使用效率，广东省人口将引领未来广东省经济社会发展的绿色增长和共享发展。

2.2 广东人口发展趋势预测

广东省作为主要的人口输入大省，人口增长发展受到本地户籍人口年龄结构、生育水平及死亡水平等人口特征和省外流动人口的影响。对于本地户籍人口按照人口增长的年龄结构及生育、死亡特征进行推算预测；外来人口由于人口特征统计较难且数据难以获取，因此假设人口年龄结构保持不变，采用综合增长率法进行预测。常住人口的预测以户籍人口和流动人口预测结果进行叠加计算，得出各预测年度人口总量和人口结构。其中广东省户籍人口变动涉及自然增长和机械增长，需考虑户籍人口生育水平、死亡水平、迁移状况等（图2-32）。

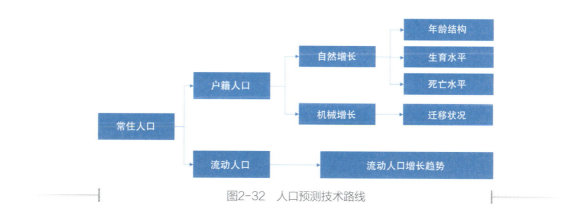

图2-32 人口预测技术路线

2.2.1 户籍人口预测

（1）生育水平预测

生育率是影响人口自然增长的重要变量。通过对我国生育政策的总结，可以看出我国长期、严格执行计划生育，自20世纪90年代中后期，我国人口生育率开始进入低水平阶段。通过2010年全国第六次人口普查数据显示，全国总和生育率仅为1.18，广东省2010年人口普查显示总和生育率为1.0644，妇女平均存活子女数为1.30。

2016年实行"全面二孩"政策以来，广东常住户籍人口出生数据较往年有所增长，由2013年的83.1万增加到99.4万，2015年至2016年增幅达到12.4万。可以看出，"全面二孩"政策实施对广东户籍人口有一定程度的增长效应，这种累计效应释放会带来总和生育率的波动。

考虑到以上情况，用总生育率计算当年新生儿数量较为粗糙，不能显示妇女年龄结构对生育率的影响，在此次人口预测中考虑育龄妇女年龄别生育率。从2010-2015年各年龄平均生育率来看，妇女各年龄段生育呈现左偏正态分布，生育率高峰在24~27岁为90‰（图2-33）。从广东省2000-2015年各年龄段育龄妇女生育率趋势可以看出，广东省20~29岁妇女的生育率在40%以上，30~40岁妇女生育率略低，35~39岁妇女生育率有上升趋势，说明广东省育龄妇女生育年龄在延后，但是低龄期育龄妇女生育率依然占据高位。2010年后各年龄段妇女生育率逐渐趋于平稳（图2-34）。因此假定至预测目标年2035年年龄结构不变。

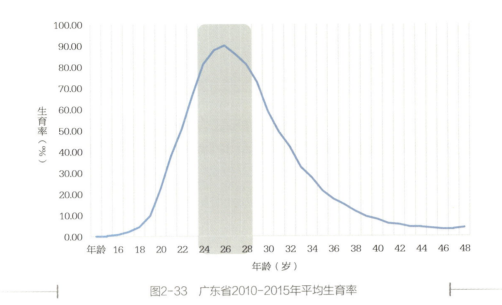

图2-33 广东省2010-2015年平均生育率

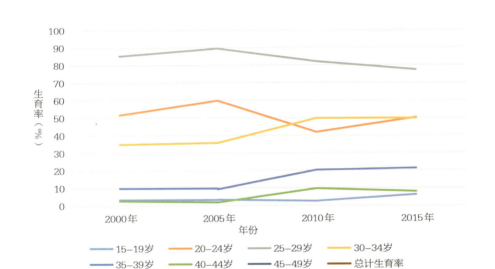

图2-34 广东省2000-2015年各年龄段妇女生育率变化趋势

为了精确计算,用育龄期内每5岁年龄段妇女的人口乘以该年龄段的生育率来表示每个年龄妇女的生育量,各年龄段加总就得到当年总的妇女生育量即新生儿总量,即:

$$新生儿数 = \sum_{i=0}^{100} i\,年龄妇女人数 \times i\,年龄妇女生育率$$

分胎次生育率方面,考虑到我国人口生育受政策影响较为明显,尤其是在政策公布的后的几年内会有一个明显的"生育潮",分胎次生育率显示,自2005年广东省二胎生育率逐渐呈现上升趋势,2014年"单独二胎"政策出台后,二胎三胎及以上生育率有所上涨,但是由于基数较小,对整体出生人口的增加效果并不显著(图2-35)。

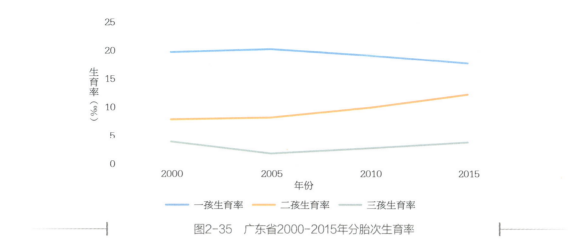

图2-35 广东省2000-2015年分胎次生育率

出生性别比方面,全省新出生人口中男孩的占比有所下降(女孩标准化为100),从2007年的106.4下降到2017年的105.75(图2-36)。考虑到《国家人口发展规划(2016–2030年)》的设定,到2020年我国出生人口性别比小于112,到2030年逐步回归正常,达到107的目标值,广东省出生人口性别比,以2015年的106∶100为基准,预测2025年后达到正常水平107,并保持至2035年(表2-4)。

图2-36 广东省出生人口性别比(女=100)

广东省户籍人口预测出生性别比　　　　表2-4

年份	2020	2025	2030	2035
出生人口性别比(女孩=100)	106	107	107	107

(2)死亡水平预测

出生平均寿命是国际上用来评价一个国家人口的生存质量和健康水平的重要指标之一。广东省1990–2017年出生平均预期寿命由72.52岁提升至77.1岁,预期寿命增加了4.58岁;尤其是

2000年以后，预期寿命增长较快，2000-2010年的十年间男性出生平均寿命增加了3.21岁，女性增加了3.44岁。随着广东经济社会发展和医疗卫生水平不断提高，可以预见未来广东的出生平均预期寿命将继续提升。

从户籍人口死亡率来看，广东省死亡率呈整体下降趋势，2000年后相对平稳（图2-37）。由于非普查年份没有分年龄段死亡率，根据2010年人口普查计算得到各年龄段死亡率，可以看出60岁以后男女性死亡率开始增加。由于年龄结构死亡率短期变化不大，因此以此作为后续人口预测的各年龄段死亡率（图2-38）。每年死亡人口计算公式如下：

$$死亡人数 = \sum_{i=0}^{100} i\,年龄性别人数 \times i\,年龄性别死亡率$$

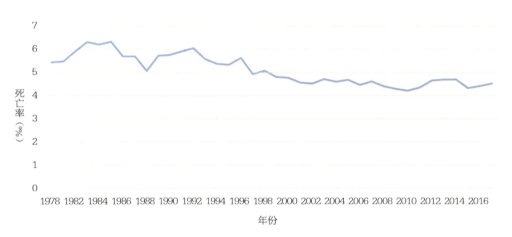

图2-37　1978-2017年广东省户籍人口死亡率

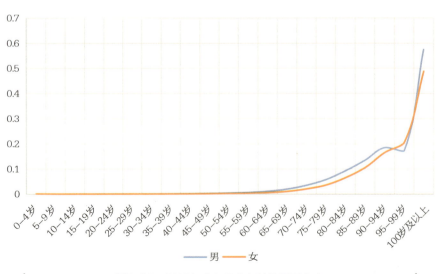

图2-38　2010年广东省分年龄性别死亡率

（3）迁移水平预测

户籍人口迁入迁出也是影响广东省户籍人口的一个因素。净迁移率是指一定时期（通常为一年）内人口迁入迁出相抵后（迁入人口减迁出人口）与同期平均总人口之比。在迁移水平及迁移模式方面，根据广东省历年的净迁移率，2001-2016年广东省净迁移率持续攀升，在2016年末达到峰值8.14，2012年出现负值-1.70，2015年广东净迁移率为0.89，近十年全省迁入情况基本在低水平波动（图2-39）。

图2-39 1990-2016年广东省户籍人口净迁移率

但省际迁移受严格的户籍制度控制，根据广东省2015年《关于进一步推进我省户籍制度改革的实施意见》，明确到2020年，要实现1300万左右农业转移人口和其他常住人口在广东城镇落户，其中外省农业人口和其他常住人口约700万落户本省城镇，2014-2020年的7年间，平均每年吸纳约100万省外流动人口加入户籍人口。考虑到省内户籍人口迁往省外约20万人口，取预测期内年均净迁移流动人口为每年80万，迁移人口年龄结构按照2010年广东流动人口年龄结构。此外，按照国家的户籍制度改革趋势，未来将逐步放开城市的入户限制，考虑到户籍政策变动的不确定性，将平均每年净迁移流动人口设为60万、80万和100万的低、中、高三个方案，其中80万为标准方案。

（4）户籍人口预测

广东省户籍人口预测采用年龄队列推移法，即以5年为统计周期，基期0-4岁人口为下一个统计期5-9岁人口，依次类推基期户籍人口。同时考虑不同年龄段生育情况、死亡情况及新迁移入户情况，将各年龄组加入当年户籍净迁入人口，计算当年出生人口和死亡人口，次年出生人口作为次年0-4岁人口，各年龄段人口减去死亡人口后向年龄增长组别推移。通过该方法得到各预测期人口年龄、性别结构和总数据。预测结果如下（图2-40、表2-5）：

以2010年为基期多情景户籍人口预测（单位：万人）　　　　　表2-5

预测年	不考虑户籍迁入	年均户籍迁入60万人（低方案）	年均户籍迁入80万人（中方案）	年均户籍迁入100万人（高方案）
2015	8452.21	8764.82	8869.00	8973.20
2020	8608.55	9246.17	9458.71	9671.25
2025	8717.30	9683.33	10005.34	10327.35
2030	8726.63	10018.70	10449.40	10880.09
2035	8629.91	10240.40	10777.23	11314.05

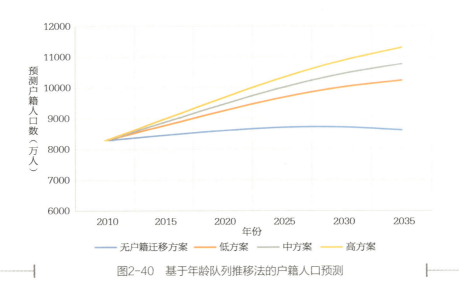

图2-40　基于年龄队列推移法的户籍人口预测

2.2.2　流动人口预测

根据人口普查年鉴中对流动人口的普查统计，可以反映出广东省流动人口趋势。从历次人口普查数据可以看出，广东省流动人口增速由快速增长向缓慢增长变动。其中，1995—2000年5年间流动人口规模增长最快，年均增长率达21.5%，至2000—2010年流动人口增速呈下降趋势，年均增长率为0.4%。可以推断随着广东省经济由劳动密集型向资金密集型和技术密集型转型，大量劳动密集型产业转移，结合城镇化发展的一般规律，未来流动人口增长速度将进一步降低。根据社科院《广东2035发展趋势与战略研究》中假定，至2035年，广东省流动人口以五年年均下降1%、1.5%、2%和2.5%的速度逐年减少，另根据过往流动人口中省内与省外流动人口比重，假定未来广东省外流动人口占流动人口总量的65%，预测广东省外流入人口如表2-6。

2.2.3　常住人口预测

常住人口规模由户籍人口与跨省流动人口叠加所得。计算公式如下：

$$常住人口 = 户籍人口 + 流动人口$$

广东流动人口历年变动情况及未来趋势预测   表2-6

年份	流动人口总量（万人）	五年增加数量（万人）	五年年均增长率（%）	省外流动人口占流动人口比例（%）
1990	331.47	—	—	
1995	793.87	462.4	19.09	
2000	2105.41	1311.54	21.54	71.55
2005	2762.17	656.76	5.58	
2010	3139.04	376.87	2.59	68.49
2015	3201	61.96	0.39	65.63
2020	3044.12	−156.88	−1	65
2025	2822.56	−221.56	−1.5	65
2030	2551.37	−271.19	−2	65
2035	2248	−303.37	−2.5	65

结果如表所示。基于以上对广东省未来人口总数的预测，到2035年常住人口约1.3亿，总人口将继续保持稳定增长。根据联合国、中国社科院、广东社科院等相关研究，中国总人口预计在2030年前后出现人口负增长，但广东由于流动人口集聚，人口结构较为年轻，人口总量峰值相对于全国将大大延后（图2-41，表2-7）。

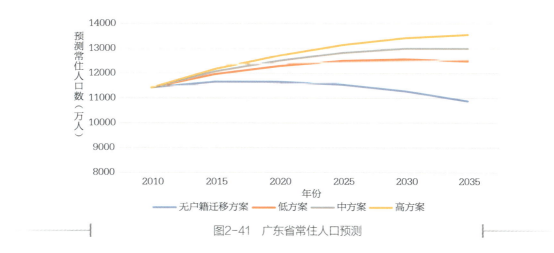

图2-41　广东省常住人口预测

以2010年为基期多情景常住人口预测（单位：万人）   表2-7

预测年	不考虑户籍迁入	年均户籍迁入60万人（低方案）	年均户籍迁入80万人（中方案）	年均户籍迁入100万人（高方案）
2015	11653.21	11965.82	12070.00	12174.20
2020	11652.67	12290.29	12502.83	12715.37
2025	11539.86	12505.89	12827.90	13149.91
2030	11278.00	12570.08	13000.77	13431.46
2035	10877.92	12488.40	13025.23	13562.05

2.2.4 人口区域分布预测

人口区域分布状况方面，对比"五普"、"六普"数据比可以看出人口持续向珠三角聚集，"六普"中两大核心城市广州市和深圳常住人口分别为1270万人、1036万人，其次东莞市822万人、佛山市719万人。珠三角九市人口占全省常住人口的53.8%，粤东4市占16.2%，粤西3市占14.6%，粤北5市占15.4%。相比2000年，珠三角人口占全省的50.3%，粤东、粤西和粤北地区分别占17.3%、15.8%和16.6%，10年间，珠三角人口比例上升3.5%，粤东、粤西、粤北分别下降近1%。2017年全省人口格局，珠三角常住人口为6150万人，占全省比例55.1%；粤东常住人口1732万人，占比15.5%；粤西常住人口1605万人，占比14.4%；粤北常住人口1681万人，占比15.0%。

此外，将各地级市城市总体规划中常住人口规模预测结果进行加总，到2035年，广东省常住人口15350万人。珠三角常住人口总规模为9050万人，占比59.0%；粤东常住人口总规模为2020万人，占比13.1%；粤西常住人口总规模为2030万人，占比13.2%，粤北常住人口总规模为2250万人，占比14.7%（表2-8）。

广东省各统计及预期人口分布比例表　　　　表2-8

统计年份	珠三角常住人口占比	粤东常住人口占比	粤西常住人口占比	粤北常住人口占比
2000年（五普）	50.3%	17.3%	15.8%	16.6%
2010年（六普）	53.8%	16.2%	14.6%	15.4%
2017年（《广东省统计年鉴2018》）	55.1%	15.5%	14.4%	15.0%
城市总体规划	59.0%	13.1%	13.2%	14.7%

注：各地市最近一版城市总体规划的规划末期不统一，除东莞市、梅州市、阳江市、揭阳市为2030年，韶关市为2035年外，多为2020年。

基于以上分析可以看出，从历史趋势结合规划期望，预计未来广东省常住人口将持续向珠三角集聚，粤东、粤西、粤北人口占比将持续下降。因此以2017年最新常住人口数据，预计到2035年全省常住人口达1.3亿人，推演以下三种场景下人口分布空间格局：

（1）**场景一：人口高度集聚珠三角，粤东粤西两极集聚带动作用较弱。**

粤港澳大湾区战略实施，珠三角经济占全省比重进一步加大，考虑粤东粤西发展未达预期的风险，因此2035年各分区经济人口容量为：珠三角10100万人；粤西1000万人；粤东1100万人；粤北800万人（表2-9）。

（2）**场景二：人口向珠三角集聚趋势延续，粤东粤西两极集聚能力提升**

按照2008-2017年珠三角人口占全省人口比例平均每9年提高3%，延续这一变化趋势，则2035年珠三角人口比例将达到61%，常住人口达7930万人，粤东1820万人，粤西1820万人，粤北1430万人（表2-10）。

（3）**场景三：人口适度集聚珠三角，其余各经济区趋向相对均衡集聚**

珠三角及粤东西北各区维持2017年现状人口占比情况，则2035年各分区常住人口为：珠三角7150万人，粤东1950万人，粤西1950万人，粤北1950万人（表2-11）。

场景一下广东省各地区常住人口预测结果列表　　　　　　　　　　　表2-9

地区	2035年GDP全省占比	2035年人均GDP	2035年人口容量
珠三角	85%	22万元	10100万人
粤东	5.5%	15万元	1000万人
粤西	6.5%	15万元	1100万人
粤北	3%	10万元	800万人

（注：根据广东社科院研究结论，2035年广东省GDP为26.2万亿元，人均GDP为19.9万元）

场景二下广东省各地区常住人口比例选择与预测结果列表　　　　　　表2-10

地区	人口全省比例			2035年常住人口数量
	2008年	2017年	2035年	
珠三角	51.9%	55%	61%	7930万人
粤东	16.6%	15.5%	14%	1820万人
粤西	15.4%	14.4%	14%	1820万人
粤北	16.1%	15.1%	11%	1430万人

（注：按广东省2035年常住人口总规模为1.3亿人进行计算）

场景三下广东省各地区常住人口比例选择与预测结果列表　　　　　　表2-11

地区	人口全省比例		2035年常住人口数量
	2017年	2035年	
珠三角	55%	55%	7150万人
粤东	15.5%	15%	1950万人
粤西	14.4%	15%	1950万人
粤北	15.1%	15%	1950万人

（注：按广东省2035年常住人口总规模为1.3亿人进行计算）

第三章
用地发展
03

建设用地作为人类生活和生产活动的重要基地，是经济社会要素高度密集的综合体，是人类创造物质财富的重要源泉和载体。改革开放以来，我国的城镇化进程发展迅速，城镇化率由1978年的17.90%增长到2017年的58.52%，建设用地规模不断扩大、用地结构不断更新，建设用地利用状况发生了翻天覆地的变化。随着经济社会的快速发展，人类日益增长的物质需求与有限土地资源之间的矛盾日益显著，制约了区域可持续发展能力。目前，我国的城镇化是在人口多、资源相对短缺、生态环境比较脆弱、城乡区域发展不平衡的背景下推进的，新增建设用地规模的急剧膨胀带来了诸如城镇结构松散、土地利用效率低下、城乡区域差距过大等问题。因此，推动土地资源节约集约利用，优化国土空间开发格局，提升土地利用质量和效益，是保障我国可持续发展、全面建成小康社会的重要举措，亦是我国生态文明建设、新型城镇化和乡村振兴战略的核心问题之一。

广东省地处我国东南沿海经济发达地区，是我国对外开放的前沿，北倚重峦叠嶂的南岭，南邻浩瀚无际的南海，陆地面积17.97万平方公里，海洋面积41.9万平方公里。全省地貌多样，素有"七山一水二分田"之称。全省建设用地占总面积的11.24%，总体土地开发强度不高，但建设用地空间分布极度不均衡，存在珠三角与粤东西北发展差距过大，人口集聚和土地开发强度不匹配，村庄用地与乡村人口增长倒挂，新增用地人地脱钩等用地发展问题。随着新型城镇化、乡村振兴战略和生态文明建设的推进，以及粤港澳大湾区的正式确立和珠三角城市群的快速发展，广东省的用地发展将面临更为复杂的形势。在新一轮国土空间规划中，如何促进土地节约集约利用，盘活存量建设用地，优化国土空间结构与格局，以承载新的发展机遇与挑战，是广东省用地发展的重大难点。规划至2035年期间，以习近平新时代中国特色社会主义思想为指导，坚持经济、社会、环境相协调的可持续发展战略，深入剖析广东省建设用地发展现状和趋势，实施建设用地总量和开发强度"双控"，加强城乡建设用地统筹发展和区域平衡协调发展，建立国土空间用途管制的法律政策、运行和监管体系，健全区域协调发展用地保障政策，实现国土空间与自然资源开发利用的精细化管理，为促进和保障广东省经济社会的科学发展，奋力推进广东省构建"一核一带一区"区域发展新格局，建设美丽广东提供有力支撑。

3.1　广东省土地资源总体特征及空间分布

3.1.1　土地资源总体特征

（1）全省土地资源总体特征

广东省地处中国大陆最南部，东邻福建，北接江西、湖南，西连广西，南临南海，珠江口东西两侧分别与香港、澳门特别行政区接壤，西南部雷州半岛隔琼州海峡与海南省相望，全境位于东经108°13′—119°59′，北纬23°28′—25°31′之间。地势北高南低，海陆兼备，港湾众多，大陆海岸线长达3368公里，沿海滩涂资源十分丰富；地貌类型复杂，以丘陵为主。

广东省省域范围内地表覆被类型包括耕地、森林、草地、灌木林、湿地、水体、人造地表面积和裸地8种类型（图3-1）。广东省土地覆被以森林为主，占土地总面积的60.06%，其次是耕地、人造地表面、水体和草地，分别占18.91%、10.50%、7.51%、1.18%，灌木林面积占0.77%，湿地面积占0.96%，裸地面积占0.11%。广东省属于东亚季风区，光、热、水资源丰富，适合植被生长，四季常青，因此广东省森林覆盖率较高，占土地总面积50%以上，省内设立多处森林公园和湿地公园。

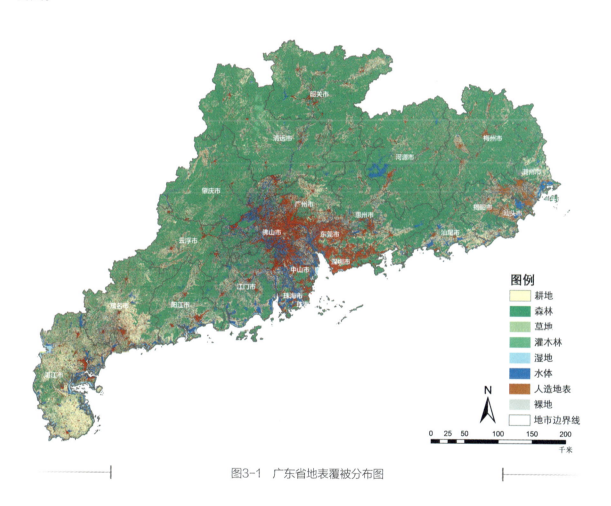

图3-1 广东省地表覆被分布图

（2）各区域土地资源特征（珠三角、粤东、粤西、粤北）

广东省划分为珠三角、粤东、粤西和粤北四个区域，分别统计四个区域的地表覆被情况，对比四个区域的土地资源状况（见图3-2）。珠三角区域地表覆被类型以森林、人造地表、耕地和水体为主，分别占珠三角区域面积的51.60%、17.66%、15.76%和12.11%；粤东地区土地覆被以森林、耕地、人造地表和水体为主，分别占粤东地区面积的47.44%、24.68%、13.93%和10.40%；粤西地区土地覆被类型以森林、耕地、人造地表和水体为主，分别占粤西地区面积的41.98%、35.27%、9.68%和8.02%；粤北地区土地覆被类型以森林、耕地为主，分别占粤北地区面积的76.33%和13.04%。

分析各地表覆被类型在四个区域间的分布情况，发现耕地主要分布在粤西、粤北和珠三角地区，三个地区的耕地面积分别占全省耕地总面积的33.90%、29.47%和25.39%，粤东地区的耕地面积相对较少。总体而言，广东省土地肥沃，丰富的水资源和适宜的农作物生长环境，推动了农业的迅速发展。

森林主要分布在粤北地区和珠三角地区，粤北地区森林覆盖面积占全省森林土地面积的54.31%，拥有丰富的森林资源和独特的森林生态系统，素有"南岭生物基因库"和"珠江三角洲生态屏障"之称，是广东重要的生态屏障，未来粤北地区也将建设成为生态发展区，以生态优先和绿色发展为引领，在高水平保护中实现高质量发展。而珠三角地区的森林覆盖面积占全省森林总面积的26.18%，目前正在建设"珠三角国家森林城市群"，为粤港澳大湾区构建了生态安全新格局。其次是粤西地区，粤西地区的森林面积占全省森林总面积的12.70%，森林面积最少的是粤东地区。

草地主要分布在珠三角地区和粤北地区，占全省草地总面积的38.02%和28.91%；灌木林分布面积最广的也是粤北地区，占全省灌木林总面积的63.78%。湿地和裸地的总面积相对较小，在四个地区分布比较平均。水体和人造地表面主要分布在珠三角地区，珠三角地区的水资源较为丰富，降水量大，河网密布。同时，珠三角作为广东省内经济发展最快的区域，土地开发利用程度较高，因此珠三角区域的人造地表面占比最高，为全省人造地表总面积的51.27%。

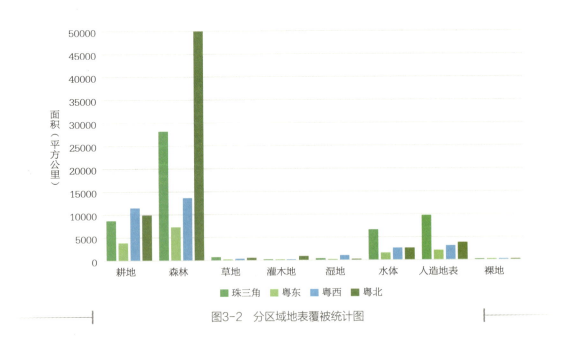

图3-2　分区域地表覆被统计图

3.1.2　各地市土地资源情况对比

各地市土地资源情况对比图显示（图3-3），森林是所有城市土地资源占比较高的地表覆被类型，其次占比较高的是耕地、人造地表和水体。

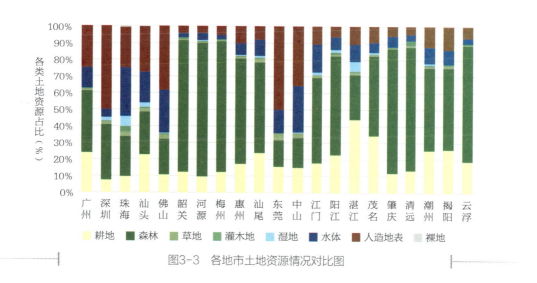

图3-3 各地市土地资源情况对比图

江门、惠州、肇庆、汕尾、潮州、揭阳、湛江、茂名、阳江、河源、梅州、清远、韶关、云浮城市的土地覆被由森林和耕地主导，其他覆被类型面积占比较小。其中，湛江市土地覆被主要由耕地主导，耕地占比高于森林，湛江市的农业地位十分重要，形成了具有本地特色的高产、高质、高经济效益的农业，是我国重要的水果、蔬菜和热带作物生产基地，也是广东省最大的水产品生产基地。

广州、佛山、中山、珠海、汕头、东莞六个城市的主要土地覆被类型除了耕地和森林外，还包括水体和人造地表。水体占比较高显示城市的本身河网密度较高，且城市积极推动河流水域的生态修复和保护工作。人造地表占比较高表明城市的土地利用开发强度相对较高，城市经济发展水平相对较高。

深圳市的土地覆被类型主要是森林和人造地表。深圳作为中国经济特区、全国性经济中心城市和国际化城市，2018年的城镇化率为100%，是中国第一个全部城镇化的城市。因此，深圳市的主要地表覆被类型是人造地表，城市的土地利用开发水平较高。此外，深圳市积极保护林地生态资源，全面创建国家森林城市，全市近半土地划入基本生态保护红线，以生态立市，引领绿色发展未来。

3.1.3 国际湾区土地资源对比

自2017年粤港澳大湾区正式推出，一个国际一流的湾区和世界级城市群，正逐渐显现。土地资源是社会发展的根本，对比国际湾区的土地资源，把握发展根基，对于粤港澳大湾区的可持续发展意义重大。

（1）纽约湾区

纽约湾区是以世界大型港口纽约港为基础，自19世纪80年代开始逐步发展，由小到大、由单一格局到多中心格局不断演变，通过资本、人才和技术的集聚，进一步发展成全球的贸易中心和金融中心，奠定当今世界经济中心的地位。纽约湾区各类土地资源分布与统计显示（图3-4，

图3-5），湾区内森林资源占比53.4%，所占比重在四大湾区（纽约湾区、旧金山湾区、东京湾区和粤港澳大湾区）中最高，主要分布于湾区西部靠内陆地区；其次是人造地表，占比25.9%，四大湾区中仅次于东京湾，集中分布于东海岸地区。

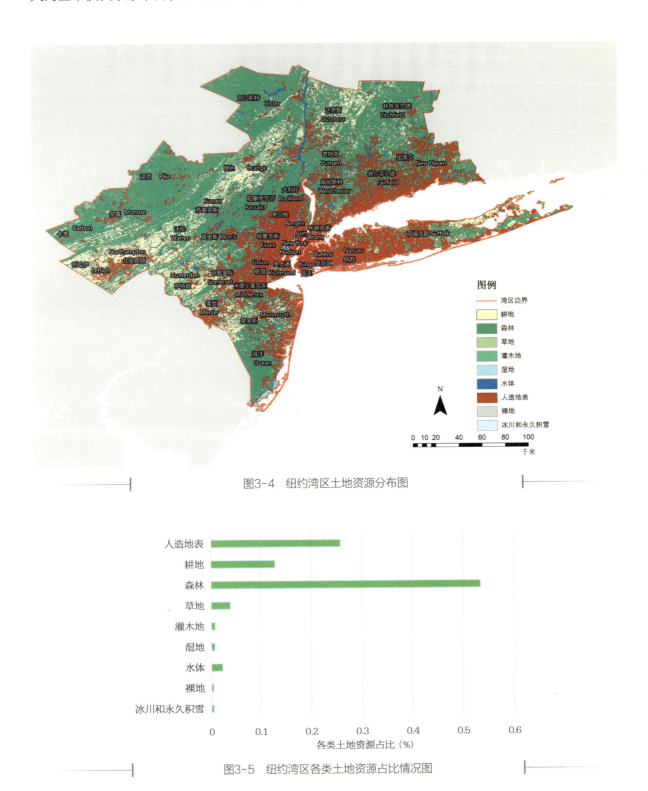

图3-4　纽约湾区土地资源分布图

图3-5　纽约湾区各类土地资源占比情况图

（2）旧金山湾区

旧金山湾区源自旧金山海湾，环绕美国西海岸沙加缅度河下游出海口，是位于美国加利福尼亚州北部的一个大都会区。旧金山海湾地理环境优越，交通便利，区位优势明显，特别适合发展为多中心的大都市区。区域内中心城市和次中心及小城市共同构成面积达1.79万平方公里的湾区，其规模在美国城市群落中居第五位。旧金山湾区各类土地资源分布及统计显示（图3-6，图3-7），

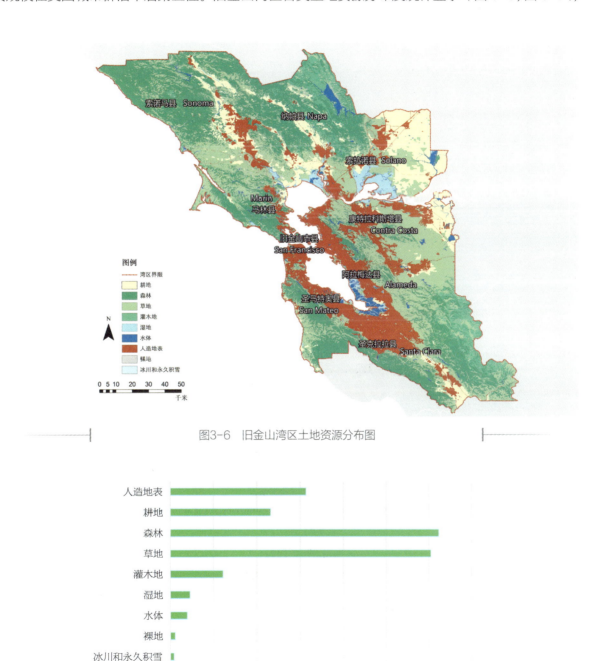

图3-6　旧金山湾区土地资源分布图

图3-7　旧金山湾区各类土地资源占比情况图

区域内森林资源和草地资源占比较高，分别为31.18%和30.24%；草地覆被率远高于其余三个湾区，主要分布于南北区域；其次是人造地表，占比15.66%，主要分布于旧金山区域；耕地占比11.58%，四个湾区中所占比重最低，主要分布在湾区东部腹地区域。

（3）东京湾区

东京湾区位于日本本州岛关东平原南端，以东京为中心，关东平原为腹地，是日本政治、经济和产业中心，也是世界知名的高端制造业走廊。东京湾的土地资源贫瘠，资源利用方式多样，呈现高度的集约节约特点。东京湾区各类土地资源分布及统计显示（图3-8，图3-9），区域内人造地表所占比重高，达31.99%，远高于其余三个湾区，集中分布于东京都区域；森林资源所占比重最高，达35.10%，主要分布于关东平原西部区域；耕地所占比重为25.35%，居于四大湾区首位，主要分布于埼玉县北部区域和千叶县东部地区。

（4）粤港澳大湾区

粤港澳大湾区地处广东省中南部（珠江三角洲在其范围内），是继美国纽约湾区、旧金山湾区和日本东京湾区之后建立的世界第四大湾区。该湾区三面环山，面向南海；三江（西江、北江和东江）汇聚，区位优势明显。全湾区丘陵山地、台地与平原错落，特别是在粤西北江绥江南缘一带，

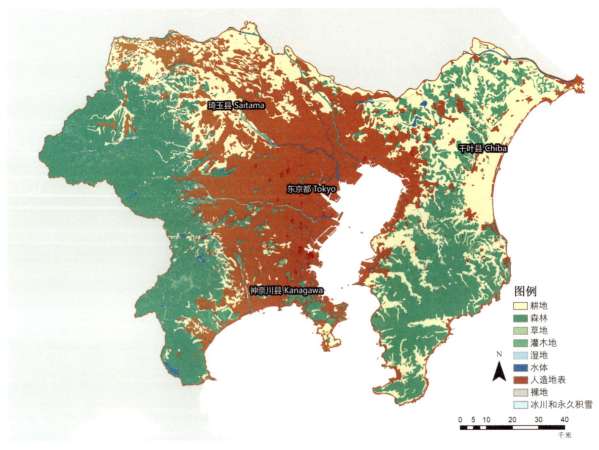

图3-8 东京湾区土地资源分布图

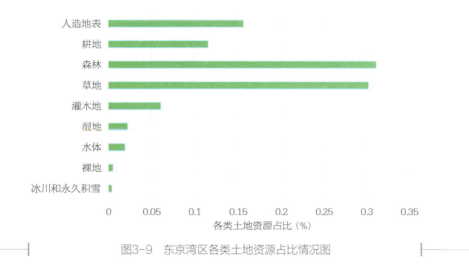

图3-9 东京湾区各类土地资源占比情况图

有不少海拔四五百米的高峰，但平原区地势平坦，海拔多在两百米以下。粤港澳湾区各类土地资源分布及统计显示（图3-10，图3-11），区域内森林资源覆盖率最高，达51.95%；人造地表次之，占比17.65%，主要分布于粤港澳大湾区的核心地区，广州、佛山、东莞、深圳、中山等市；耕地占比15.47%，主要分布于广州、江门等地区。

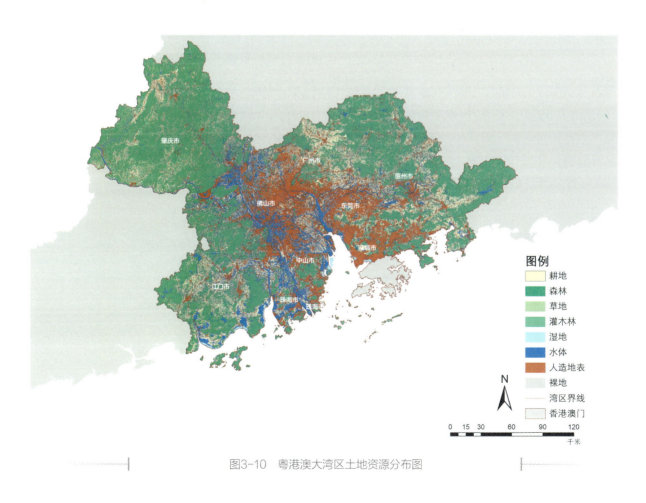

图3-10 粤港澳大湾区土地资源分布图

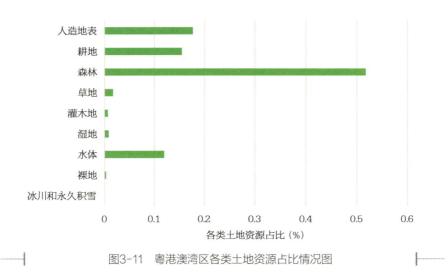

图3-11 粤港澳湾区各类土地资源占比情况图

3.2 广东省建设用地总体特征和发展趋势

3.2.1 建设用地总量和增量变化特征

近年来，广东省经济社会快速发展，城市功能区逐步完善，城市空间扩展迅速，用地需求旺盛。从历年广东省建设用地变化情况图可以看出（图3-12），广东省建设用地总量逐年增加，2017年广东省建设用地面积比2009年增长了14.80%。广东省建设用地增量在各个时间段的变化幅度有所不同，从2012年来，广东省建设用地年增量变化趋势呈现由慢至快最后趋于平缓的趋势。2009-2012年全省建设用地处于低速增长状态，建设用地总量提高5.29%，年平均增长速度为1.76%；2013-2014年进入较高速增长阶段，年平均增长速度为1.97%。2015-2017年全省建设用地增长速度有所下降，年平均增长速度为1.73%。近三年广东省年新增建设用地基本控制在340平方公里左右，建设用地总体发展趋势是平稳增长。

图3-12 2009-2017年广东省建设用地变化情况

3.2.2 建设用地空间分布特征

2017年广东省建设用地占全省土地利用总面积的11.24%，总体建设用地比重较低，土地开发利用强度不高。由于省内各市经济、社会发展水平不一，建设用地规模明显表现出以行政区划为界限的空间差异性。

（1）人口聚集程度和土地开发强度不完全同步

2010年与2017年，各地市的土地开发强度曲线变化基本一致（图3-13）。其中，深圳市、东莞市、佛山市、中山市土地开发强度持续领跑，开发强度已突破30%，并持续增长。粤北地区的梅州、河源、韶关、清远和云浮市的土地开发强度较低，处于10%以下。对比2010年和2017年广东省各地市建设用地人口密度和土地开发强度，发现土地开发强度与人口密度不完全一致。珠三角地区的珠海、东莞、中山等城市人口相对比较分散，建设用地上的人口密度与其极高的土地开发强度不成正比，呈现出高开发低集聚的不同步状态；而潮州、揭阳、汕尾等城市作为人口集聚地区，土地开发强度相对较低，属于低开发高集聚的城市。

图3-13　2010年/2017年广东省各地市建设用地人口密度和土地开发强度情况

（2）建设用地集聚在经济发达地区，区域相对平衡

经济发展直接或间接驱动着建设用地的增加，建设用地基本集聚在省内经济发达地区。从2009-2017年广东省建设用地分区占比变化情况可以看出（图3-14），珠三角地区作为广东省发展较快的区域，建设用地占全省建设用地的50%左右。而发展相对较为缓慢的粤北、粤西和粤东区域，建设用地分别占全省建设用地的20%、19%、11%左右；其中粤北区域建设用地占比从2009年的20.3%小幅度增加至2017年的20.5%，而粤西和粤东区域的建设用地占比有所降低。总体来看，区域间建设用地占比值差异较大，建设用地基本集聚在珠三角地带。各区域建设用地动态变化均处于一个相对平衡的状态，区域间的建设用地占比基本稳定。

图3-14 2009-2017年广东省建设用地分区占比变化情况

2009-2017年广东省新增建设用地空间分布结果显示（图3-15），新增建设用地集聚在珠三角区域及其经济辐射的周边城镇。广州、东莞、惠州、佛山、中山、深圳六个城市的建设用地增量较大，其中以广州市的南沙区和东莞市建设用地增量最大；其次是中山市，惠州市的博罗县、

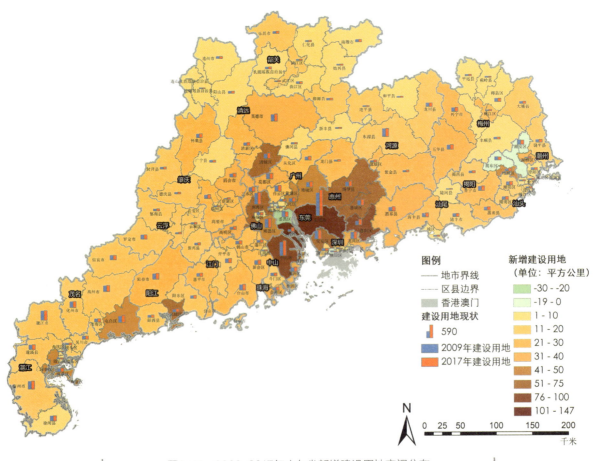

图3-15 2009-2017年广东省新增建设用地空间分布

惠城区、惠阳区，佛山市的南海区和深圳市的宝安区。粤东、粤西和粤北也有部分区县的新增建设用地量较大，如阳江市的江城区、清远市的清城区。另外，省内有一些区县由于前期建设用地突破"天花板"，后期开展"减量规划"，因此存在建设用地减少的现象，如广州市的番禺区、潮州市的潮安区和揭阳市的揭东区2009-2017年间的建设用地量有所减少，新增建设用地处于一个负增长状态。

（3）各类建设用地增长空间特征差异化

通过分析城镇建设用地、乡村建设用地和其他建设用地的空间分布，发现受经济发展水平、产业结构的影响，各类建设用地增长有明显不同的空间性特征。从2009-2017年广东省分地区建设用地结构变化情况图可以看出（图3-16），城镇建设用地增幅空间差异尤为突出，城镇建设用地增加区域主要是珠三角地区，该地区2009-2017年新增城镇建设用地为935平方公里，远远高于粤东、粤西和粤北地区。乡村建设用地增加以珠三角地区为最高，粤东地区次高。其他建设用地增加主要分布在珠三角地区和粤北地区。

经济发展水平较高，以第二产业和第三产业发展为主的区域，城镇建设用地会有明显的增长趋势。如珠三角区域2009-2017年新增城镇建设用地占新增建设用地的66%。产业结构中第一产业占比相对较高的区域，乡村建设用地相对增长较多，如粤东区域的农业发展带动了乡村建设用地的增加，粤东新增乡村建设用地占30%，且该区域的新增乡村建设用地比例远远高于其他几个区域。重点发展物流业的区域，交通运输用地新增比例较高，如粤西拥有漫长的海岸线，众多港口和湛江市三大物流基地促进了粤西地区的物流业发展，直接驱动着粤西地区交通运输用地的增加，粤西地区的新增其他建设用地占比为26%；粤北区域由于绝大部分都属于山区，以往交通不便，影响了粤北地区的进一步发展，这些年粤北地区积极调整产业结构，以旅游、物流业为龙头的第三产业发展迅猛，并积极建设基础设施用地，推动了粤北地区其他建设用地的增加，粤北地区新增其他建设用地占比为35%。

图3-16　2009-2017年广东省分地区建设用地结构变化情况

3.3 广东省建设用地结构特征

3.3.1 城镇建设用地特征

2017年广东省城镇建设用地总面积为7426平方公里，相较于2009年增长27.4%，占建设用地总规模的36.8%。2017年，广州市城镇建设用地总规模最高，占全省城镇建设用地的13.8%；其次是深圳市和佛山市，分别占全省城镇建设用地的11.2%和7.7%；潮州市城镇建设用地规模最小，仅占全省同类用地的1.1%。2009年以来，全省城镇建设用地总规模保持年均3.1%的速率较快增长，占建设用地的总规模比重有所提升（图3-17）。各时段各地市城镇用地变化情况不一（图3-18），2009-2017年，河源市城镇用地增长最多，达63.9%；处于城市化后期的深圳市城镇建设用地增长最少，仅为12.7%。从时间段上，广东省城镇建设用地经历了一个从增长放缓到快速增长再到增长放缓的阶段；2009-2012年，广东省城镇建设用地总规模提升10.8%，年增长速率由4.6%降低到2.5%，其中阳江市城镇用地总规模增长速度最快，年均增速为7.47%；2012-2015年，全省城镇建设用地总规模提升10.0%，年增长速率提升到3.4%，其中河源市城镇用地总规模增长速度最快，年均增速为8.74%；2015-2017年，全省城镇建设用地总规模提升4.5%，年增速再次降低到2.1%，其中河源市城镇用地总规模增长速度最快，年均增速为5.21%。

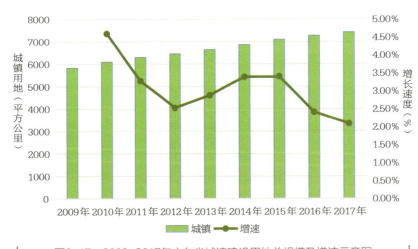

图3-17 2009-2017年广东省城镇建设用地总规模及增速示意图

广东省城镇建设用地的空间分布格局呈现明显时空差异性。从各地区城镇建设用地变化趋势看（图3-19），2009-2017年，珠三角地区城镇建设用地规模增长最高，提升了24.2%，低于广东省的同期水平（27.4%）；同样，粤东地区（23.0%）低于广东省同期水平，城镇拓展趋势稍缓；粤北地区增长幅度最大，为44.6%。从区县新增城镇建设用地空间分布上来看（图3-20），广州—佛山同城化地区以及深圳沿海四区等珠三角核心圈层是全国市场化程度最高的地区，人口和经济

图3-18　2009-2017年分时段广东省各地市城镇建设用地总规模增长及增速示意图

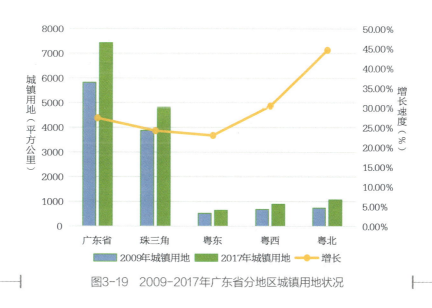

图3-19　2009-2017年广东省分地区城镇用地状况

要素高度集聚，基础设施比较完备，城镇化水平高，此区域内城镇建设用地趋于饱和，新增城镇建设用地规模较小；广州东部、惠州西部、花都、三水、四会、珠海沿海等珠三角外围圈层临界地区内城镇化水平快速提高，对于城镇建设用地的需求量高，新增城镇建设用地规模大；清远、云浮、梅州、揭阳等北部山区的外围县等外围省际交界地区土地利用类型多样，便于多样化利用和农业综合发展，是全省重要的生态屏障和水源涵养地，但由于地域因素的限制，该区属于欠发达地区，城镇化速率较慢，新增城镇建设用规模较小。

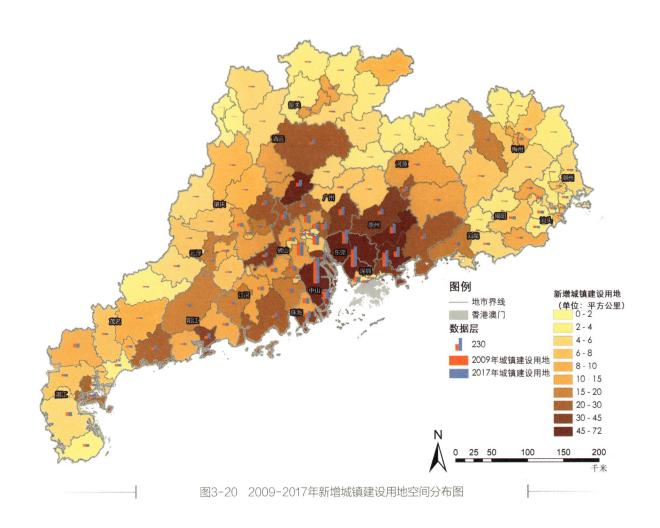

图3-20 2009-2017年新增城镇建设用地空间分布图

3.3.2 乡村建设用地特征

2017年广东省乡村建设用地总面积为8312平方公里，相较于2009年增长5.4%，占建设用地总规模的41.1%。2017年，湛江市乡村建设用地总规模最高，占全省乡村建设用地的10.7%，其次是茂名市和东莞市，分别占全省乡村建设用地的10.1%和9.8%，深圳市乡村建设用地规模最小。整体上来看（图3-21），2009年以来，乡村建设用地总规模年均增率为0.6%，其大致经历了一个从快速增长到增长缓慢再到快速增长的过程，然其占建设用地总规模的比重有所降低。2009-2017年，湛江市乡村用地增长最多，达10.67%，其次是茂名市，达10.15%。从时间段上来看（图3-22），2009-2011年，广东省乡村建设用地总规模较快增长，提高了0.97%，其中佛山市乡村建设用地增长最多，达20%，其次是东莞市，梅州市乡村建设用地规模有所减少；2011-2013年，全省乡村建设用地总规模增速有所放缓，仅提高0.74%，其中，广州市乡村建设用地增长最多，为2.73%，其次是汕头市，为1.91%，清远市乡村建设用地规模有所减少；2013-2017年，全省乡村建设用地总规模开始快速提升，增长了3.7%，其中，惠州市乡村建设用地增长最多，为6.9%，其次是汕尾市，为6.75%，梅州市增长最少，仅为0.98%。

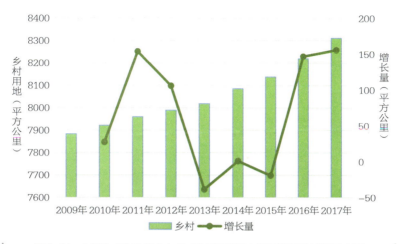

图3-21　2009-2017年广东省乡村建设用地总规模及增长量示意图

图3-22　2009-2017年分时段广东省各地市乡村建设用地总规模增长及增速示意图

　　从空间分布格局上来看，广东省的乡村建设用地变化趋势具有明显的时空差异性。从各地区乡村建设用地变化趋势看（图3-23），2009-2017年，珠三角地区乡村建设用地规模增长最高，提升了8.4%，高于广东省的同期水平（5.4%）；同样，粤东地区（7.5%）高于广东省同期水平，粤北地区增长幅度最小，为2.6%。从区县空间分布格局上来看，广州中心4区、深圳、珠海、江门和肇庆的中心城区等高度城镇化地区乡村建设用地基本处于零增长；东莞、南海、顺德、南沙等乡镇工业化驱动发展的地区对于用地的需求较高，乡村建设用地增长较快；清远、云浮、梅州、揭阳等北部山区等外围地区因城乡建设用地增减挂钩，乡村建设用地减少。

图3-23 2009年/2017年广东省分地区乡村用地状况

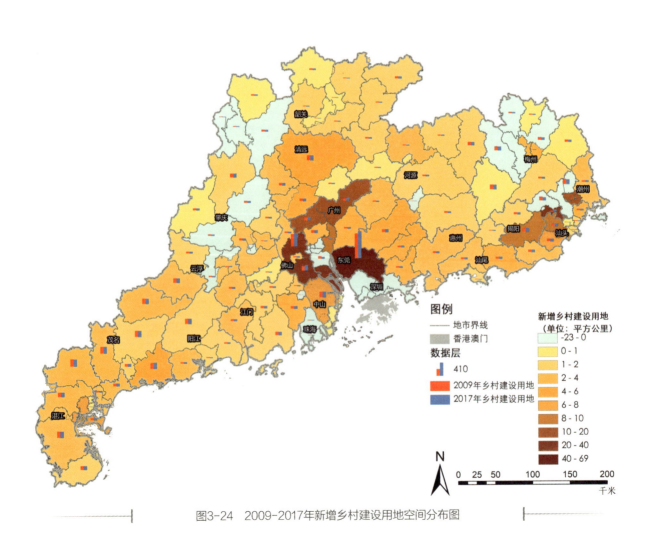

图3-24 2009-2017年新增乡村建设用地空间分布图

3.3.3 交通用地特征

广东省交通用地整体变化情况如图3-25所示，2017年广东省交通用地总面积为1958平方公里，占建设用地总规模的9.7%，相较于2009年增长39.4%。2017年，广州市交通用地总规模最高，占全省同类用地的11.8%，其次是清远市、湛江市、佛山市和惠州市，分别占全省交通用地的6.8%、6.6%、6.5%和6.2%，潮州市交通用地规模最小，占全省同类用地的1.7%。整体而言，2009-2017年，全省交通用地年均增率为4.4%。

图3-25　2009-2017年广东省交通用地总规模及增长量示意图

交通基础设施作为区域发展的不可或缺的因素之一，是粤东西北地区振兴的"有力抓手"。从空间分布格局上来看，广东省的交通建设用地变化趋势具有明显的时空差异性。分析各地区交通建设用地变化趋势（图3-26），2009-2017年，珠三角地区交通建设用地规模增长最高，提升了32.6%，低于广东省的同期水平（39.4%）；粤北地区增长幅度最大，为49.6%。为加快粤西、北地区的发展建设，依托汕昆高速、武深高速、汕湛高速等道路体系，对此区域的交通建设投入不断加大，其中英德、龙门、博罗、五华、电白等区域交通用地增长较多；由于粤东地区和海西经济区的交通联系不强，其交通用地出现负增长，主要分布于潮安、揭东、汕尾等城区。

图3-26　2009年/2017年广东省分地区交通用地状况

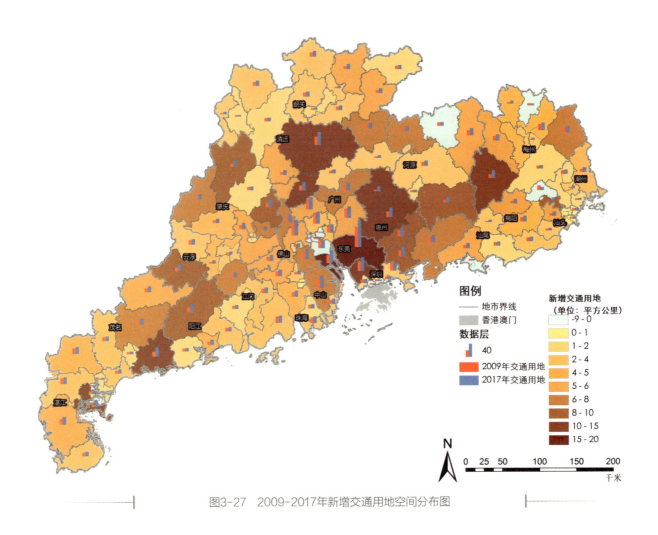

图3-27　2009-2017年新增交通用地空间分布图

3.4　广东省人口、城镇化与用地关系

人是社会、经济活动的主体，而土地资源几乎是一切人类活动的载体，在人口、资源、环境与发展的相互关系中，人口发展与土地资源利用的关系始终处于最核心的地位。因此，探讨人口、城镇化与用地关系是研究用地发展的重要内容。基于2009-2017年的人口和用地数据，从土地城镇化与人口城镇化匹配关系、城乡建设用地与常住人口匹配关系、城镇工矿用地与城镇人口匹配关系、乡村建设用地与乡村人口匹配关系四个方面进行人口与用地的相关性分析。分析结果显示，广东省的土地城镇化与人口城镇化增长速率基本一致，人口城镇化略快于土地城镇化水平；城乡建设用地与常住人口、城镇工矿用地与城镇人口处于同步增长状态，而乡村建设用地与乡村人口呈现增长倒挂。

3.4.1 土地城镇化与人口城镇化匹配关系

（1）广东省土地城镇化与人口城镇化增速基本同步。根据2010-2017年广东省土地城镇化率、人口城镇化率变化情况（图3-28），2010-2017年全省土地城镇化与人口城镇化增长曲线斜率基本一致，土地城镇化年均增速（0.47）与人口城镇化年均增速（0.53）基本持平，人口城镇化速度略快于土地城镇化。

图3-28　2010-2017年广东省土地城镇化率、人口城镇化率变化情况

分析各地市土地城镇化率与人口城镇化率的相关性（图3-29），结果显示，广东省人口和土地城镇化率间的相关性系数接近1.0，表明二者间的相关性很高，人口和土地城镇化率基本处于一个同步增长状态。全省85%城市的人口城镇化率与土地城镇化率都呈高度正相关，其中茂名市、中山市、湛江市、揭阳市、江门市最高，相关性系数几乎为1.0，且高于全省整体土地城镇化率和人口城镇化率相关性水平。珠海市和佛山市的人口城镇化率和土地城镇化率呈显著正相关，汕头市的相关性系数最低，为0.22。

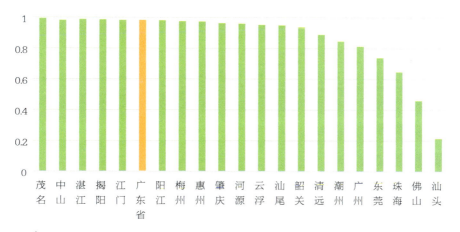

图3-29　各地市土地城镇化率与人口城镇化率相关性分析

（2）广东省土地城镇化与人口城镇化进程不同。根据2010-2017年广东省土地城镇化率、人口城镇化率对比图（图3-30），全省人口城镇化率普遍高于土地城镇化率，人口城镇化进程普遍快于土地城镇化，2010-2017年间，两者差距基本维持在20%左右。

图3-30　2010-2017年广东省土地城镇化率、人口城镇化率对比图

对比2017年各地市人口城镇化率和土地城镇化率（图3-31），发现人口城镇化率基本要高于土地城镇化率，其中东莞市、佛山市和潮州市的人口城镇化进程远高于土地城镇化率30%以上，高于广东省整体的人口城镇化率与土地城镇化率差值（20.88%）。肇庆和深圳市人口、土地城镇化水平基本一致，而珠海市由于城市土地利用开发强度较高，而人口聚集度低，导致人口城镇化率略低于土地城镇化率，相差5.46%。

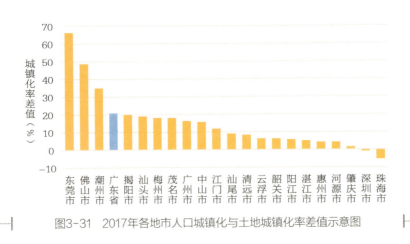

图3-31　2017年各地市人口城镇化与土地城镇化率差值示意图

（3）各地市间土地城镇化与人口城镇化增速不同。通过对全省各地市的土地城镇化及人口城镇化的年均增长速度进行分析（图3-32），结果表明，各地市的土地城镇化率与人口城镇化率增速不同步。茂名、湛江、惠州、梅州、广州、汕头、珠海、揭阳、佛山市的人口城镇化速度快于土地城镇化，而韶关、深圳、潮州、江门、东莞、肇庆、云浮、清远、阳江、中山、汕尾、河源

图3-32 各地市人口、土地城镇化年均增速对比图

市的土地城镇化速度快于人口城镇化。茂名和河源两个城市的人口城镇化率和土地城镇化率差值较大，高于50%，后续的发展中，需要调节二者城镇化发展进程，避免出现人口过载或土地城镇化过量等不协调发展问题。

3.4.2 城乡建设用地与常住人口匹配关系

整体上看（图3-33），2017年，广东省城乡建设用地面积相较2009年增加14.17%，年均增速为1.77%；常住人口比2009年增加10.25%，年均增速为1.28%；人均城镇建设用地面积比2009年增加3.55%。从广东省常住人口和城乡建设用地变化趋势图，可以发现，二者斜率基本相同，处于同步增长状态，城乡建设用地增速略快于常住人口增速。

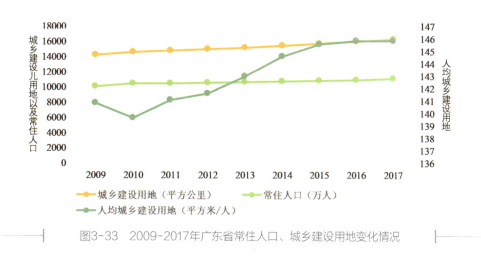

图3-33 2009-2017年广东省常住人口、城乡建设用地变化情况

分析全省、各地市的城乡建设用地与常住人口之间的相关性（图 3-34），结果显示城乡建设用地与常住人口基本呈正相关，即常住人口和建设用地同时增加，说明广东省城乡建设用地与常住人口增长同步。除汕尾、东莞和潮州市，其他城市的城乡建设用地与常住人口都高度正相关（相关系数 r>0.7），汕尾和东莞市呈显著正相关，而潮州市呈现显著负相关。通过分析潮州市常住人口和城乡建设用地数据发现（图 3-35），潮州市人口存在波动，2009-2014 年潮州市常住人口持续增加，2015 年潮州市常住人口小幅度减少，2015-2017 年常住人口数均低于前几年，而城乡建设用地规模持续稳定增加，因此潮州市的城乡建设用地与常住人口呈负相关。

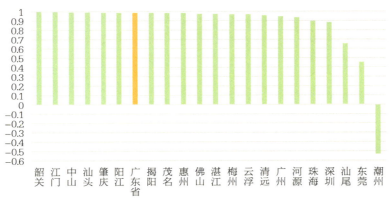

图3-34　2009-2017年各地市城乡建设用地与常住人口相关性分析

图3-35　2009-2017年潮州市城乡建设用地、常住人口、人均城乡建设用地对比图

3.4.3　城镇工矿用地与城镇人口匹配关系

对应城镇人口，考虑城镇工矿用地与城镇人口的匹配关系，整体上看（图 3-36），2017 年，广东省城镇工矿用地面积相较 2009 年新增 1593.33 平方公里，平均每年新增 199.17 平方公里；

城镇人口相较2009年新增1379.01万人，平均每年新增172.38万人。人均城镇工矿用地指标先降后升逐渐趋于稳定，2017年人均城镇工矿面积为102.27平方米/人，较2009年增长了2.87%。其中珠三角、粤东地区人均城镇工矿用地面积偏低，粤西、粤北相对较高。

图3-36　2009-2017年广东省城镇用地、城镇人口、人均城镇工矿用地对比图

分析全省、各地市的城镇工矿用地与城镇人口之间的相关性（图3-37），结果显示城镇工矿用地与城镇人口均呈正相关，说明城镇工矿用地规模与城镇人口持续同步增长。除东莞和潮州市，其他城市的城镇工矿用地与常住人口都呈现高度正相关，东莞市呈现显著正相关，相关系数为0.68，潮州市相关度最低，相关系数为0.33。通过分析潮州市城镇人口和城镇工矿用地数据发现，2010-2017年潮州市的城镇人口有波动变化，而城镇工矿用地规模持续稳定增加，因此潮州市的城镇工矿用地与城镇人口的相关度较低。

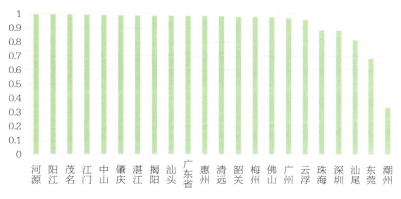

图3-37　2009-2017年各地市城镇工矿用地与城镇人口相关性分析

3.4.4 乡村建设用地与乡村人口匹配关系

分析乡村建设用地与乡村人口的匹配关系（图3-38），2017年，全省乡村建设用地面积比2009年新增5.44%，而乡村人口2017年比2009年减少9.18%，乡村建设用地增加，乡村人口减少，乡村建设用地与乡村人口呈现增长倒挂，导致人均乡村建设用地面积持续增加，2017年为246.83平方米/人，相比2009年人均乡村建设用地面积增加16.09%。

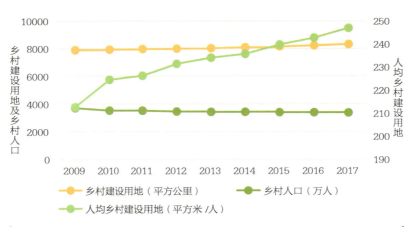

图3-38 2009-2017年广东省乡村人口、乡村建设用地、人均面积变化图

对全省、各地市的乡村建设用地和乡村人口进行相关性分析（图3-39），结果表明全省、各地市乡村建设用地和乡村人口基本呈负相关，即乡村建设用地规模增加，而乡村人口减少，说明倒挂现象较为严重。其中汕尾市的乡村建设用地与乡村人口的相关系数几乎为0，说明该市的乡村建设用地变化与乡村人口变化相关性较弱。中山市的乡村建设用地和乡村人口是同步增长的，分析发现（图3-40），中山市的乡村建设用地和乡村人口变化波动基本同步，因而中山市的乡村建设用地与乡村人口呈高度正相关。

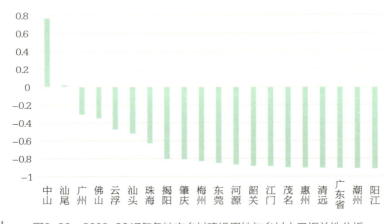

图3-39 2009-2017年各地市乡村建设用地与乡村人口相关性分析

图3-40 2009-2017年中山乡村建设用地、乡村人口和人均乡村建设用地变化对比图

3.5 广东省人口、经济与用地关系

人口、用地与经济三要素是高度关联，密切相关，相互作用的（图3-41）。人地关联代表的是不同城镇体系对于不同人口阶层的吸引程度，如城镇体系完善发展快速的区域，更容易吸引高学历年轻人群。人财关联展现的是特定产业与人才之间的匹配关系，不同的行业需要不同知识储备的人才，也会带来人口的流动，区域经济结构的变化会带来人口素质的变化，高新产业结构更能吸引高素质人才。财地关联体现了产业结构与土地利用结构的互促共进，土地利用结构的调整必然会对产业用地结构和效益产生不同程度影响，从而对人流、物流、资金流以及信息流的传递产生影响。而经济的快速增长驱动着生产、生活、基础设施服务等相关建设用地的增加，同时产业结构的调整也会推动土地利用类型的转变。

图3-41 人口、经济与用地的关系

3.5.1 人口与用地增长之间的关系

（1）广东省农村低效利用问题突出，各地市新增用地脱钩差异明显

广东省建设用地集约节约利用水平虽然已有大幅度的提高，但建设用地的利用效率与国内外发达城市相比仍有一定的差距，旧城镇、旧村庄、旧厂房"三旧"用地占据了大规模的建设用地，全省农村低效利用问题尤为突出，是全省建设用地集约节约利用水平较低的主要原因。2009年以来广东省人均农村居民点用地持续上升，2017年达到246.87平方米/人，大约是城市的三倍左右，农村建设用地和宅基地房存量偏大的同时，还不断有新增宅基地和经济发展用地的需求，形成了"双向扩张"的趋势图（图3-42）。整体上看（图3-43），2009年以来广东省农村人口缓慢下降，乡村建设用地规模却缓慢增长，乡村建设用地与人口倒挂趋势明显，人地变化关系失调，用地效率整体趋向于粗放。2017年，农村用地面积（8312平方公里）相较2009年新增428.67平方公里，平均每年新增53.58平方公里；乡村人口（3367.45万人）相较2009年减少340.19万人，平均每年减少42.5万人。

图3-42　2009-2017年各类人均建设用地变化图

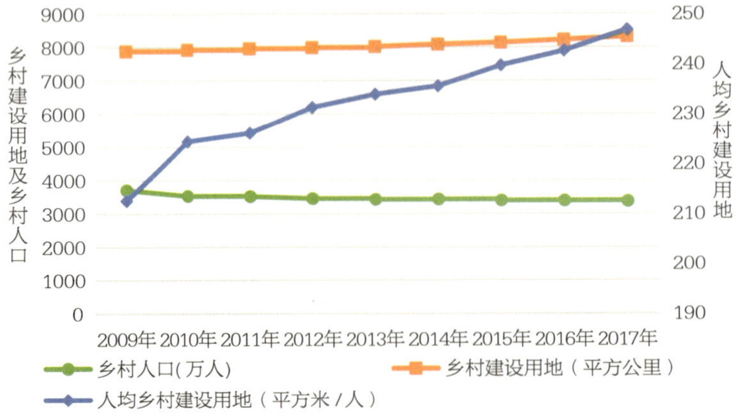

图3-43　2009-2017年广东省乡村人口及乡村建设用地变化情况

近年来，广东省部分城市出现新增用地人地脱钩现象，即城乡人口数量快速增加，但城乡建设用地增速更快，城乡人口与建设用地变化存在时空失衡。具体表现为（图3-44，图3-45），2009-2017年潮州市人均新增城乡建设用地面积最高，达到1176平方米/人，人均新增城镇用地达644平方米/人；其次是汕尾市，人均新增城乡建设用地面积为948平方米/人；深圳市人均新增城乡建设用地面积最低，不到40平方米/人，仅占潮州市的1/30。

图3-44　2009-2017年各地市新增人均城乡建设用地变化统计图

（2）珠三角地区用地规模突破"天花板"，乡村进一步扩张，广深与其他城市分化明显

近年来珠三角地区用地增长快于人口集聚。2009-2017年，珠三角新增城乡建设用地1399.3平方公里，增长20.5%，新增常住人口788.8万人，增长14.7%，人均城乡用地面积上升了6.4平方米/人，达到133.7平方米/人。而相较于2020年土规调整方案（图3-46），2017年珠三角突破2020年城乡用地规模88平方公里，中山市、东莞市、肇庆市、佛山市和江门市已突破2020年城乡用地规模，中山市突破上限最高，达123平方公里，珠海市余量最高。

珠三角地区乡村进一步扩张。整体上看（图3-47），2009-2017年珠三角农村用地新增252.67平方公里，达3257平方公里，相较于2009年新增8.4%，为全省最高；新增农村用地占全省新增农村用地总规模的58.9%。其中东莞、佛山、广州三市共新增农村用地192平方公里，新增农村用地占珠三角新增农村用地总规模的76%。2009-2017年，珠三角乡村人口减少81.75万人，人均农村用地面积从2009年的304平方米/人上升到360平方米/人，远高于广东省其他区域。

广深城市集约发展效果显著，珠三角其他城市人口集聚慢于用地增长。整体上看（图3-48），2017年，深圳、广州人均城镇用地面积为66.6平方米/人和82.0平方米/人，相较于2009年分别下降7.6平方米/人和5.7平方米/人。2009-2017年，深圳、广州新增城镇用地人均面积低至

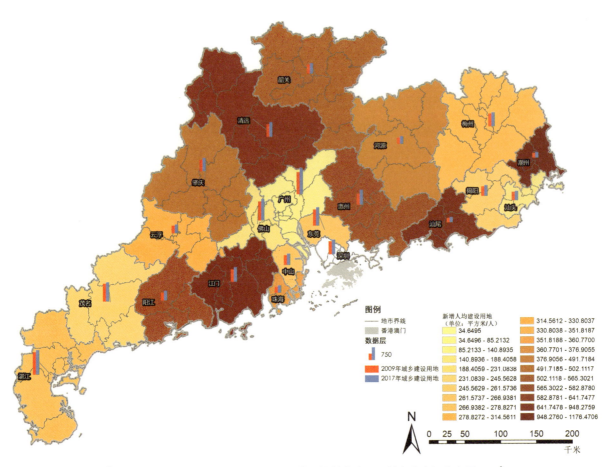

图3-45 2009-2017年各地市新增人均城乡建设用地变化空间分布图

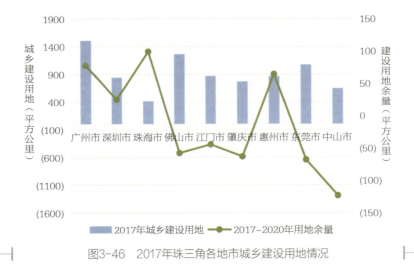

图3-46 2017年珠三角各地市城乡建设用地情况

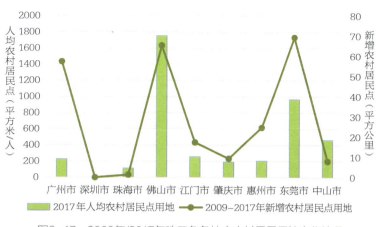

图3-47 2009年/2017年珠三角各地市农村居民用地变化情况

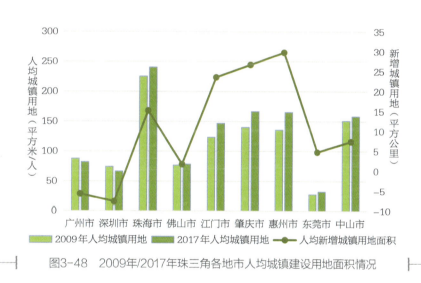

图3-48 2009年/2017年珠三角各地市人均城镇建设用地面积情况

36.5平方米/人和62.9平方米/人。相较于2009年，珠三角其他城市人均城乡用地面积从187.2平方米/人上升至203.5平方米/人，人均城镇用地面积从95.1平方米/人上升至107.8平方米/人。

（3）粤东地区城镇化、用地增长放缓，城乡双栖加剧村庄蔓延，人地矛盾突出

粤东地区城镇化速度放缓，城镇人口用地缓慢增长。2009-2017年，粤东地区新增城镇建设用地120.67平方公里，新增城镇人口83.5万人，分别占全省的7.6%和6.1%。其中，潮州市仅新增城镇人口和用地2.38万人和15.33平方公里。

粤东地区新增农村建设用地面积较高，乡村人口大量减少，加剧村庄蔓延。从图3-49可以看出，2009-2017年粤东地区农村用地新增75平方公里，占其新增建设用地的30.4%，远高于广东其他地区，但乡村人口减少10.26万人，人均乡村用地面积从142平方米/人上升至156平方米/人。

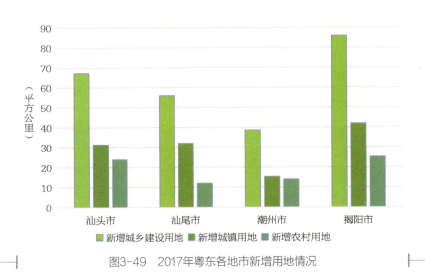

图3-49　2017年粤东各地市新增用地情况

地区城镇人口与用地之间矛盾仍旧突出。从图3-50中可以看出，2017年，粤东人均城乡和城镇用地面积分别为103.10平方米/人和67.98平方米/人，远低于广东省其他区域。传统地少人多，中心城区城乡混杂，造成城镇人口密度远高于其他地区，2017年为14711人/平方公里，远高于珠三角10562人/平方公里。同时用地开发强度较低，导致人地矛盾突出。

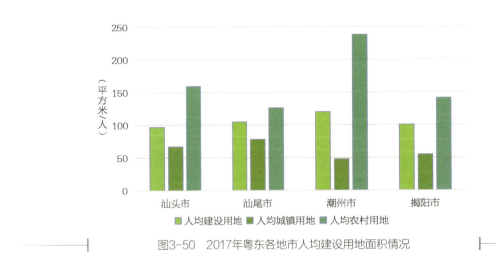

图3-50　2017年粤东各地市人均建设用地面积情况

（4）粤西地区城乡用地减量规划进展较慢，用地粗放情况未扭转

粤西地区城乡建设用地规模减量规划进展缓慢。从图3-51中可以看出，2017年粤西三市城乡用地规模仍高于2020年土规规模。其中，湛江市城乡用地突破约106平方公里，茂名市城乡用地突破92平方公里。

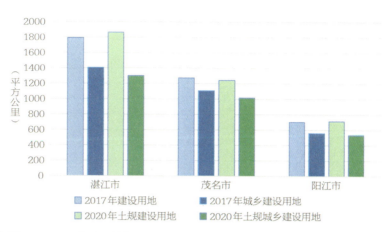

图3-51　2017年（现状）/2020年（规划）粤西各地市城乡及城镇用地面积情况

城乡建设用地粗放利用的情况仍未有所扭转。从图3-52中可以看出，2009年，粤西地区人均城乡建设用地面积达到184.22平方米/人，高于全省其他地区，2017年，增加至191.42平方米/人，仍为全省最高。

图3-52　2009年/2017年粤西各地市新增城乡用地和新增城镇用地面积情况

阳江城镇用地粗放状况快速加剧。根据图3-53，2017年阳江市人均城镇用地面积高达180.8平方米/人，相较于2009年提升了43.7平方米/人。茂名和湛江的人均城镇用地面积也略有提升，2017年，湛江和茂名人均城镇用地面积为145.9平方米/人和79.2平方米/人，相较于2009年仅分别提升了6.4平方米/人和9.1平方米/人。

（5）粤北地区用地粗放利用，人口集聚不显著

粤北地区城乡建设用地与人口增长的不匹配加剧用地粗放利用，资源投放并未带来人口集聚。整体上看（图3-54），2009-2017年，粤西五市共新增常住人口90.01万人，占全省的8.7%，而新增城乡建设用地368.0平方公里，占全省的18.2%，用地向粤北投放的速度和规模远高于其吸

图3-53　2009年/2017年粤西各地市人均城乡用地和人均城镇用地面积情况

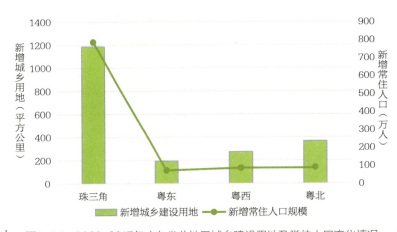

图3-54　2009-2017年广东省分地区城乡建设用地及常住人口变化情况

纳人口的能力，从而进一步加剧了用地的粗放利用。从图3-55可以看出，2017年，粤北人均城乡用地面积为191平方米/人，人均城镇用地面积达131平方米/人，而人均新增城乡用地面积为408平方米/人，人均新增城镇用地面积达到277平方米/人，是珠三角地区的2.6倍，粤西的1.3倍。其中，梅州市、河源市的人均城镇用地突破100平方米/人，而河源的城镇用地相较2009年增加超过50%，人均城镇用地增加36%。

3.5.2　经济与用地增长之间的关系

（1）地均产出持续提高，仍与发达国家（或地区）存在差距

在有限的土地资源基础上，广东省生产总值已实现连续增长，土地综合效益显著提高，由图3-56中可以看出，广东省地均GDP由2009年的2.3亿元/平方公里提升至2017年的4.7亿元/平方公里，年均增长速度为9%左右，全省地均GDP产出持续提高。广东省地均GDP

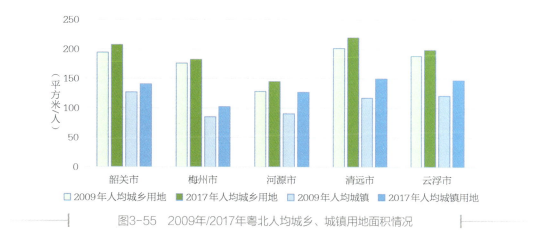

图3-55　2009年/2017年粤北人均城乡、城镇用地面积情况

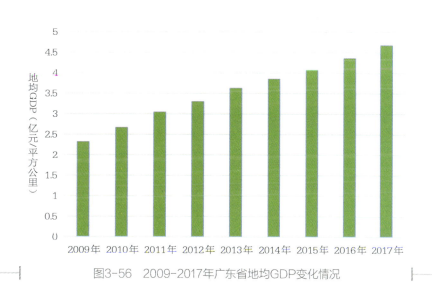

图3-56　2009-2017年广东省地均GDP变化情况

在全国范围内处于领先水平，但与发达国家（或地区）相比差距仍然较大，发达地区的地均产出一般为 10 亿元 / 平方公里，比如东京都、纽约、中国香港的地均产出水平分别为 14.8 亿美元 / 平方公里、7.7 亿美元 / 平方公里、8.0 亿美元 / 平方公里，而珠三角 2017 年为 1.11 亿美元（7.70 亿元）/ 平方公里，粤北地区仅为 0.18 亿美元（1.26 亿元）/ 平方公里。

（2）地区地均产出水平差异性明显

从地区地均产出上看（图 3-57），珠三角地区是全国市场化水平最高的地区，用地投放经济效益最高，其 2017 年地均产出达 7.70 亿元 / 平方公里，同 2009 年相比提高 98% 左右。粤东粤西地区土地资源较为丰富，但基础设施建设较为落后，社会经济发展较为缓慢，2017 年地均产出分别大约为 2.8 亿元 / 平方公里和 1.9 亿元 / 平方公里，相较于 2010 年地均产出提高 110% 左右，用地效益有待进一步的提升，通过加大区域基础设施的支持力度，促进区域整体发展能力的提升，提升此区域用地经济效益。粤北地区用地投放与经济产出严重不匹配，2017 年地均产出不到 1.2

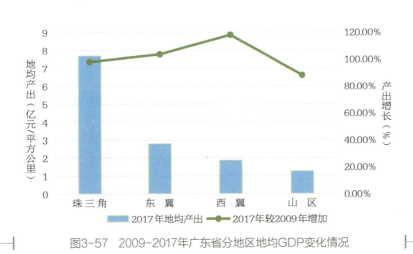

图3-57 2009-2017年广东省分地区地均GDP变化情况

亿元/平方公里,用地投放经济效益最低。

广东省各市建设用地地均效益差距进一步加大。从图3-58可以看出,2017年全省建设用地地均产出大约为20.6亿元/平方公里,其中深圳市建设用地地均效益最高,达到22.9亿元/平方公里,广州市次之,为11.7亿元/平方公里,约为深圳市的二分之一,达到了发达国家水平。同时,深圳市用地效益提升快速,相较于2010年用地效益提高一倍以上,珠三角地区佛山、东莞、珠海地均产出较高,均处于5亿元/平方公里以上,但其地均产值增速较慢。清远等粤北五市均低于2亿元/平方公里,佛山地均产值增速为全省最低,为70.2%。

新增用地单位投入产出差异巨大。从图3-60中可以看出,2009-2017年全省地均新增GDP为20.6亿元/平方公里,珠三角为30.21亿元/平方公里,粤东为14.11亿元/平方公里,粤西为11.26亿元/平方公里,粤北为5.24亿元/平方公里。比较各地市单位新增建设用地GDP产出(图3-61),深圳年均地均新增经济效益远远高于其他地市,2009-2017年新增建设用地的地均

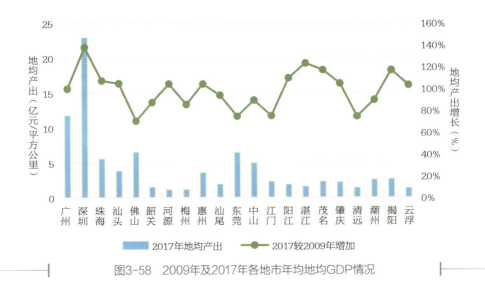

图3-58 2009年及2017年各地市年均地均GDP情况

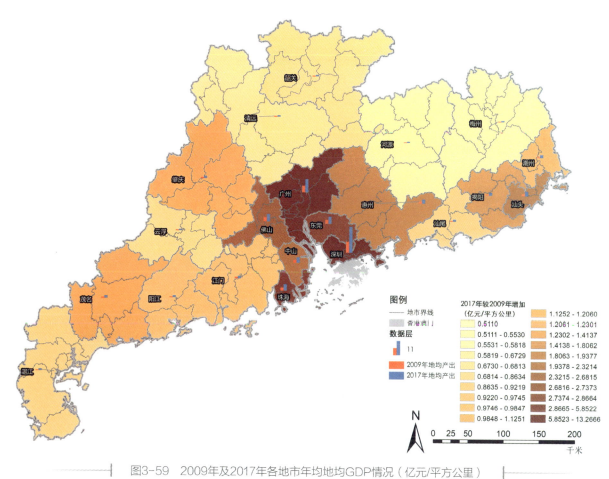

图3-59 2009年及2017年各地市年均地均GDP情况（亿元/平方公里）

产出达到138.2亿元/平方公里，远高于广东省其他城市，其次是广州市约为47.2亿元/平方公里，仅占深圳市的三分之一，韶关市、云浮市、河源市、梅州市、清远市最低。

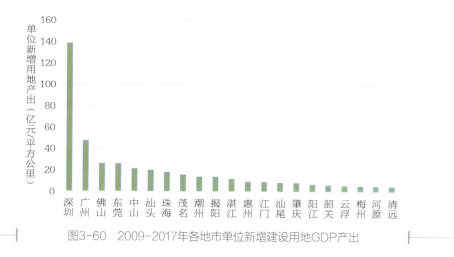

图3-60 2009-2017年各地市单位新增建设用地GDP产出

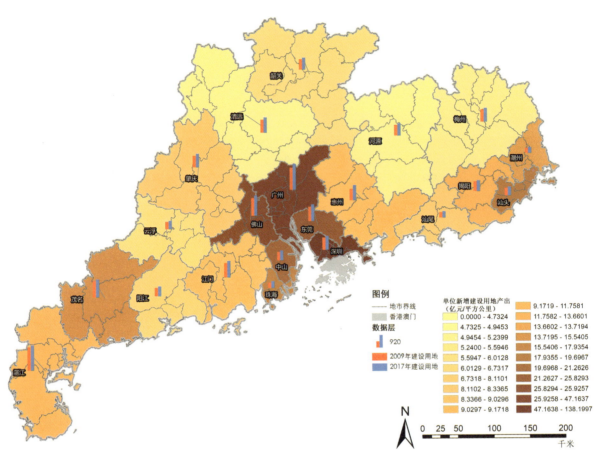

图3-61 2009-2017年各地市单位新增建设用地GDP产出
（单位：亿元/平方公里）

第四章
产业发展

产业发展是影响经济发展的重要因素，现代产业体系是现代化经济体系的重要支撑。国内外经济实践经验表明，现代产业体系是现代化经济体系的重要支撑，产业强则经济强，只有现代产业体系壮大了、协调了，现代化经济体系才有坚实的基础，因此对广东省产业发展现状与趋势进行研究分析十分紧要，为现代产业体系构建提供必要决策支撑。

4.1 广东省产业发展历程

改革开放以来，广东省通过不断调整产业结构，优化产业布局，制定和落实产业政策，保持产业的持续较快发展，其产业结构的发展历程是与国际产业转移及消费需求热点转换密切相关的。根据广东省人民政府发布的广东省工业九大产业发展规划概述，纵观其产业发展和工业化的过程，走的是一条由轻型工业—重化工业—高加工度工业—高新产业的"追赶型"经济增长道路。

第一阶段（1979-1991年）"轻型、外向"主导产业发展阶段。从改革开放至20世纪90年代初，这是我国市场经济体制改革初期。广东省以接受香港、澳门转移进来的劳动密集型轻纺加工业和家电制造业为契机，形成以对外加工贸易为特色的"轻型、外向"结构。社会资源逐步由农业向工业和服务业转移，就业结构发生相应变化，并开始进入工业化初期阶段。

第二阶段（1992-2002年）重化工业发展阶段。20世纪90年代中期，广东省抓住国际信息产业兴起及跨国公司将劳动密集型工序向发展中国家转移的机遇，大力吸引中国台湾以及外商投资设厂，高新技术产业群迅速崛起，电子信息设备制造业迅速跃升为广东省高新技术的龙头产业，机电产品和高新技术产品出口比重快速提高，广东省开始进入重工化发展阶段。

第三阶段（2003-2008年）制造业与服务业双轮驱动发展阶段。这一时期，广东省进入了转变经济增长方式、率先实现科学发展的崭新阶段，初步形成了以先进制造业和现代服务业为主体的现代产业体系，产业高级化和适度重型化趋势明显。

第四阶段（2009年至今）迈向创新驱动及内需带动的新兴产业发展阶段。2008年之后，广东省受全球金融危机的深层次影响。内外因素的双重制约迫使广东省向创新和内需带动的方向转型。这一时期，广东省大力推动产业自主创新，鼓励企业进行技术改造，以提升发展先进制造业为重点，确立了珠江西岸先进制造产业带战略；深入推进"两化融合"、"三网融合"和电子商务、电子政务的发展；信息消费、网购等新业态发展迅速；电子信息产业规模迅速扩大，成为拉动经济增长的重要力量（图4-1）。

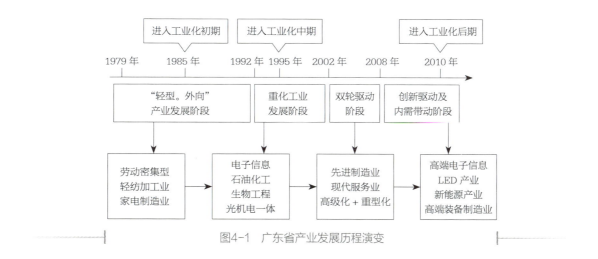

图4-1 广东省产业发展历程演变

4.2 产业发展现状特征分析

从全省产业的经济总量、产业数量、产业注册资本、三次产业结构出发，全省产业发展现状具有四大特征。广东省产业经济总量持续扩张，但增速放缓，同时地区差异较大；对外经济整体处于优势地位，优势输出产品缺乏关键技术研究、内生创新动力不足；三次产业结构转向"三二一"格局，但地区差异较大；珠三角地区为广东省产业核心聚集区，引领产业发展；广东省现行的八大主导制造业为计算机、通信和其他电子设备制造业，电气机械和器材制造业，汽车制造业，金属制品业，化学原料和化学制品制造业，橡胶和塑料制品业以及非金属矿物制品业、纺织服装、服饰业。

4.2.1 产业经济总量现状特征

全省产业经济总量持续扩张，地区差异较大，增速放缓。

（1）广东省GDP总量连续29年居全国第一，增速保持中高水平

2017年广东省GDP总量约占全国10.6%，GDP总量居全国首位。2008年广东省GDP总量为35,696亿元，2017年已达到89,705亿元，十年内增长超过2.5倍。至2017年，广东省已连续29年居全国GDP总量首位（图4-2）。

2017年广东省GDP增速为7.5%，落后于浙江省，高于山东、江苏等省份。历年增速放缓，但保持在中高水平（图4-3）。

（2）广东省GDP总量地区发展不平衡，珠三角核心城市总量大

省内方面，全省GDP总体上稳步增长，2017年全省GDP总量为89,705亿元，市均GDP总量达4,123亿元，各市GDP总量差距较大，可呈三大梯队分布，第一梯队为GDP突破2万

图4-2 全国部分地区生产总值对比分布

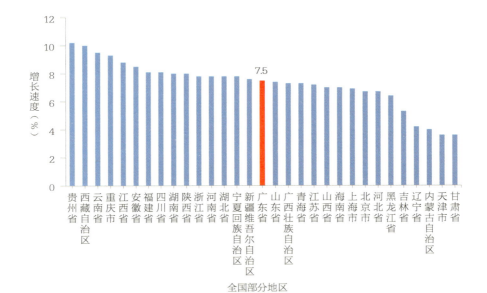

（a）2017年全国部分地区生产总值增速

（b）广东省、江苏省、山东省生产总值增速对比

图4-3 2017年全国部分地区生产总值增长速度对比

亿元的深圳、广州两市；第二梯队为佛山市、东莞市，其GDP总量介于7千到1万亿元之间；其余城市为第三梯队，其GDP总量小于全省GDP总量平均水平（图4-4）。从空间来看，高生产总值区域集中在珠三角城市（图4-5）。

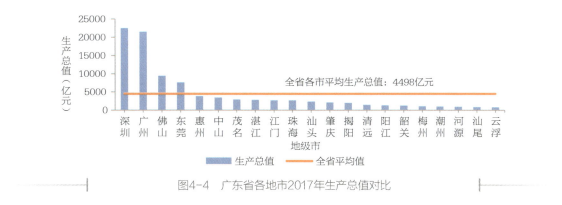

图4-4　广东省各地市2017年生产总值对比

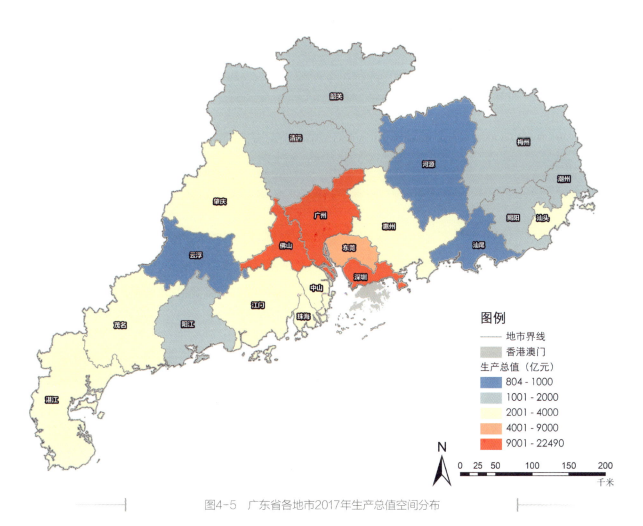

图4-5　广东省各地市2017年生产总值空间分布

（3）广东省GDP增量地区差异较大，增速相对均等

在2017年GDP增量方面，全省平均GDP增量为375亿元，其中深圳市以2410亿元居全省第一，其后为广州市、东莞市、佛山市、珠海市、惠州市，GDP增量分别为1721亿元、645亿元、640亿元、408亿元，其余城市均低于全省GDP增量平均值，增量地区差异较大（图4-6）。

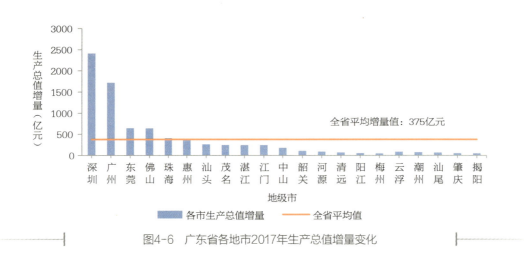

图4-6　广东省各地市2017年生产总值增量变化

在省内，与2016年比较，2017年全省21各地级市的平均GDP增速为7.5%；全省域增速排名第一的城市为珠海市，增速为18%；11个城市具有8%以上的增长速度，增速相对均等；肇庆与揭阳市增速较慢，分别为0.4%和0.3%（图4-7、图4-8）。

图4-7　广东省各地市2017年生产总值增长速度对比

注：此处生产总值增速为名义GDP增速，等于当年GDP增量除以去年GDP，此书后面章节所出现的增速皆由此算法得出，不另做说明

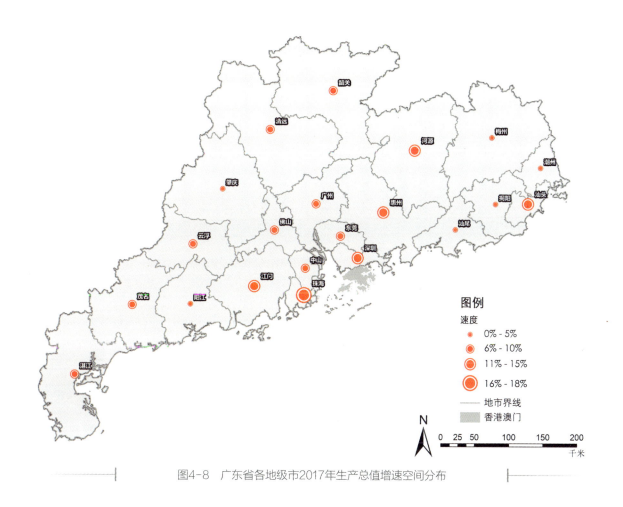

图4-8 广东省各地级市2017年生产总值增速空间分布

（4）广东省经济发展迈入中等偏上收入阶段

2017年，广东省内各市人均GDP破2万美元的只有深圳市、珠海市、广州市，介于1万到2万美元之间的有佛山市、中山市、东莞市、惠州市，其余城市人均GDP小于1万美元。对照世界银行2017年收入标准划分（表4-1），深圳市、珠海市、广州市、佛山市、中山市、东莞市、惠州市处于高收入阶段，梅州市处于中等偏下收入阶段，其余城市属于中等偏上收入阶段（图4-9）。

世界银行收入标准划分表　　　　　　　　　　　表4-1

2017年世界银行收入标准划分
低收入阶段：人均GDP低于1005美元
中等偏下收入阶段：人均GDP介于1006-3955美元之间
中等偏上收入阶段：人均GDP介于3956-12235美元之间
高收入阶段：人均GDP大于12236美元

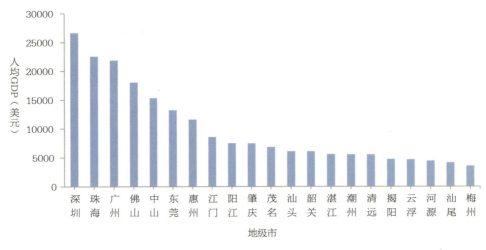

图4-9 广东省各地级市2017年人均生产总值对比

4.2.2 对外经济现状特征

全省对外经济整体处于优势地位，优势输出产品缺乏关键技术研究，内生创新动力不足。

（1）广东省对外贸易优势地位稳固，局部地区处于贸易逆差

广东省历年进出口贸易差额逐年稳定增长，对外贸易处于贸易顺差的优势地位（图4–10）。

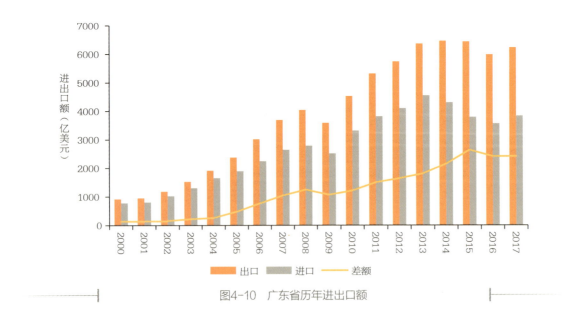

图4-10 广东省历年进出口额

19地市对外贸易处于优势地位，韶关、汕尾对外贸易过程中，进口额大于出口额，处于劣势地位（图4–11）。

图4-11　2017年各市进出口总额比例

（2）出口产业聚焦产品制造领域，而关键技术领域依赖进口，创新驱动力不足

对外贸易中处于优势的产业主要有机电产品、计算机与通信技术、电器及电子产品、机械及设备、金属制品、高新技术产品等。处于对外贸易劣势的产业有生物技术、材料技术、生命科学技术、仪器仪表、光电技术、航空航天技术等、计算机集成制造技术、电子技术等技术领域。整体而言，出口产业聚集于产品制造领域，关键技术领域依赖进口，未形成核心技术为主导的创新驱动产业链条（表4-2）。

分行业进出口贸易差额表　　　　　表4-2

进出口差额/亿美元	2008	2009	2010	2011	2012	2013	2014	2015	2016	2017
机电产品	1096.61	924.59	1101.84	1331.01	1441.23	1559.05	1742.47	1891.3	1653.61	1629.92
计算机与通信技术	934.95	866.82	1064.85	1156.43	1153.91	1197.98	1287.78	1280.32	1160.22	1149.56
电器及电子产品	427.81	381.41	447.59	577.26	625.67	661.65	768.27	801.11	615.39	564.19
机械及设备	419.68	362.64	459.74	489.21	549.77	576.6	550.26	560.66	529.3	530.49
金属制品	119.91	96.97	107.29	122.61	122.18	127.08	153.85	188.97	170.05	209.34
高新技术产品	243.61	242.9	263.6	318.3	353.02	377.43	377.34	392.63	238.82	132.19
运输工具	43.44	10.93	35.67	61.55	60.09	61.54	76.09	85.55	90.67	89.32
生物技术	−0.67	−0.6	−0.43	−0.56	−0.84	−0.85	−0.61	−0.49	−0.43	−1.47
材料技术	−12.16	−11.62	−11.69	−11.56	−11.17	−11.58	−12.63	−6.15	−4.51	−2.59
生命科学技术	−0.78	−0.87	−1.17	−2.28	−3.47	−4.95	−7.56	−6.49	−6.72	−7.47
仪器仪表	−110.58	−73.98	−98.11	−95.22	−85.86	−72.73	−56.2	−26.02	−11.19	−8.69
光电技术	−91.85	−65.9	−81.7	−85.25	−88	−87.44	−72.63	−47.33	−33.09	−25.75
航空航天技术	−28.11	−26.14	−34.29	−33.43	−36.68	−34.98	−37.81	−38.11	−19.57	−26.54
计算机集成制造技术	−31.47	−19.43	−44.18	−56.2	−45.97	−23.83	−44.64	−30.26	−28.02	−32.52
农产品	−36.42	−31.33	−41.22	−50.09	−63.17	−67.51	−83.87	−92.03	−84.62	−86.48
电子技术	−526.78	−499.07	−627.47	−648.59	−614.01	−656.89	−734.88	−759.41	−829.45	−919.84

（3）进出口主要区域覆盖亚、美、欧及大洋洲区域，产品类型集中高技术产业

2017年广东省主要出口国家及地区为中国香港、美国、日本及韩国等（图4-12）。主要进口国家及地区为中国台湾、韩国、日本、美国等（图4-13）。有进出口贸易的国家及地区主要覆盖北美洲、大洋洲、亚洲部分地区（东亚、南亚、东南亚、西亚）、西欧等区域。主要进出口外贸易的产品主要有机电、高新技术、电器及电子产品等高技术产业（图4-14）。

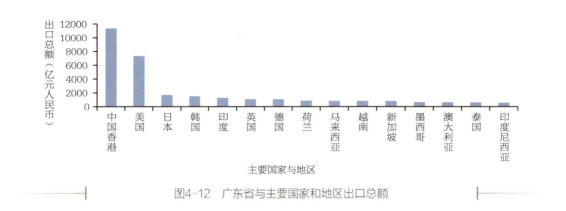

图4-12 广东省与主要国家和地区出口总额

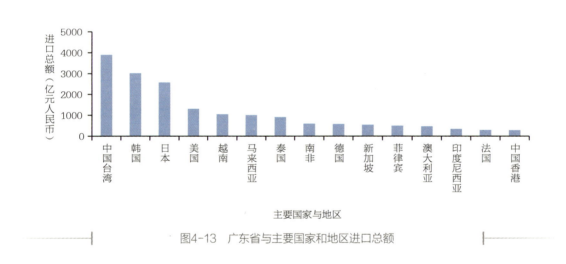

图4-13 广东省与主要国家和地区进口总额

（4）贸易逆差集中临近亚洲国家及地区，贸易顺差集中欧美地区

广东省在与中国台湾、韩国、日本等国家及地区的对外贸易中，进口贸易额大于出口贸易额，处于贸易劣势地位，而与中国香港、美国、印度、英国等国家及地区的对外贸易中，出口贸易额大于进口贸易额，处于贸易优势地位（图4-15）。

（5）外商投资概况

主要外商投资国家与地区经济相对发达，集中分布于北美洲、西欧、东亚及大洋洲等区域，主要投资行业为制造业、批发零售业等，主要投资范围集中在珠三角区域。

图4-14 2017年广东省主要进出口产品总额

图4-15 广东省与主要国家与地区进出口差值对比

对广东省进行投资的外商主要来自中国香港、中国澳门以及维尔京群岛、荷兰等经济发达的国家及区域。主要外商投资国家与区域集中分布在北美洲、西欧、东亚及大洋洲等（图4-16）。

主要投资数量最多的行业为制造业、批发零售业、租赁和商务服务业，但投资总额居中，农林牧渔业投资企业数量虽然较少，但总额最高，为8071亿美元，单企业平均投资总额为4.39亿美元，为"打桩式"投资，投资企业数量少，单企业投资力度较大，相比之下，制造业单企业平均投资总额仅为0.076亿美元，投资企业数量多，单企业投资力度较小，为"广撒网"式投资（图4-17）。

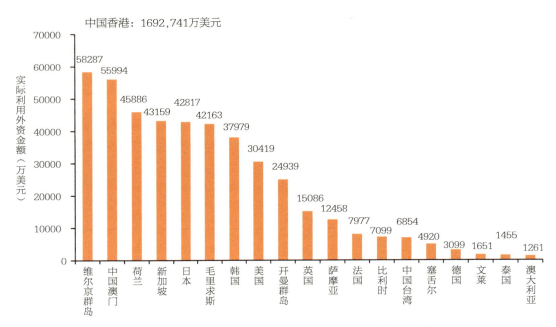

图4-16 广东省与主要进出口国家和地区实际利用外资额对比
注：由于中国香港与其他对比项的数值相差很大，便于可视化的需要，仅将中国香港单独列出以作说明。

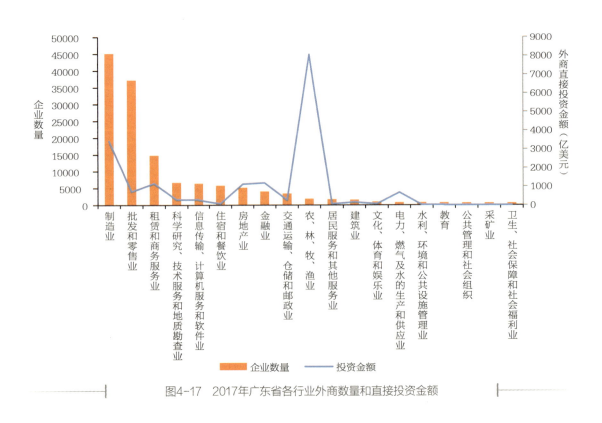

图4-17 2017年广东省各行业外商数量和直接投资金额

外商投资区域主要集中深圳、广州、东莞等珠三角城市，其中对广州企业的投资总额最高，为 9922 亿美元，单企业平均投资总额为 0.39 亿美元。对深圳投资企业数量最多，共 50769 家企业，单企业平均投资总额为 0.07 亿美元，单企业平均投资总额水平远低于广州，表现为"广撒网式"的投资特征（图 4-18）。

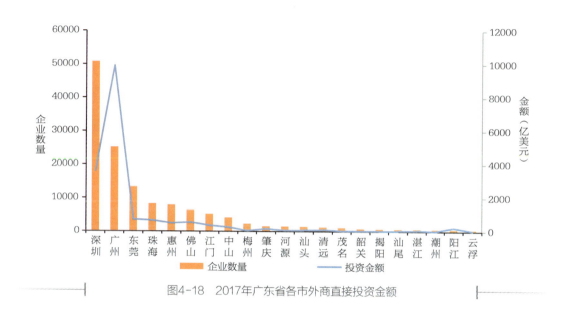

图4-18　2017年广东省各市外商直接投资金额

（6）对外投资概况

主要投资范围为发达国家及地区和东南亚欠发达国家及地区（图 4-19），投资行业集中租赁与商务服务、制造业、信息传输、计算机服务和软件业（图 4-20）。

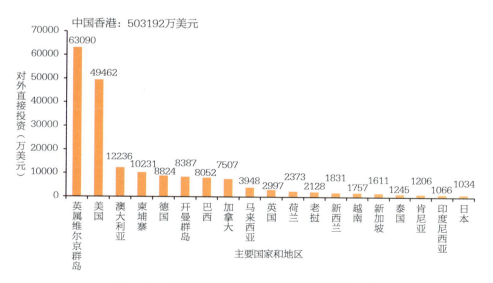

图4-19　广东省与主要国家和地区对外直接投资金额

注：由于中国香港与其他对比项的数值相差很大，便于可视化的需要，仅将中国香港单独列出以作说明。

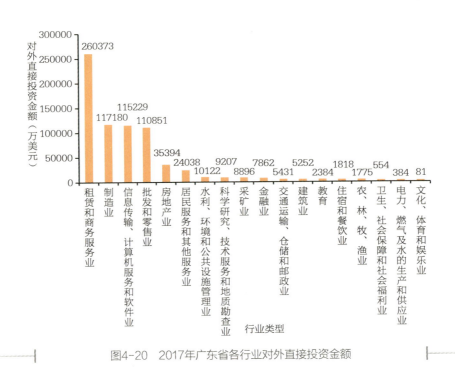

图4-20 2017年广东省各行业对外直接投资金额

4.2.3 三次产业结构特征

全省三次产业结构转向"三二一"格局，但地区差异较大。

（1）全省第三产业GDP保持领先

2013年第三产业占GDP比重47.8%，首次超过第二产业，2015年第三产业的比重首次超过50%，2017年第三产业比重值为53.6%（图4-21）。

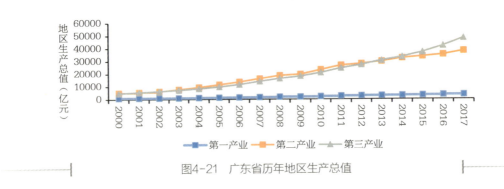

图4-21 广东省历年地区生产总值

（2）第一产业呈现"大缩减，小增长"的发展趋势

14地市第一产业增加值增速为负，呈现大收缩的趋势。局部城市如深圳、珠海等增加值增速为正，但增加值基数较小（图4-22）。湛江增加值位居前列，但相较2017年呈现微弱负增长（图4-23）。空间上呈现"西强东弱"的分布特征（图4-24）。

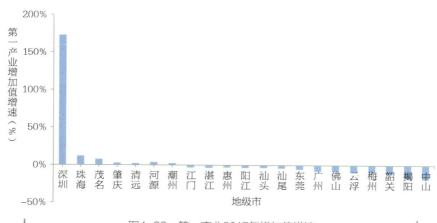

图4-22　第一产业2017年增加值增速

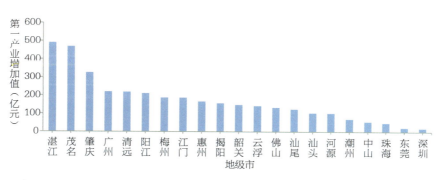

图4-23　第一产业2017年增加值

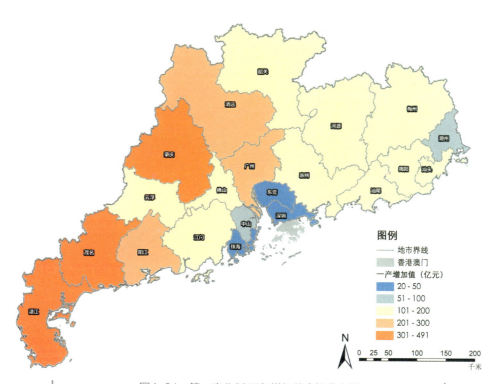

图4-24　第一产业2017年增加值空间分布图

(3) 第二产业呈现"大增长,小缩减"的发展趋势

2017年清远、云浮、惠州、河源、韶关、揭阳、阳江、肇庆8个城市的工业增加值减少,其他城市呈现增长趋势,其中肇庆、阳江、揭阳、韶关第二产业收缩幅度较大(图4-25)。珠三角城市第二产业增加值总量排前,除惠州外均为正增长(图4-26)。空间上珠三角城市第二产业增加值高值聚集(图4-27)。

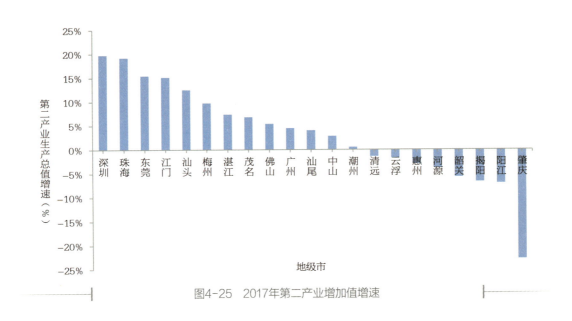

图4-25 2017年第二产业增加值增速

图4-26 2017年第二产业年增加值

(4) 第三产业呈现全面增长趋势

全省第三产业增加值均呈现正增长趋势,增速相对平均,其中肇庆增速较快(图4-28)。从增加值总量来看,广州与深圳总量排前(图4-29)。空间上珠三角城市第三产业增加值高值聚集,粤东西北相对薄弱(图4-30)。

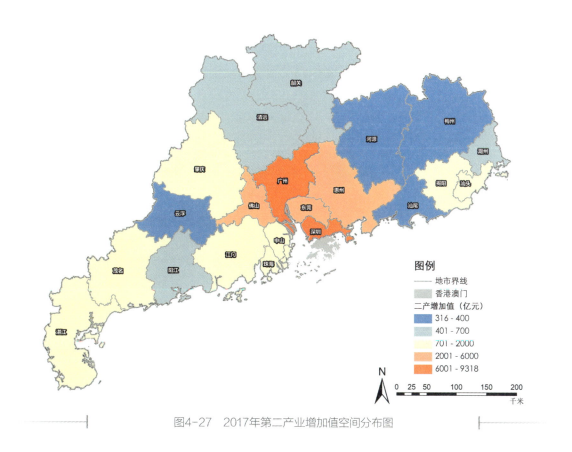

图4-27　2017年第二产业增加值空间分布图

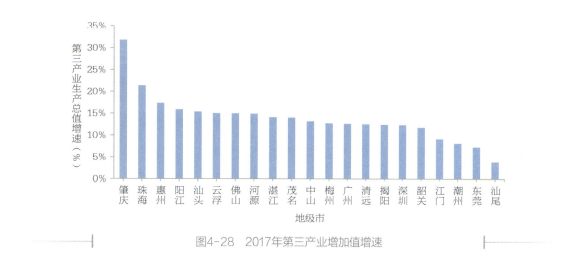

图4-28　2017年第三产业增加值增速

（5）三次产企业数量与注册资本差距悬殊，第三产业具有绝对优势

2018年广东省第三产业企业数量为394.6万，增速为386.2%，企业数量增速较快，相比之下，第三产业企业数量占有绝对优势。2018年第一产业企业数量为7.6万，增长率为490.8%，企业基数较少但增速迅猛（图4-31）。

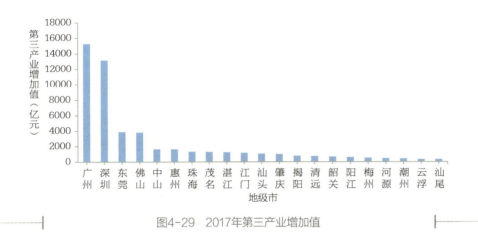

图4-29 2017年第三产业增加值

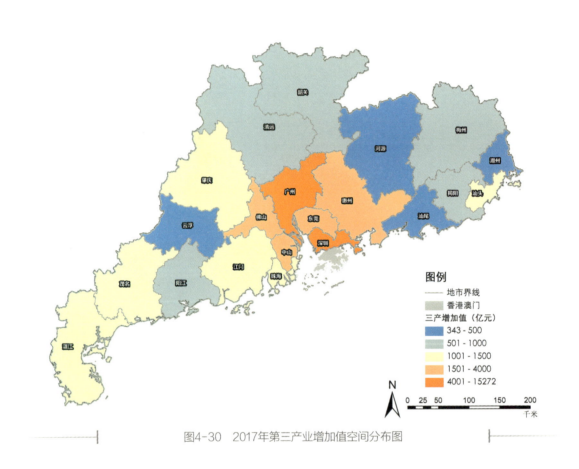

图4-30 2017年第三产业增加值空间分布图

与粤东西北区域相比，珠三角企业占有绝对企业数量与注册资本的规模优势。

横向比对各市企业数量，深圳与广州企业数量占比较高，稳居前两位，到2018年东莞企业数量超过佛山，位居第三位，佛山位居第四位，惠州企业数量增长较快，排第五位（图4-33）。

2018年全省第三产业注册资本为34.71万亿元，在三次产业中占比最大，一产注册资本基数较小，但增长率最大，与2008年相比，增速为1226.25%（图4-34）。

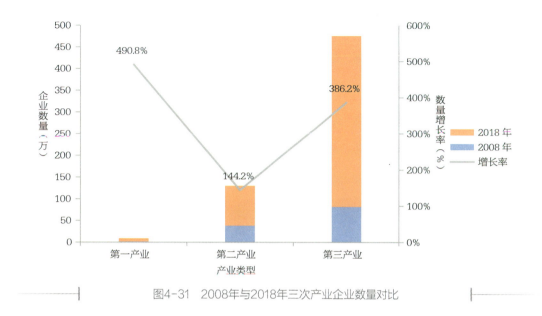

图4-31 2008年与2018年三次产业企业数量对比

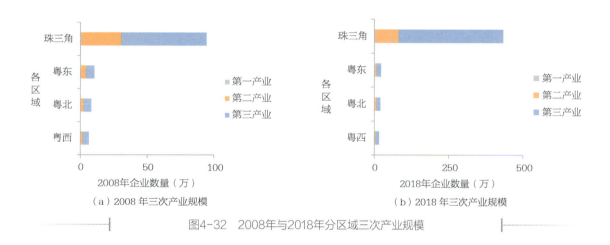

(a) 2008年三次产业规模　　(b) 2018年三次产业规模

图4-32 2008年与2018年分区域三次产业规模

4.2.4 产业空间特征

珠三角地区为广东省产业核心聚集区与制高点，引领产业发展。

（1）广东省产业数量与资本高度集聚于珠三角地区

全省企业高密度集中于珠三角地区，粤东地区呈现相对集中的簇状分布，粤西北地区呈现相对分散的点状集聚分布（图4-35）。全省企业注册资本高密度集中于珠三角区域，广州与深圳为企业注册资本的核心集聚区域（图4-36）。

企业数量与注册资本最多的区域集中在广州、深圳等城市（图4-37、图4-38）。通过企业注册资本与企业数量比值空间分布图可知，企业平均注册资本规模最大的区域为广州、深圳与梅州三市（图4-39）。

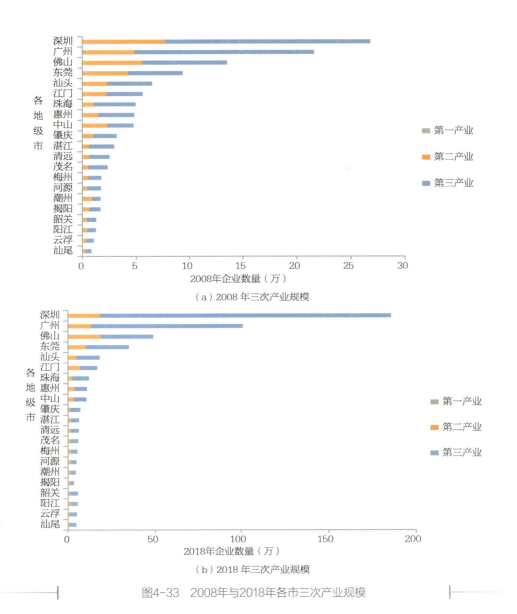

（a）2008年三次产业规模

（b）2018年三次产业规模

图4-33 2008年与2018年各市三次产业规模

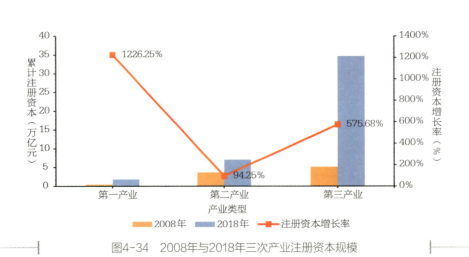

图4-34 2008年与2018年三次产业注册资本规模

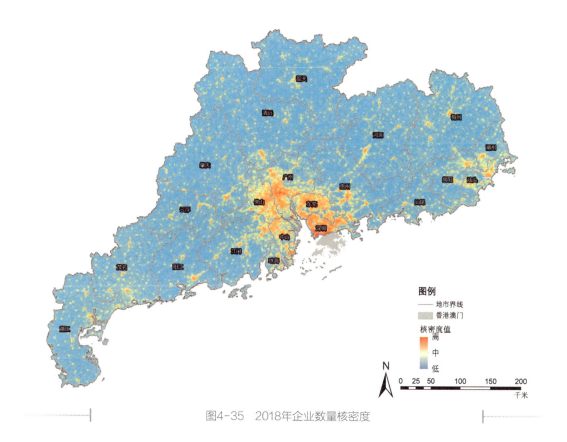

图4-35　2018年企业数量核密度

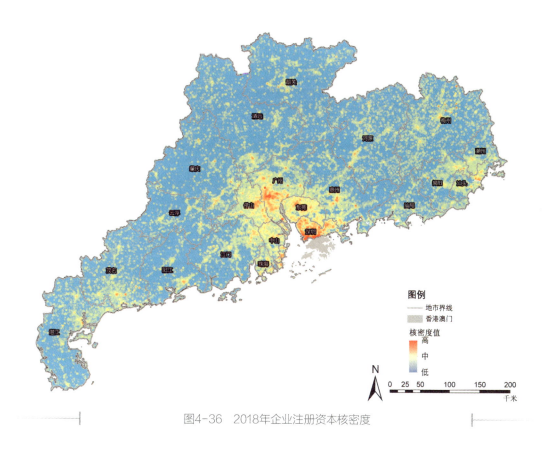

图4-36　2018年企业注册资本核密度

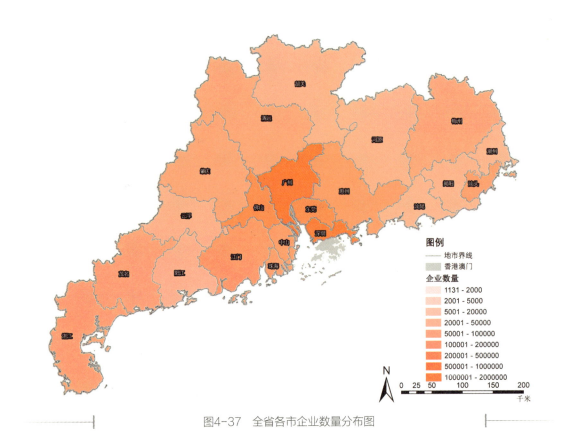

图4-37 全省各市企业数量分布图

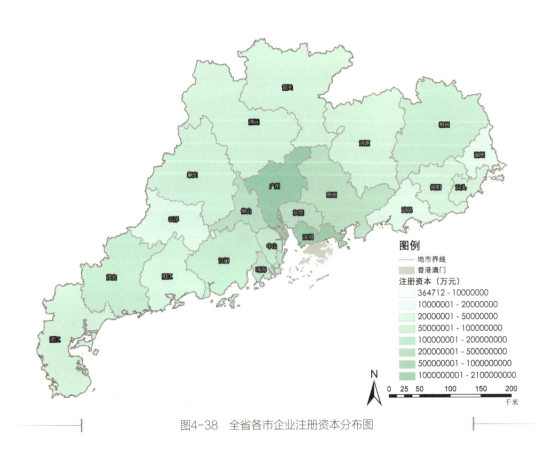

图4-38 全省各市企业注册资本分布图

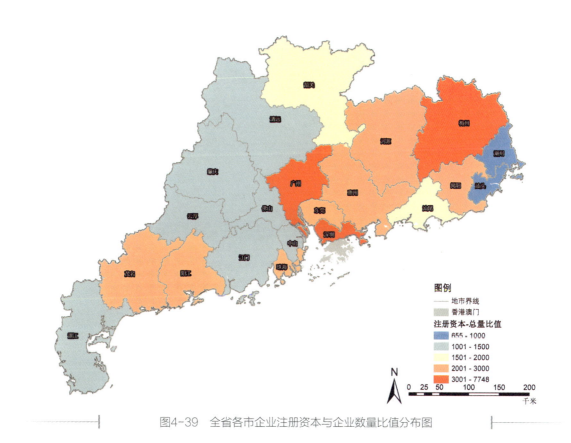

图4-39　全省各市企业注册资本与企业数量比值分布图

全省三产企业数量密度最高，集中于珠三角区域，粤东西呈点簇状集聚中心，二产企业与三产企业空间分布相似，但企业密度较低，一产企业空间相对均匀分布于全省范围。

（2）广东省呈现以珠三角为核心，东西连带的产业联系特征

在地级市尺度上，形成以佛山、广州、东莞、深圳、惠州为连接的"Z"字形核心连接网络（图4-41）。区县级尺度上，呈现以珠三角为核心的"东西走向"的高密度连接网络，南北方向联系度稍弱（图4-42）。

（3）珠三角内湾区为产业数量与资本高匹配的集聚区，同时创新优势度高

以镇为空间单元，分析全省产业的空间自相关性。

第一产业集聚高度集聚清远市、河源市以及梅州市、惠州市片区，广佛与潮汕揭阳片区低度集聚；二三产企业集聚空间具有一定的相似性，二产企业高度集聚珠三角环湾城市，粤东西北有分散状的低密度集聚区；三产企业空间上比二产更加收缩集聚珠三角内湾区域，粤东区域低度集聚（图4-43）。

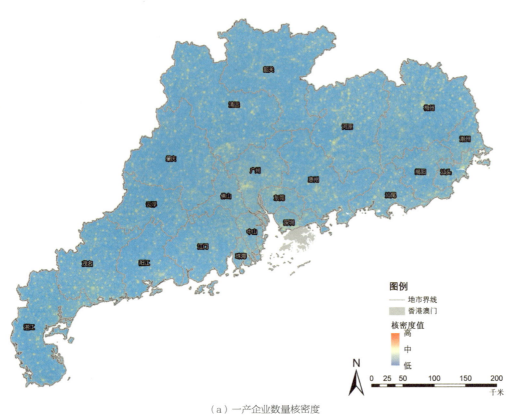
(a) 一产企业数量核密度

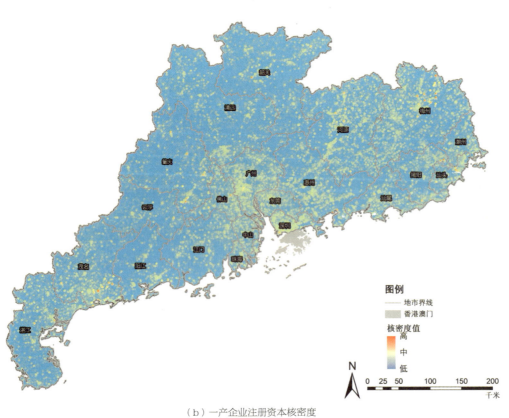
(b) 一产企业注册资本核密度

图4-40 三大产业企业数量与注册资本核密度空间分布

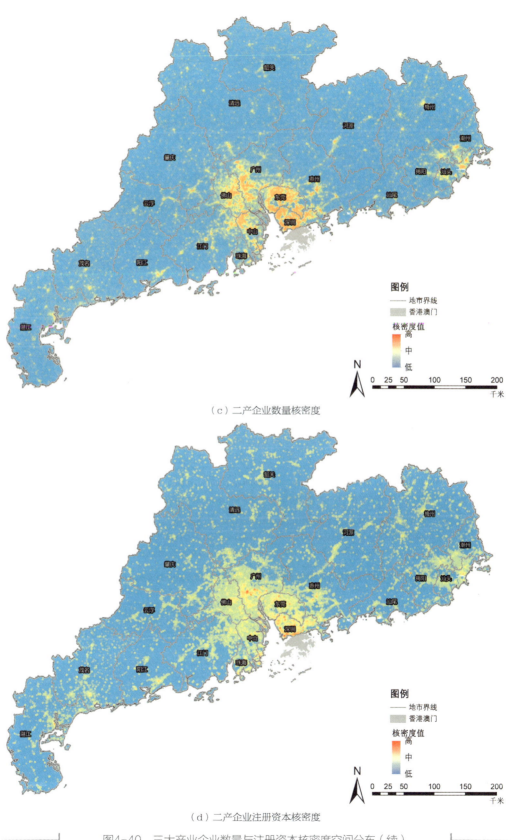

(c)二产企业数量核密度

(d)二产企业注册资本核密度

图4-40 三大产业企业数量与注册资本核密度空间分布(续)

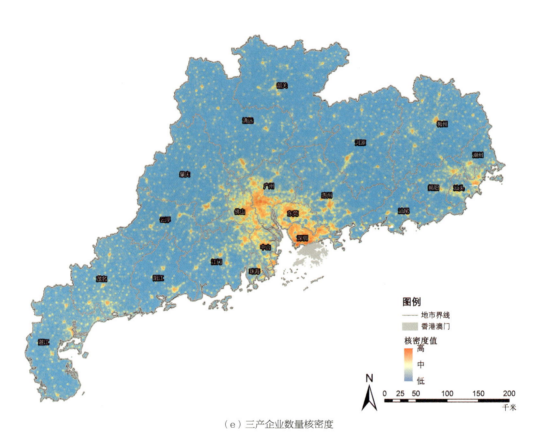

（e）三产企业数量核密度

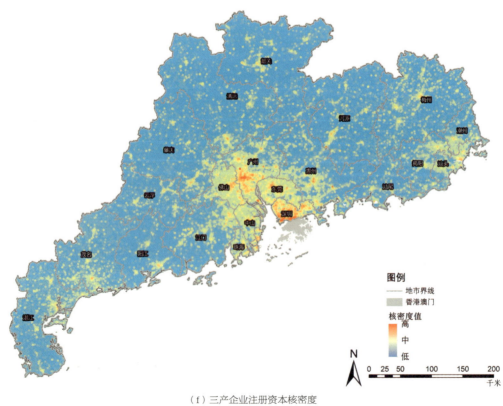

（f）三产企业注册资本核密度

图4-40　三大产业企业数量与注册资本核密度空间分布（续）

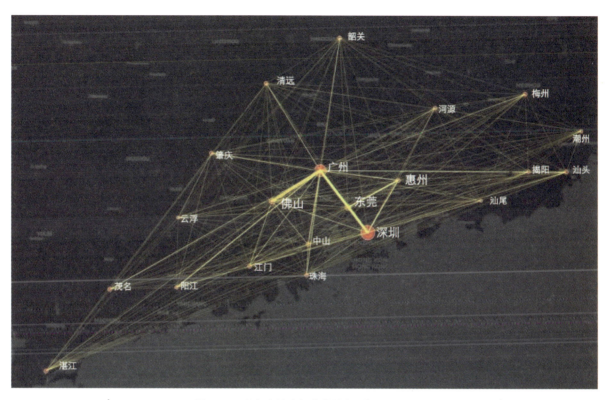

图4-41　广东省地市级企业总部-支部联系图

图4-42　广东省区县级企业总部-支部联系图

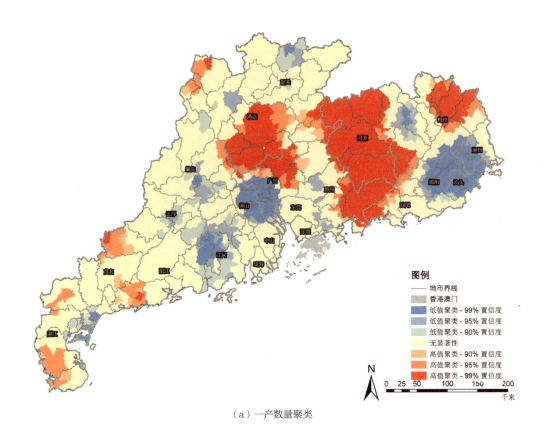

(a)一产数量聚类

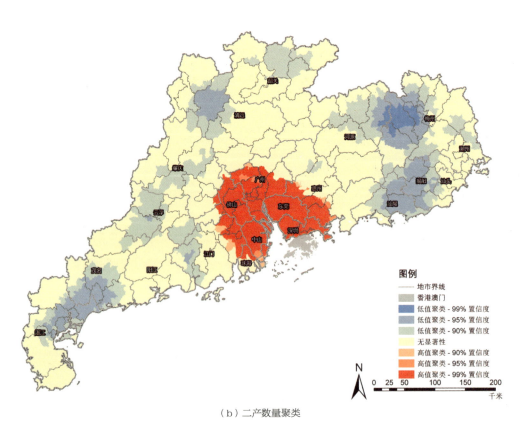

(b)二产数量聚类

图4-43 三次产业数量空间集聚状态

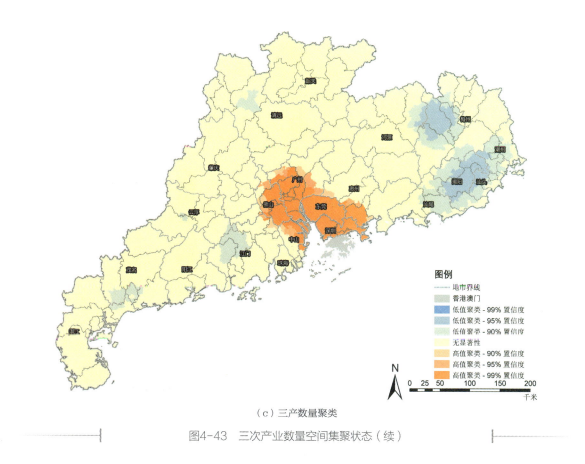

(c)三产数量聚类

图4-43　三次产业数量空间集聚状态（续）

将三次产业的企业数量与企业注册资本进行耦合分析发现，一产企业数量与注册资本高度集聚区区域集中茂名阳江近海交界区域、惠州东部靠海区域以及梅州北部区域，清远、肇庆、云浮、江门等地出现企业高数量低注册资本的配置状态，与低数量低资本镇街构成跨区域连片状态；二产企业在珠三角区域构成高数量与高资本的集聚区，部分区域资本配置比高于平均水平，相比之下，肇庆北部、江门西部以及珠三角外围城市构成连片低资本低数量的聚集区域；三产企业数量与注册资本耦合状态在粤东西北区域与二产相似，珠三角区域更加集中，数量与注册资本高度集聚配的区域集中广州市花都区和南沙区、中山市火炬开发区、珠海市唐家湾镇，深圳以及莞深交界区域（图4-44）。

对全省企业已授权发明专利数量进行空间自相关性分析，创新企业高度集聚珠三角环湾区域，连片区域环湾呈现倒U形，其他区域没有明显的空间聚集特征（图4-45）。

珠三角九市已授权发明专利数量位居全省前十，其中汕头市超过肇庆市位居第九位，珠三角九市；深圳市发明专利数量遥遥领先，总量为45186，远超排名第二的广州市，创新优势领先（图4-46）。空间上，专利高度集聚于深圳市以及广州市黄埔区、佛山市顺德区、珠海香洲区（图4-47）。

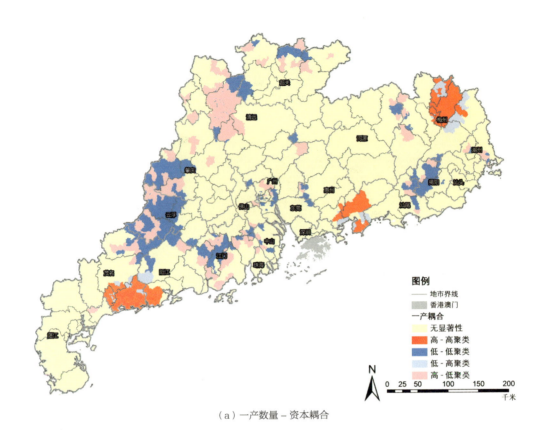

(a)一产数量–资本耦合

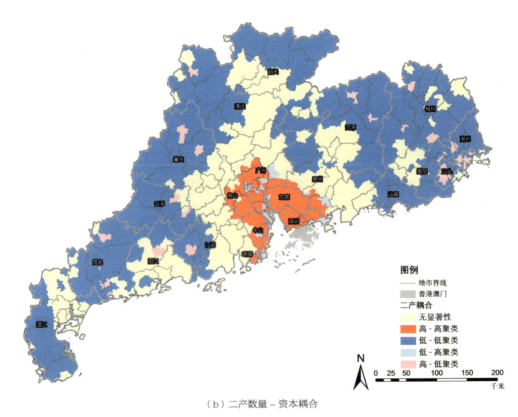

(b)二产数量–资本耦合

图4-44 三次产业数量-资本耦合空间集聚状态

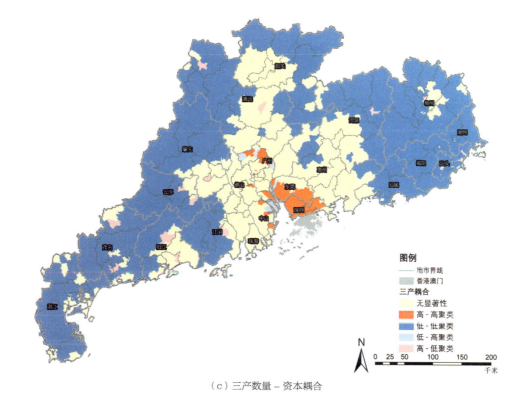

（c）三产数量－资本耦合

图4-44　三次产业数量-资本耦合空间集聚状态（续）

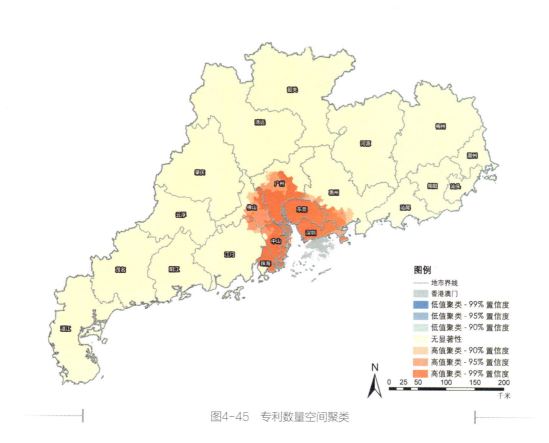

图4-45　专利数量空间聚类

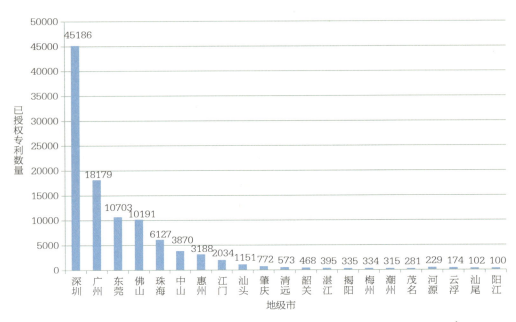

图4-46 各地级市已授权专利数量对比

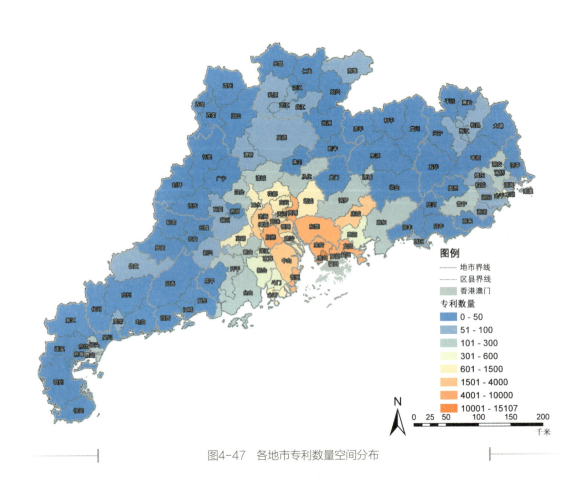

图4-47 各地市专利数量空间分布

（4）珠三角就业人口总量远超粤东西北地区，偏重二三产业

珠三角区域三次产业就业人口总量远超粤东西北地区，同时结构上偏重二三产业；粤西粤北就业人口总量与结构相似，一产占比较高；粤东三次产业就业相对均衡，二产占比略高（图4-48）。

图4-48　2017年广东省分区域年三次产业就业人数

第一产业就业人口增长率为负，第二三产业就业人口增长率为正，其中珠三角区域二三产业就业人口增长率最高，粤北最低（图4-49）。

图4-49　2005-2017年广东省分区域就业人数平均增长率

珠三角与粤东西北三次产业就业人口比例构成相对稳定，其中粤北、粤西一产就业人口占比较大，超过50%（图4-50）；第二产业就业人口占比超过70%（图4-51）；第三产业就业人口占比超过60%，粤北第三产业就业人口总量超过粤东粤西区域（图4-52）。

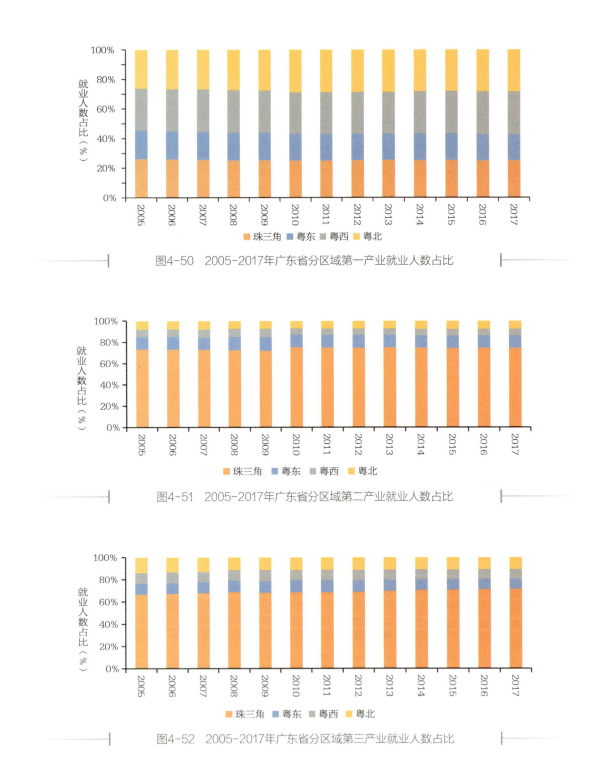

图4-50 2005-2017年广东省分区域第一产业就业人数占比

图4-51 2005-2017年广东省分区域第二产业就业人数占比

图4-52 2005-2017年广东省分区域第三产业就业人数占比

4.2.5 五大维度下的全省八大主导制造业梳理

从产业的经济总量、经济效益、数量规模、资本投入、创新能力五大维度出发,选取企业生产总值、增加值、数量、注册资本以及授权发明专利数量五个指标,评价筛选出全省八大主导制造业如下(表4-3)。

主导制造业梳理　　　　　　　　　　　　　　　　表4-3

主导制造业梳理
计算机、通信和其他电子设备制造业
电气机械和器材制造业
汽车制造业
金属制品业
化学原料和化学制品制造业
橡胶和塑料制品业
非金属矿物制品业
纺织服装、服饰业

4.3 广东产业发展总体趋势

4.3.1 国内外产业发展与调整趋势特征

（1）国内外产业发展

产业发展关系到国民经济的进化过程，从第一次工业革命使用水和蒸汽动力来机械化生产，第二次利用电力来创造大规模生产，到第三次使用电子和信息技术自动化生产，如今，第四次工业革命正在兴起，它不仅是第三次工业革命的延长，更是一场指数型高速发展的数字革命，它的速度、范围和系统影响力都将突破以往。在第四次工业革命大环境下的产业发展将会更加低碳化、信息化、智能化和网络化（图4-53）。

未来产业发展具有低碳化、技术复合化、人本化三种趋势[1]。以低碳化为特征的新能源革命是第三次工业革命的核心，低碳化意味着新能源的崛起，新能源革命将促使全球的技术要素和市场要素配置方式产生革命性的变化，推动新的经济模式和社会关系的产生，经营方式逐渐趋向于分散式，标志着合作、社会网络和行业专家、技术劳动力为特征的新时代的开始；以信息化融合为特征的新信息革命是第三次工业革命中的骨架，以"制造业数字化"为核心的互联网等新一代信息技术和新材料、新能源的相互融合，将会催生新的业态或产业，推动现代服务业的发展，为全

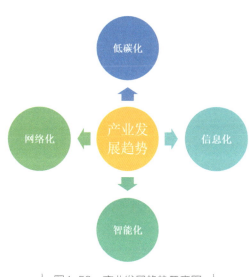

图4-53　产业发展趋势示意图

球产业注入活力；对人本价值的回归是第三次工业革命的灵魂，以人为本、为人服务的理念逐渐深入，由此将会带动关注人本身的健康服务、节能环保、休闲娱乐、文化创意等幸福导向型产业的发展。

以信息技术为代表的新技术革命将深刻改变世界发展格局[2]。当前，全球新一轮科技革命和产业变革呈加速趋势，并呈现出"一主多翼"的演进格局。所谓"一主"，就是以信息技术深度和全面应用为特征的技术革命迅猛发展，带动应用领域的创新突破以及新业态的不断出现，数字化、网络化、智能化加速推进。所谓"多翼"，就是新能源技术、材料技术和生物技术等新技术创新发展。新一轮技术革命中，信息技术的深入发展将推动各种新兴技术的涌现，推动数字化走向更高水平。

第四次工业革命是以智能化、信息化为核心，以大数据、云计算、人工智能、量子通信等前沿技术为代表的新一轮产业革命[3]。第四次工业革命在数字革命的基础上发展起来的，特点：互联网无处不在，移动性大幅提高，传感器体积变得更小、性能更强大、成本更低，人工智能和机器学习开始崭露锋芒，大数据、云计算、人工智能、量子通信等相关技术不断创新发展，促进全社会技术的进步。不同学科和发现成果之间的协同与整合变得更为普遍。与以往历次工业革命相比，第四次工业革命是以指数级而非线性速度展开，其速度、广度、深度前所未有，也为各国经济增长带来了无限的机遇。

未来制造业的四大主题：全球化、网络化、绿色化和智能化[3]。全球化意味着开放包容，取长补短，互利共赢，全球经济一体化及信息网络化，使制造业突破传统企业–社会–国家的界限，融入全球产业链，参与全球协作和市场竞争，在全球范围内优化配置资源；组织方式日益网络化，互联网的应用发展推动了制造业企业组织流程和管理模式的创新，带动了众创、众包、众筹、线上线下等互动方式，以及全球创新资源的聚集。生产过程加速绿色化，随着制造业发展与资源环境制约的矛盾日益突出，为实现资源能源的高效利用和生态环境保护，主要发达国家纷纷提出绿色化转型战略和理念，"绿色制造"等清洁生产过程日益普及，节能环保、新能源、再制造等产业快速发展，并成为发达国家重塑制造业竞争力的重要手段；生产方式更加智能化，随着"大物移智云"等新一代信息技术的发展以及信息化水平的普遍提高，数字技术、网络技术和智能技术日益融入产品研发、设计、制造的全过程，推动产品生产方式的重大变革。

至2030年，中国经济将以市场为驱动[5]，以知识为中心，以服务为导向，推动产业发展以工业为主的经济体转变为以服务业为主[6]。至2017年，制造业已成为我国当之无愧的第一大经济发展发动机，且信息传输、软件和信息服务业发展快速，已成为我国经济第二增长动力来源。预测到2030年，在基准情境下我国三次产业结构百分比为3.5∶45.6∶50.9，较快发展情境下为3.9∶38.7∶57.4[7]，由过去的过分依赖制造业的快速发展转变为制造业和服务业协同发展。中国要构建以科技创新为支撑的可持续能源与资源体系、先进材料与智能绿色制造体系、无所不在的信息网络体系、生态高值农业和生物产业体系、普惠健康保障体系、生态与环境保育发展体系、空天海洋能力新拓展体系、国家与公共安全体系等八大经济社会基础和战略体系的整体构想[8]。

（2）调整趋势特征

迄今为止，从世界产业发展的进程看，产业结构的调整演进表现为"农业经济—工业经济—

服务业经济"的转变，服务化趋势日渐增强。从需求方面看，世界经济对服务业需求的增加是导致服务业发展迅速的根本原因，一方面随着经济发展水平和居民生活水平的提高，人们对服务业的消费需求不断增加，需求的层次也不断提高。另一方面，经济的发展也提高了生产环节对服务业的需求，服务业在农业、制造业中得到广泛应用，成为提高农业、制造业附加价值和科技含量的重要组成部分。同时，世界科学技术的进步也是推动世界服务业发展的主要力量，以微电子和计算机技术为标志的第三次科技革命，不仅促进了IT产业的迅速发展，也为以信息化技术为载体的现代服务业的发展提供了广阔的空间，促进了现代服务业的快速进步。

对应工业化的不同阶段，服务业发展重心不同。从工业化社会向后工业化过渡的前、中、后三个阶段，服务业的发展重心历程大体为：商业、交通通信→流通、金融保险、房地产、商务服务等→旅游、娱乐医疗保健、教育等知识型和公共服务。分析发达国家服务业内部结构优化的规律，可以发现，发达国家的服务业重点行业构成具有明显的阶段性特征。当人均收入处于2000~4000美元时，拉动服务业增长的主要是商业、旅馆和饭店业以及金融、保险、不动产和工商服务业，商业旅馆和饭店业的发展已呈下降的态势。呈现下降态势的还有运输、仓储和邮电业。当人均收入达10000美元时，服务业的增长主要依赖金融保险、不动产和工商服务业以及社团和个人服务业。这一时期金融保险、不动产和工商服务业所占比重仍然处于上升阶段，同时社团和个人服务业所占比重明显上升，这二者成为这一时期发达国家的两大重点行业。

随着世界科技水平的不断提高以及世界经济一体化程度的不断增强，产业结构发展的总体趋势呈现出服务化、融合化、生态化和高科技化特征，明晰世界产业结构调整的总体脉络，为我国产业结构调整转型奠定基础。

4.3.2 广东产业发展面临的新环境和总体趋势判断

当前，国内外经济社会发展的环境正在发生着根本性变化，产业发展也呈现出明显有别于之前的趋势特征。我国经济已由高速增长阶段转向高质量发展阶段，正处在转变发展方式、优化经济结构、转换增长动力的重要转折点，将更加强调"创新、协调、绿色、开放、共享"的新发展理念，着力深化推进供给侧结构性改革[①]；同时，新的消费需求不断发生变化，新技术、新产业与新业态不断涌现，"一带一路"倡议的实施更极大地拓展了产业国际空间，这些发展趋势均有利于推动广东省产业发展的动力从主要依靠低端要素驱动向全面的创新驱动转变。

广东省的经济发展水平处于全国领先地位，然而，从产业内部结构来看，广东省的产业层次仍然偏低，现代服务业特别是生产性服务业发展较为滞后，高技术制造业占比较小，核心竞争力不强。目前广东省产业发展存在高端产业的有效供给不足，结构性产能过剩；产业转型的创新动力仍待增强，存在价值链"低端锁定"的隐忧；工业生产增速放缓，实体经济生产经营面临较大困难；国际市场需求持续低迷，进出口形势依然严峻；粤东西北与珠三角的区域经济发展差异仍

---

① 杨明，周伟. 广东社科院发布《广东2035：发展趋势与战略研究》[J]. 新经济，2018，No.509(6)：10+27.

过大，产业区域协调发展任重道远等问题。

目前，广东省针对粤东西北和珠三角地区的发展特色，提出来对应的产业发展计划。

（1）推动珠三角地区产业高端化发展

在新的环境背景下，珠三角地区作为经济领头羊，更应处于产业结构调整前列，推动珠三角地区产业高端化发展。大力推进新旧动能转换，支持珠三角地区新一代技术的创新进步，推动互联网、大数据、人工智能和实体经济深度融合，促进绿色低碳、生物医药、新材料等战略性新兴产业，以及供应链金融等高端服务业、数字经济、海洋经济发展，建设珠三角人工智能产业集聚区、国家大数据综合试验区。促进珠三角地区产业协调联动发展，发挥广州国际产业服务中心和深圳国际产业创新中心的引领作用，支持珠海、佛山重点发展高端装备制造业和智能制造产业，惠州重点发展高端电子信息和石化产业，东莞重点发展智能制造和新材料产业，中山重点发展高端装备制造业和健康产业，江门重点发展轨道交通产业，肇庆重点发展新能源汽车和节能环保产业。以广州、深圳为重点研究制定珠三角地区产业疏解清单，推进产业疏解与产业共建。

（2）推动重大产业向东西两翼沿海地区布局发展

充分利用东西两翼沿海地区的地域优势，统筹配置重大产业布局，推动重大产业、战略性新兴产业布局到东西两翼沿海地区，培育一批千亿元级产业集群，打造世界级沿海产业带。支持汕头中以科技创新合作区、汕头临港经济区、揭阳大南海石化区、潮州凤泉湖高新区建设，培育壮大粤东生物医药、石化等重大产业集群。加快推进湛江钢铁、中科炼化、茂名石化等重大项目建设，支持湛江巴斯夫新型一体化石化基地建设，全力打造粤西区域重化产业集群。主动参与南海保护与开发，建设国家级海洋经济发展示范区和海洋科技合作区。支持湛江市建设军民融合产业和保障基地。支持在阳江市建设海上风电产业基地，在粤东建设临港重型装备和海上风电运维、科研及整机组装基地。加快东西两翼地区产业与珠江东岸高端电子信息制造产业带、珠江西岸先进装备制造产业带联动发展。支持埃克森美孚惠州化工综合体、中国海油惠州炼化三期等项目建设，推动湛江东海岛、茂名石化、揭阳大南海与惠州大亚湾串珠成链，打造成世界级沿海重化产业带。

（3）推动北部生态发展区产业绿色化

坚持共抓大保护、不搞大开发，加快构建和巩固北部生态保护屏障，大力推进发展方式向绿色发展转型，形成符合主体功能定位的生态安全格局。推进北部生态发展区城市中心城区适度扩容并提升品质，提高人口承载和公共服务能力。依托资源禀赋，因地制宜发展绿色低碳新型工业、数字经济、文化生态旅游、健康养生、绿色食品、生物医药、运动休闲、现代农林业等产业。支持北部生态发展区建设特色生态产业园区，重点支持建设梅州梅兴华丰产业集聚带、韶关老工业城市和资源型城市产业转型升级示范区、河源深河产业共建示范区、清远广清产业园、云浮氢能产业基地等产业重大发展平台。支持韶关、河源、梅州、清远、云浮等地立足北部生态发展区资源环境优势，积极发展生物医药、大数据等战略性新兴产业，发展对接珠三角地区的高端制造、智能制造和生产性服务业。

4.4 广东制造业及服务业发展现状及趋势

4.4.1 五大维度下的八大主导制造业

从产业的经济总量、经济效益、数量规模、资本投入、创新能力五大维度出发，梳理出全省八大主导制造业，包含计算机通信和其他电子设备制造业、电气机械和器材制造业、汽车制造业、金属制品业、化学原料和化学制品制造业、橡胶和塑料制品业、非金属矿物制品业、纺织服装服饰业。

总体上看，对比2008年，全省各主导产业发展势头良好，除化学原料和化学制品制造业企业有所减少外，其余主导产业的企业数量均有所增长。纺织服装、服饰业、金属制品业、计算机、通信和其他电子设备制造业、电气机械和器材制造业等都具有很高的数量增长率（图4-54）。

分类型来看，计算机通信和其他电子设备制造业聚集东莞、深圳等珠江东岸区域，同时2008-2018年新增的企业集中分布广州、佛山、中山、东莞、深圳5市（图4-55）；产业链聚焦上游零配件制造，子类产业以电子器件、元件制造为主（图4-56）；电气机械和器材制造业聚集于中山、佛山等珠江西岸地区，形成珠江西岸制造中心，2008-2018年新增企业聚集于原产业集聚区（图4-57）；产业子类以照明器具制造、家用电力器具制造为主，并在珠江西岸形成明显的照明与家用电器主导的产业地带（图4-58）；汽车制造业聚集于广州、佛山、东莞、深圳等珠三角核心地带，2008-2018年其新增企业空间范围明显收缩（图4-59），汽车零部件与配件制造企业数量占据了整个行业企业数量的92%，产业链聚焦上游零配件制造，呈现"重上轻下"结构（图4-60）；金属制品业聚集于佛山、中山、东莞、深圳等珠三角核心地带以及潮州、汕头、阳江等粤东、粤西地区（图4-61），其产业子类呈现相对平行的状态，没有明确的上下游产业链，初步形成粤东西金属制日用品制造主导、珠三角区域综合制造的特征（图4-62）；化学原料和化学制品制造业聚集于珠三角核心地带及潮汕地区（图4-63），日用化学产品与专用化学产品企业数量占大行业的52%，成品制造占据产业链的重要部分（图4-64）；橡胶和塑料制品业同样聚集于珠三角核心区域与潮汕

图4-54　2008年与2018年主导制造业企业数量对比

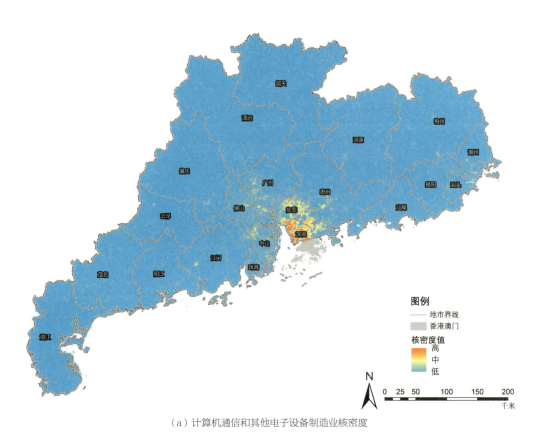

(a) 计算机通信和其他电子设备制造业核密度

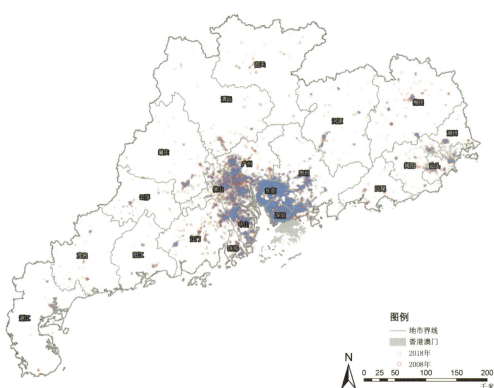

(b) 计算机通信和其他电子设备制造业空间增长分布

图4-55 计算机通信和其他电子设备制造业企业数量核密度与空间增长分布

地区（图4-65），塑料制品业企业数量占据大行业的87%，是其主导产业类型（图4-66）；非金属矿物制品业高度聚集于云浮、潮州两市（图4-67），包含多个子类产业，其中建筑材料制造占比38%，聚集于云浮市，搪瓷制品占比25%，聚集于潮州市，珠三角区域则是非金属矿物制品的综合性生产地区（图4-68）；纺织服装服饰业以机织服装制造为主导，占比68%，形成高度工业化的产业发展模式（图4-69），广州、东莞是服装与服饰高度聚集生产区（图4-70）。

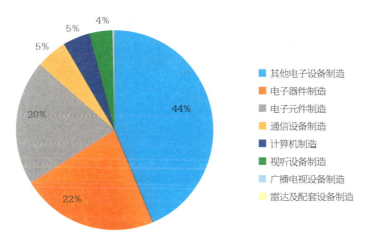

（a）计算机通信和其他电子设备制造业子类占比

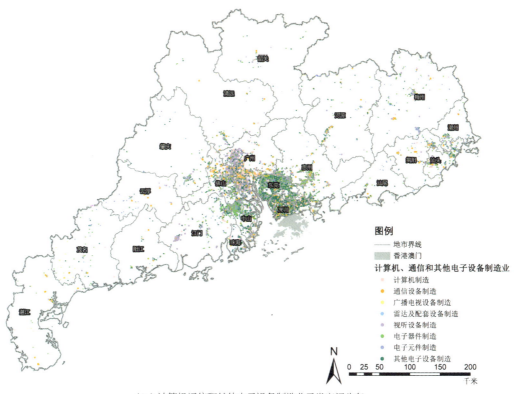

（b）计算机通信和其他电子设备制造业子类空间分布

图4-56　计算机通信和其他电子设备制造业子类企业数量占比与空间分布

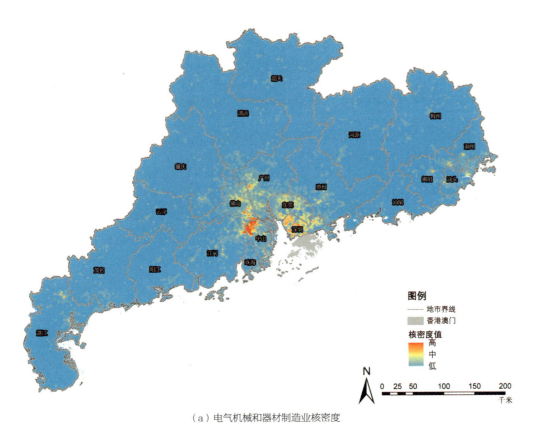

(a)电气机械和器材制造业核密度

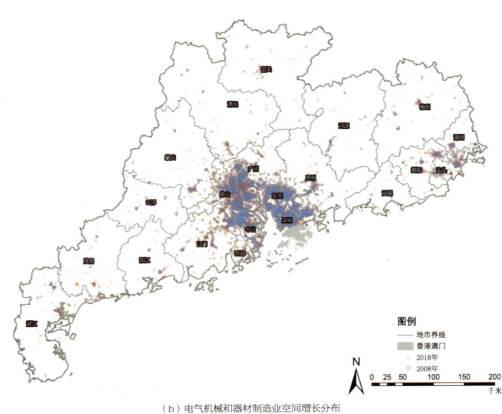

(b)电气机械和器材制造业空间增长分布

图4-57 电气机械和器材制造业企业数量核密度与空间增长分布

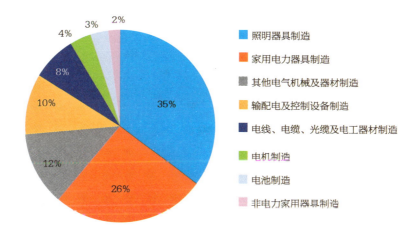

(a) 电气机械和器材制造业子类占比

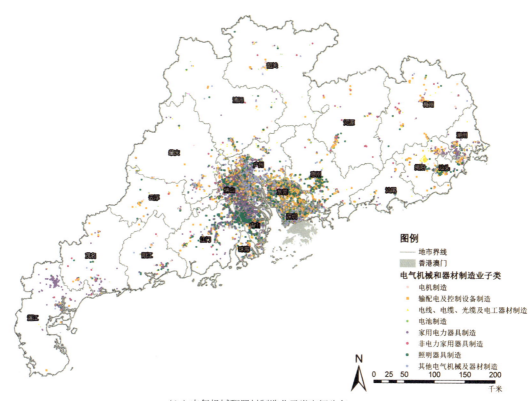

(b) 电气机械和器材制造业子类空间分布

图4-58 电气机械和器材制造业子类企业数量占比与空间分布

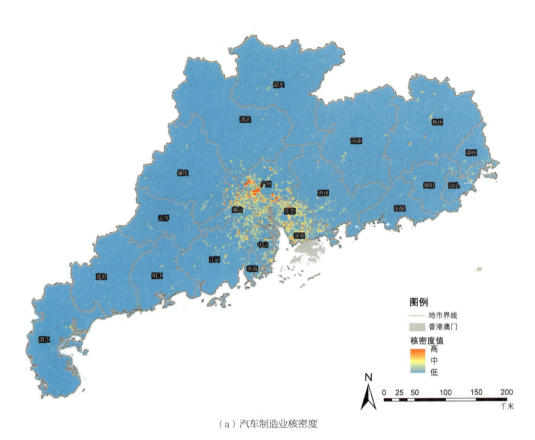

(a)汽车制造业核密度

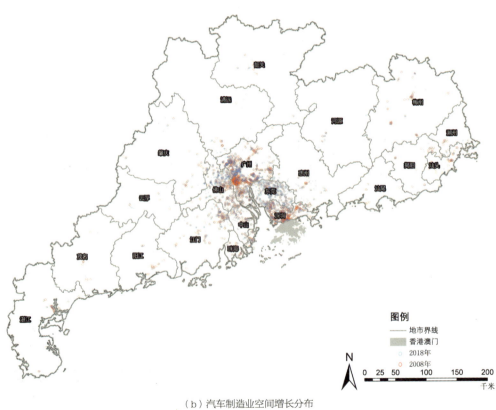

(b)汽车制造业空间增长分布

图4-59 汽车制造业企业数量与空间增长分布

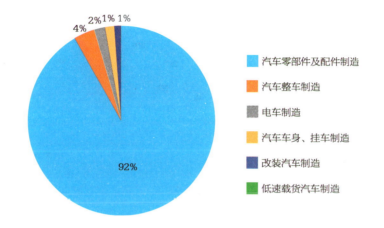

（a）汽车制造业子类占比

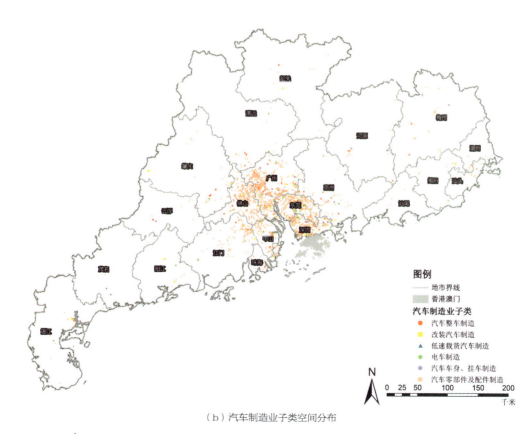

（b）汽车制造业子类空间分布

图4-60 汽车制造业企业数量子类占比与空间分布

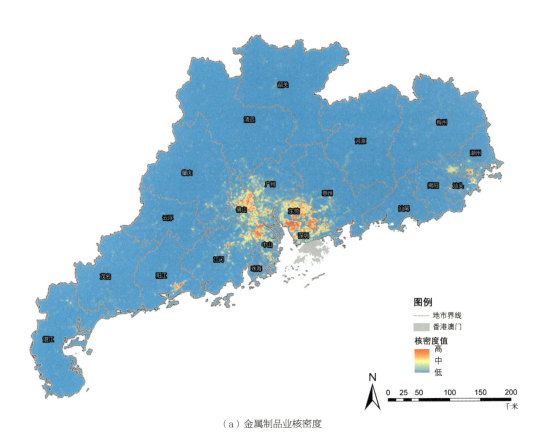

(a)金属制品业核密度

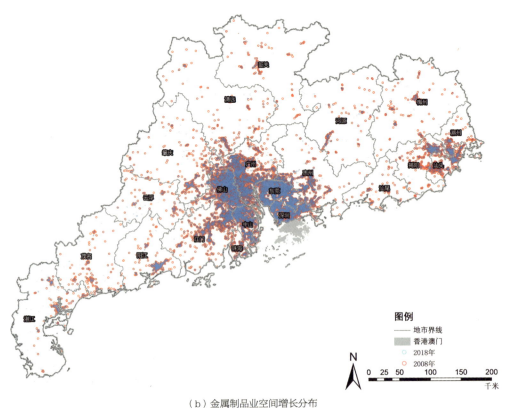

(b)金属制品业空间增长分布

图4-61 金属制品业企业数量核密度与空间增长分布

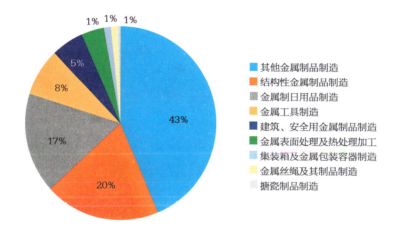

(a）金属制品业子类占比

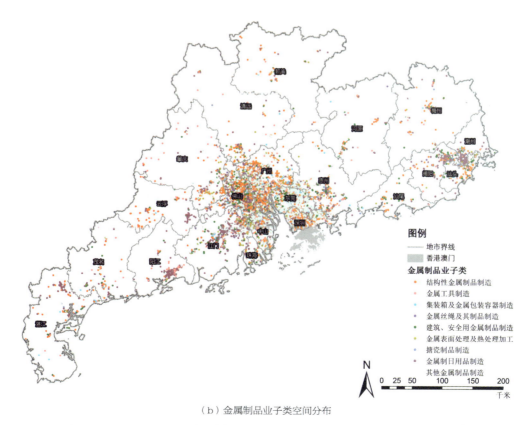

(b）金属制品业子类空间分布

图4-62　金属制品业企业数量子类占比与空间分布

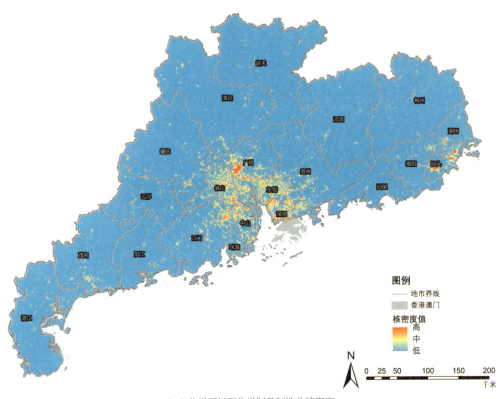

(a)化学原料和化学制品制造业核密度

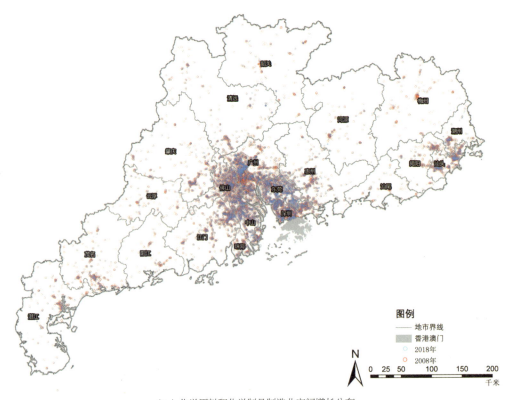

(b)化学原料和化学制品制造业空间增长分布

图4-63 化学原料和化学制品制造业企业数量核密度与空间增长分布

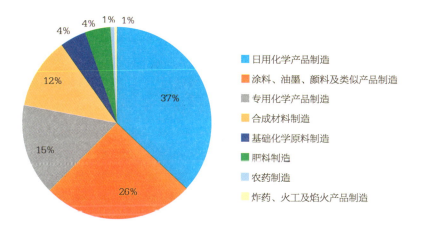

(a) 化学原料和化学制品制造业子类占比

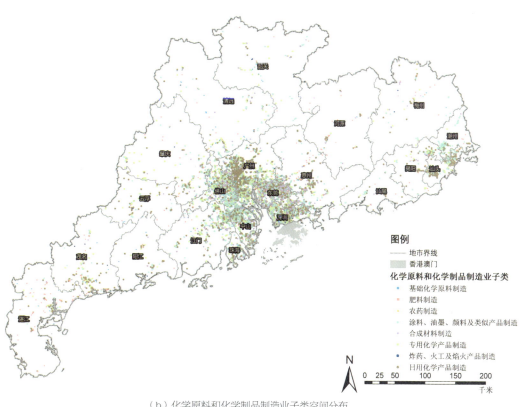

(b) 化学原料和化学制品制造业子类空间分布

图4-64 化学原料和化学制品制造业子类企业数量占比与空间分布

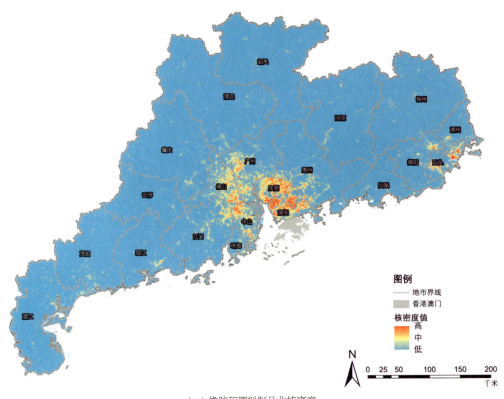

(a) 橡胶和塑料制品业核密度

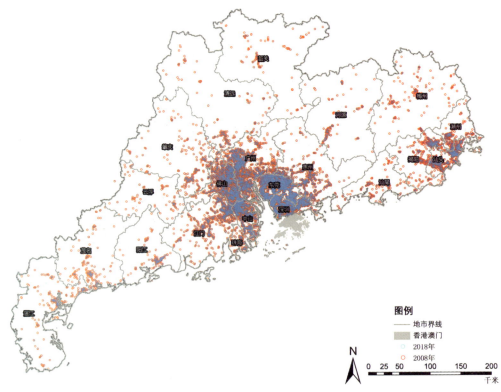

(b) 橡胶和塑料制品业空间增长分布

图4-65 橡胶和塑料制品业企业数量核密度与空间增长分布

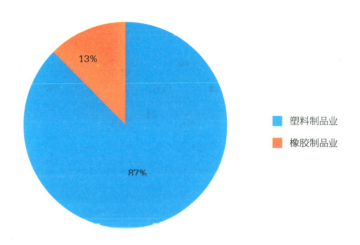

(a)橡胶和塑料制品业子类占比

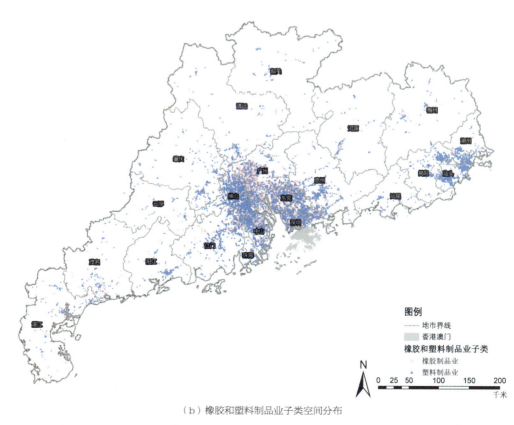

(b)橡胶和塑料制品业子类空间分布

图4-66 橡胶和塑料制品业子类企业数量占比与空间分布

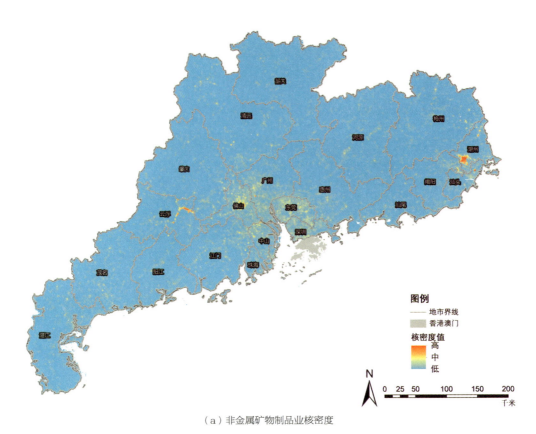

(a)非金属矿物制品业核密度

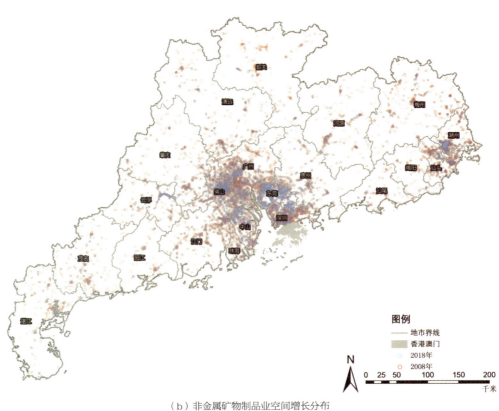

(b)非金属矿物制品业空间增长分布

图4-67 非金属矿物制品业企业数量核密度与空间增长分布

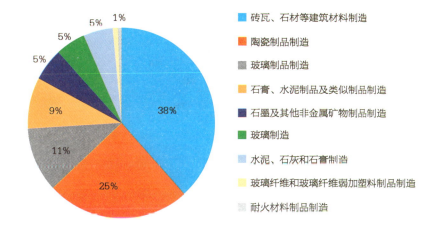

（a）非金属矿物制品业子类占比

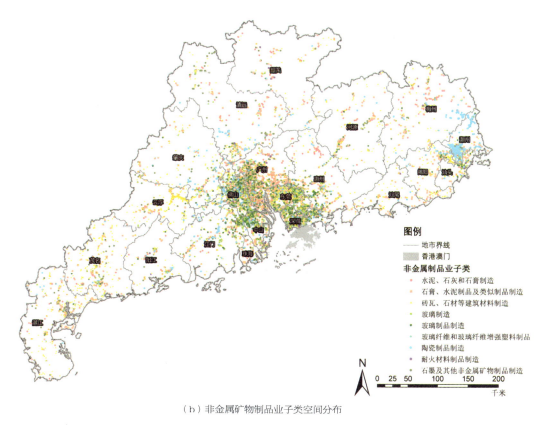

（b）非金属矿物制品业子类空间分布

图4-68 非金属矿物制品业子类企业数量占比与空间分布

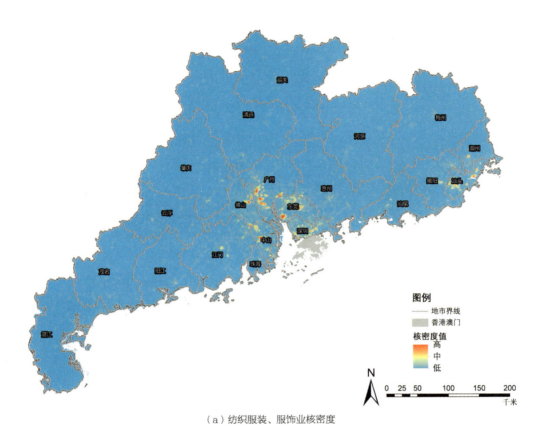

（a）纺织服装、服饰业核密度

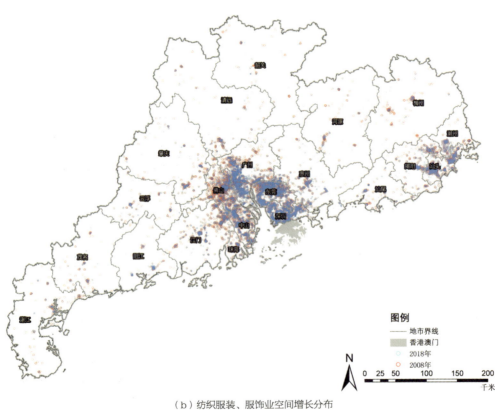

（b）纺织服装、服饰业空间增长分布

图4-69 纺织服装、服饰业企业数量核密度与空间增长分布

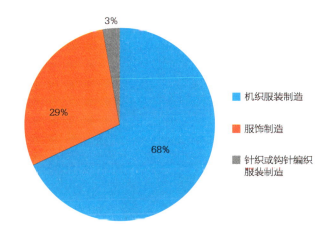

（a）纺织服装、服饰业子类占比

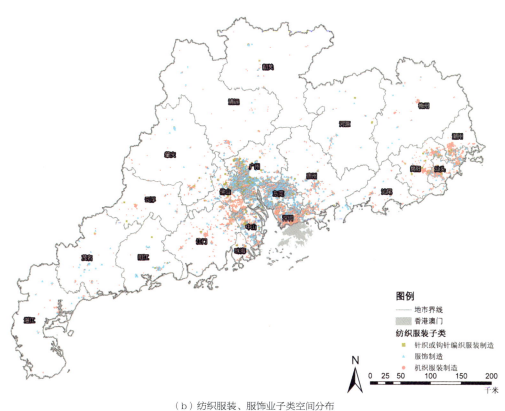

（b）纺织服装、服饰业子类空间分布

图4-70 纺织服装、服饰业子类企业数量占比与空间分布

4.4.2 服务业重点行业集中分布珠三角核心区域

综合考虑国内外服务业发展趋势及广东的产业基础，现代金融业、房地产业、互联网新兴服务业、现代物流业、健康服务业等5大行业将成为广东未来服务业的发展重点。

整体上看，5大服务业在2008至2018年10年间都有较大的增幅，增长率均超过200%，从总量上来看，2018年房地产业企业数量超过14万，增长率为203%，健康服务业企业基数较小，但增长速度最快，增长率为2143%（图4-71）。

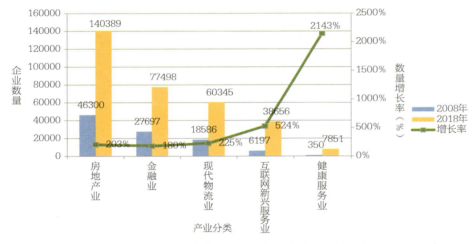

图4-71 五大服务业2008年与2018年企业数量对比

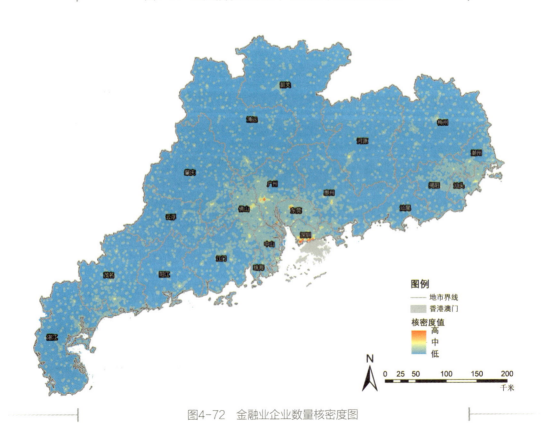

图4-72 金融业企业数量核密度图

分类型来看，金融业高度集聚于广州天河区、南沙区、佛山南海区、东莞莞城街道、深圳福田区、南山区等珠三角核心城区（图4-72）。其他金融业与货币金融服务业企业数量共占比为74%，为金融业的主导产业。其他金融业较为集中分布在深圳，资本市场服务较为集中广州与东莞，货币金融服务与保险业则较为广泛的分布在全省范围（图4-73）；房地产业聚集于广州、佛山、中山、珠海、东莞、深圳、惠州等珠三角城市核心地带（图4-74），房地产开发经营、中介服务与物业管理三类企业数量占比都在30%左右浮动，形成了开发-咨询-管理三足鼎立的产业链格局（图4-76）；互联网新兴服务业在广州、东莞、深圳高度集聚（图4-75），互联网信息服务主要包

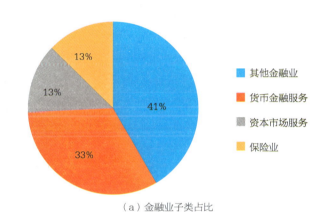

（a）金融业子类占比

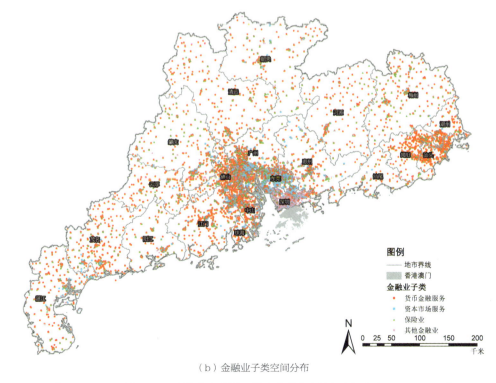

（b）金融业子类空间分布

图4-73 金融业产业链子类企业数量占比与空间分布

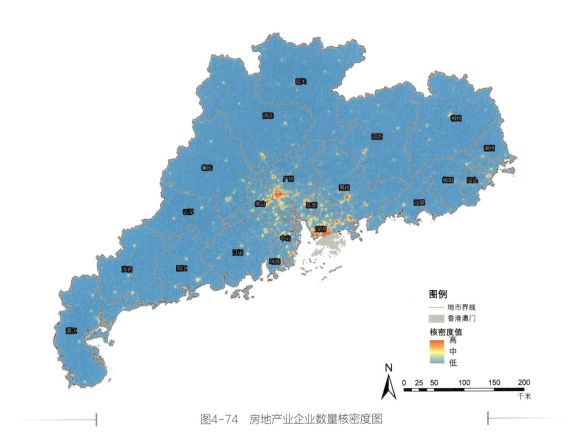

图4-74 房地产业企业数量核密度图

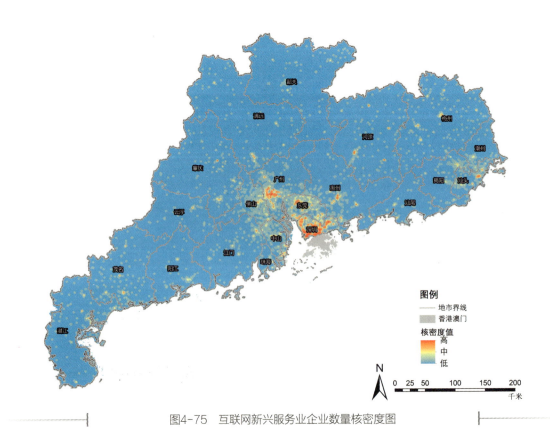

图4-75 互联网新兴服务业企业数量核密度图

含在线信息、电子邮箱、数据检索、网络游戏等信息服务，企业数量占大类比例为69%，主要集聚于东莞、深圳等地区，其他互联网服务集中分布于广州（图4-77）；现代物流业高度集聚广州与深圳两市（图4-78），以装卸搬运和运输代理业为主导，道路运输为主要的运输方式（图4-80）；健康服务业同样高度聚集于广州、深圳两市（图4-79），以门诊部（所）为主导，数量占比58%，并且广泛分布于全省，高度集聚于珠三角内湾城市，其他区域则以医院为健康服务中心（图4-81）。

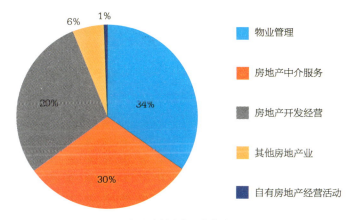

（a）房地产业子类占比

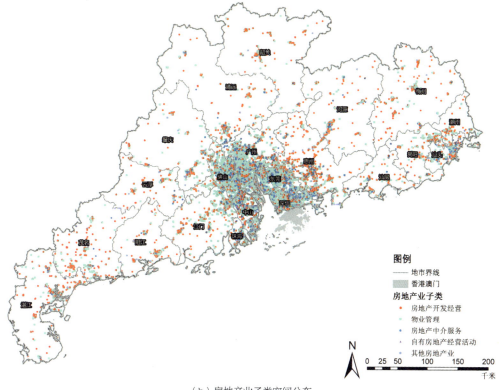

（b）房地产业子类空间分布

图4-76 房地产业产业链子类企业数量占比与空间分布

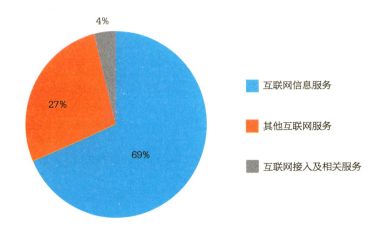

(a) 互联网新兴服务业子类占比

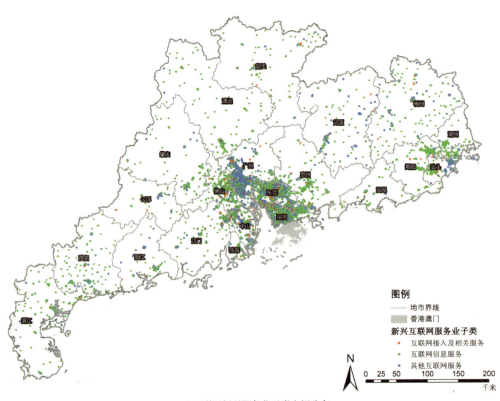

(b) 互联网新兴服务业子类空间分布

图4-77 互联网新兴服务业产业链子类企业数量占比与空间分布

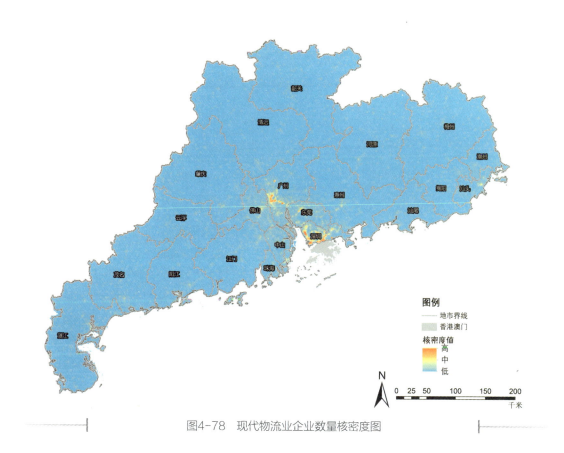

图4-78　现代物流业企业数量核密度图

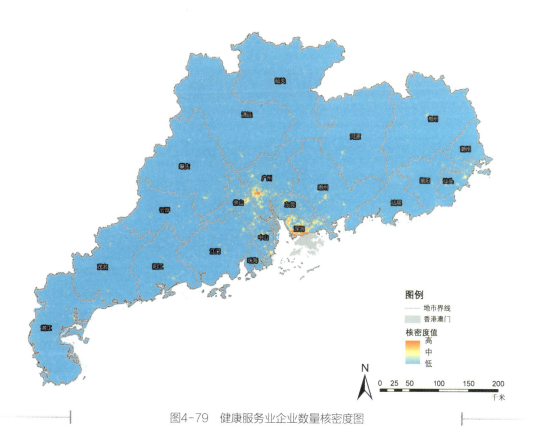

图4-79　健康服务业企业数量核密度图

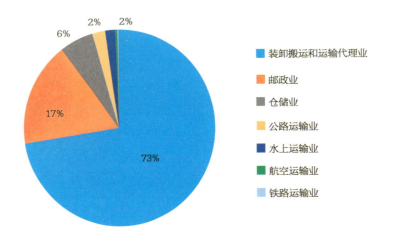

(a) 现代物流产业子类占比

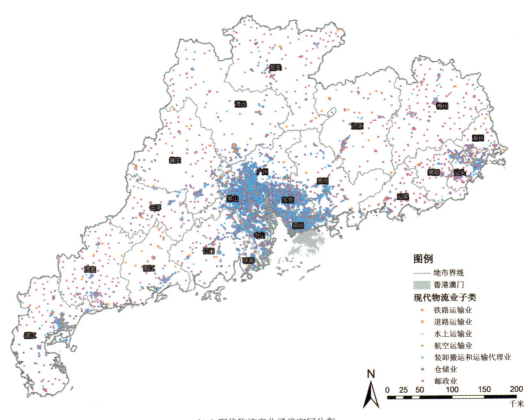

(b) 现代物流产业子类空间分布

图4-80 现代物流业产业链子类企业数量占比与空间分布

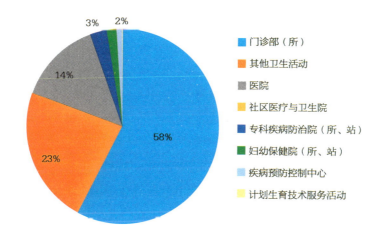

(a) 健康服务业子类占比

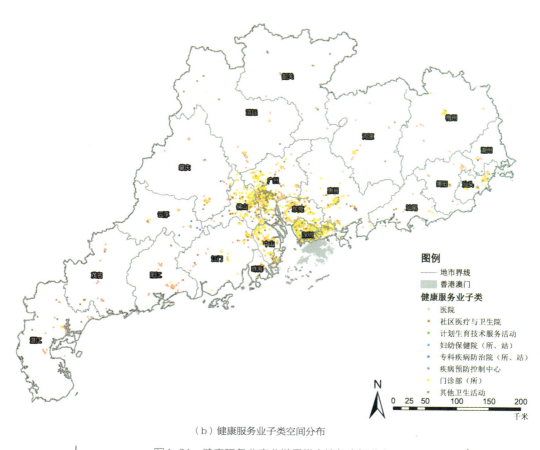

(b) 健康服务业子类空间分布

图4-81 健康服务业产业链子类占比与空间分布

4.5 广东产业发展的区域协同特征

4.5.1 珠三角区域产业现状及特征

珠三角地区是引领全省发展的核心区和主引擎，包含广州、佛山、肇庆、珠海、江门、中山、惠州、东莞、深圳九市。

（1）珠三角区域产业呈现出"东强西弱"的空间布局，并由中心地带向外围地区疏解

从产业结构上看，珠三角区域形成以广州、佛山、中山、珠海、东莞、深圳、惠州为节点的产业联系，在空间上呈现"几"字形的结构，在珠江东岸的产业联系度强于西岸；制造业基础良好，企业密集分布广州、佛山、中山、珠海、东莞与深圳等地（图4-82）；在时空演变上，其新增制造业企业由中心城区向偏远郊区疏解，东莞全域新增制造业分布则比较均匀（图4-83）。

（2）先进制造业、高新技术制造业时空分布：产业重心向东莞偏移

先进制造业在佛山、中山、东莞、深圳等珠江东西两岸地区表现出高密集度的空间聚类特征（图4-84），其新增企业的分布范围逐渐缩小并向东南方向偏移（图4-85），分布中心轨迹则由广州南部向东偏移至东莞东南部地区，并逐渐向东莞北部方向挺进（图4-86）；高新技术制造业高度集聚于东莞、深圳两市（图4-87），其新增企业分布范围表现出先收缩、后扩张的地理特征（图4-88），企业分布中心轨迹在莞深区域移动，偏向深圳，在2018年转移至东莞（图4-89）。

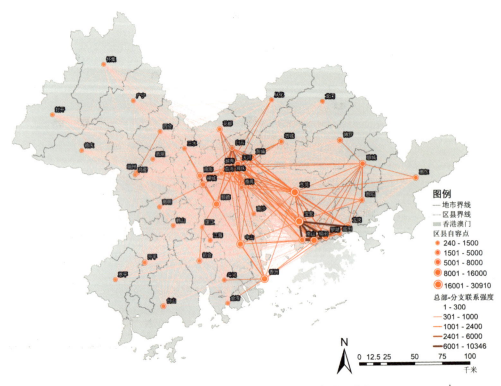

图4-82 珠三角区县级企业总部—分支联系分布

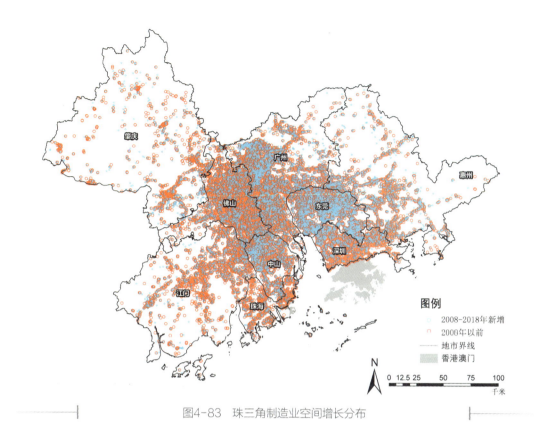

图4-83 珠三角制造业空间增长分布

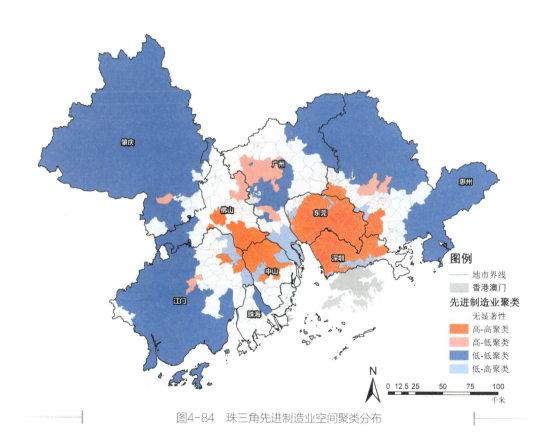

图4-84 珠三角先进制造业空间聚类分布

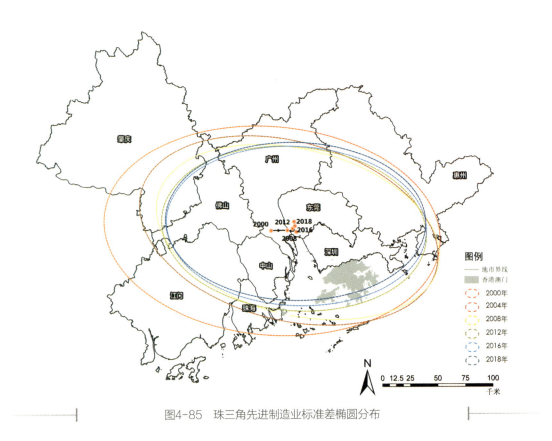

图4-85 珠三角先进制造业标准差椭圆分布

图4-86 先进制造业中心偏移轨迹

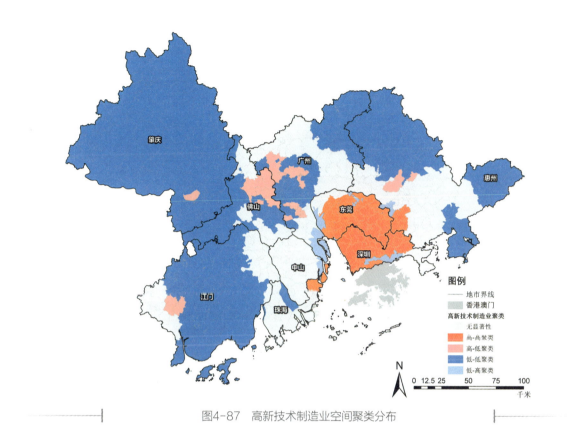

图4-87　高新技术制造业空间聚类分布

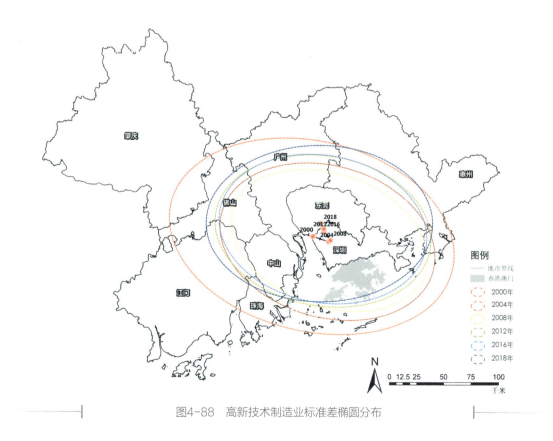

图4-88　高新技术制造业标准差椭圆分布

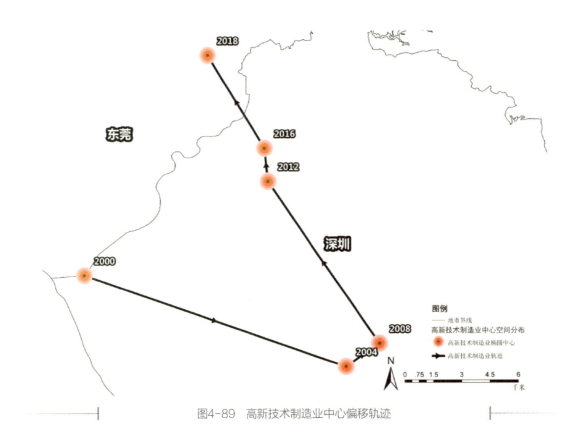

图4-89　高新技术制造业中心偏移轨迹

（3）近10年港澳台资企业数量增幅较大，新增企业集中第三产业

从空间分布上看，2008年以来新增港澳台资企业集中分布于莞深与广佛珠中两极区域，同时珠三角区域新增港澳台资企业数量占总量百分比为65.35%，超过1967年至2008年港澳台资企业总量。分行业类型来看，近10年来，港澳台资企业中的制造业数量有较大减少，而批发零售、租赁和商务服务、科学研究和技术服务等三产企业大幅上升（图4-91）；新增港澳台资企业的分布范围逐渐缩小，向"广佛中珠莞深"六市集聚（图4-92），同时其分布中心逐渐由广州——东莞——深圳转移（图4-93）；

（4）珠三角五大主导优势产业集群，珠江东岸高端电子信息制造产业带、珠江西岸先进装备制造产业带具有良好的产业基础

通过规模以上企业的工业增加值分析，计算机、通信和其他电子设备制造业，电气机械及器材制造业，电力、热力的生产和供应业，汽车制造业，金属制品业等五类产业稳居2008年与2018年增加值前五，是珠三角地区占主导地位的五大产业集群（图4-94）。其中珠江东岸计算机、通信和其他电子设备制造业高度集聚（图4-95），电气机械及器材制造业则集聚珠江东西两岸（图4-96），打造珠江东岸高端电子信息制造产业带、珠江西岸先进装备制造产业带具有良好的天然优势。

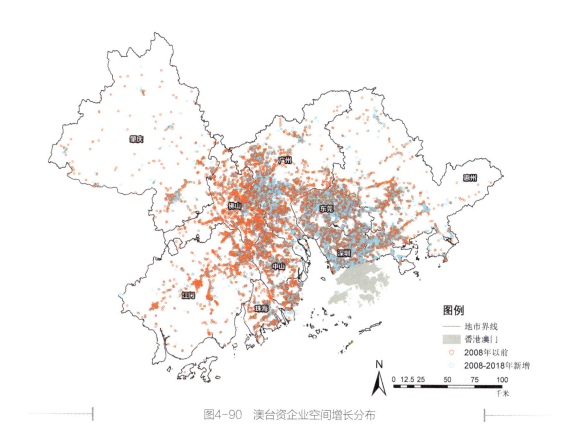

图4-90　澳台资企业空间增长分布

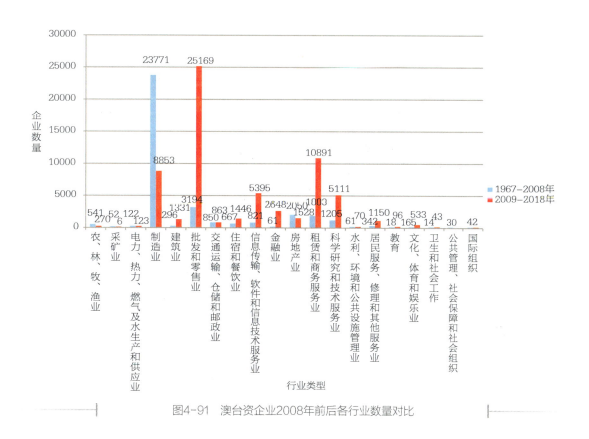

图4-91　澳台资企业2008年前后各行业数量对比

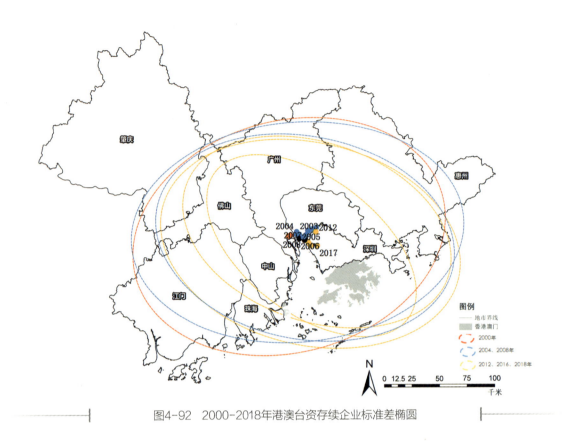

图4-92 2000-2018年港澳台资存续企业标准差椭圆

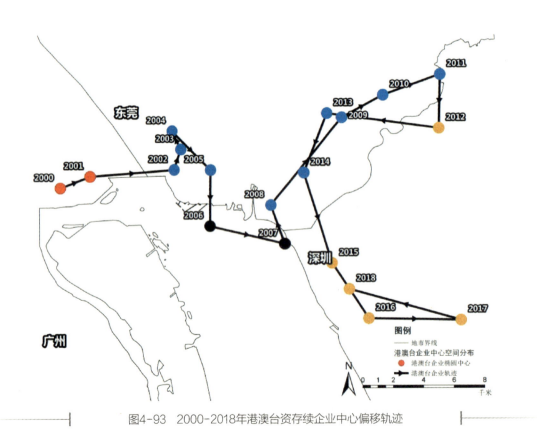

图4-93 2000-2018年港澳台资存续企业中心偏移轨迹

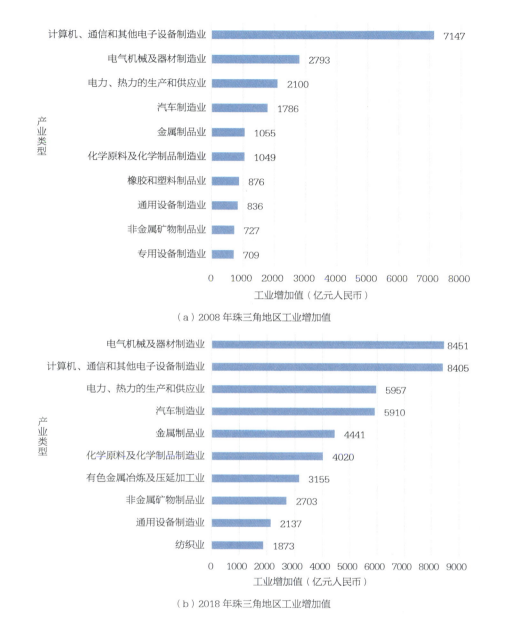

图4-94 2008年与2018年工业增加值

从产业链演进上看，汽车制造业产业链以汽车零部件、配件制造为生产上游端，电车制造、汽车整车制造、改装汽车制造为终端（图4-97）。汽车整车制造、改装、电车制造与汽车零部件、配件空间上相对集聚匹配、协同发展。2018年新增汽车整车制造企业在空间上趋向于零配件分布区域（图4-98、图4-99）；计算机、通信和其他电子设备制造业主要集中深圳、东莞、广州三市，计算机制造业主要聚集于珠江东岸，珠江西岸则以电子元配件为主导（图4-101），该产业以电子元件、器件制造为上游端，其数量占比为42.07%（图4-100），并与下游企业表现出强烈的空间匹配性（图4-102）；电气机械和器材制造业产业主要集中深圳、东莞、广州、佛山、中山

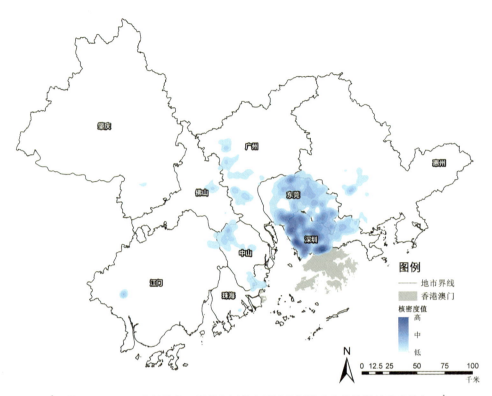

图4-95 2018年计算机、通信和其他电子设备制造业企业数量核密度分布

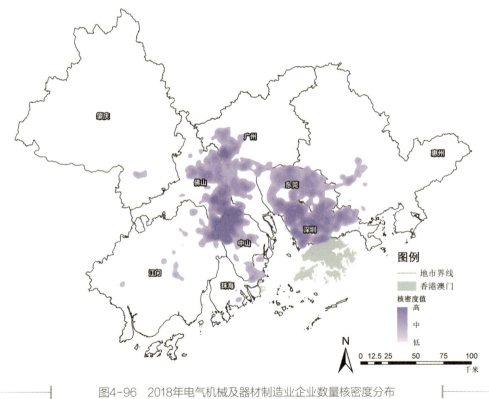

图4-96 2018年电气机械及器材制造业企业数量核密度分布

五市，其中输配电及控制设备，电线、电缆、光缆及电工器材以及电机制造三大子类占比20.23%（图4-103），作为产业链上游产业，与下游企业具有集聚配套的空间特征（图4-104），非电力家用器具制造企业数量占比极少，从区域来看，中山市为照明器具以及家用电力器具企业的集聚中心，并分别在江门、佛山边界区域产生跨界产业集聚区，其他电气机械制造企业相对集聚，形成广州与深圳两大集聚中心；深圳市为电池制造集聚中心，并在东莞东南交界处（塘厦镇、凤岗镇、清溪镇）形成跨界产业集聚区（图4-105）。

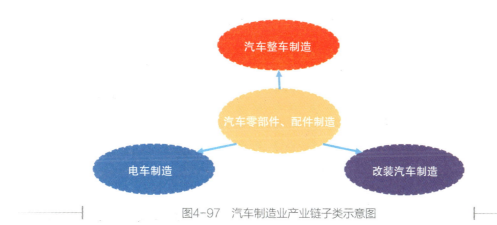

图4-97　汽车制造业产业链子类示意图

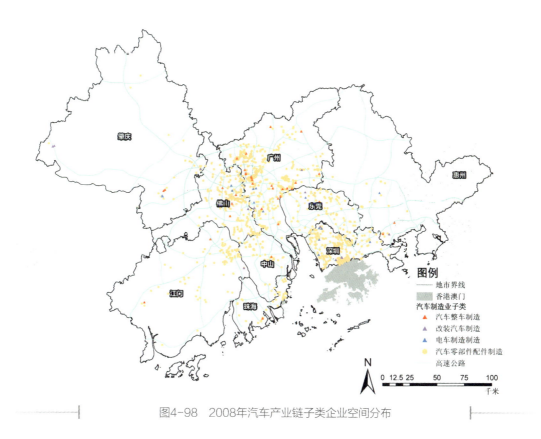

图4-98　2008年汽车产业链子类企业空间分布

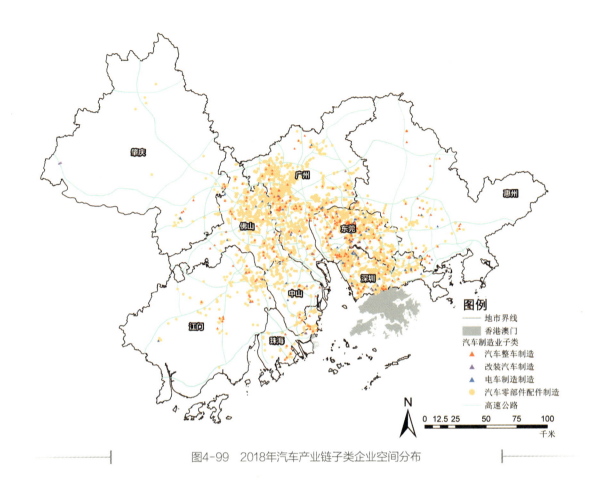

图4-99 2018年汽车产业链子类企业空间分布

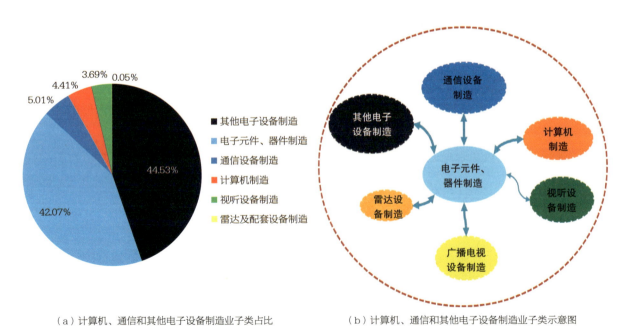

（a）计算机、通信和其他电子设备制造业子类占比　　（b）计算机、通信和其他电子设备制造业子类示意图

图4-100 计算机、通信和其他电子设备制造业七大子类企业数量占比与示意图

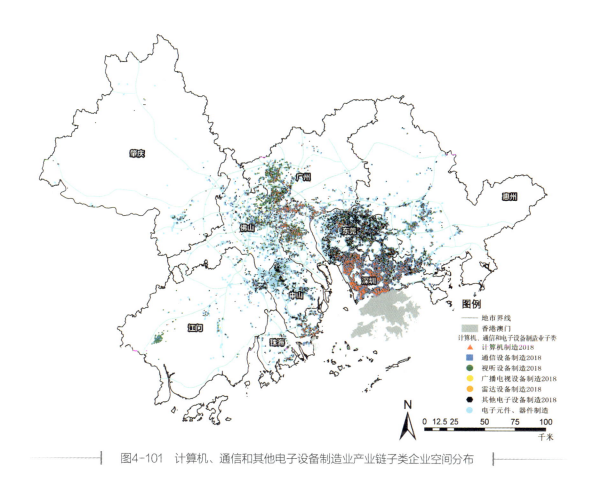

图4-101 计算机、通信和其他电子设备制造业产业链子类企业空间分布

4.5.2 粤东粤西产业现状及特征

粤东粤西区域为沿海经济带东西翼，是新时代全省发展的主战场之一，粤东粤西现状整体产业发展欠缺，增长极地位不突出，未与珠三角沿海地区串珠成链。

（1）沿海经济带总部分支产业联系为单向散射状联系结构，未形成多向网络对流

沿海经济带城市的产业联系以广州为核心，单向构成较强的散射状产业联系，未形成多向对流的产业联系网络（图4-106）。

镇街尺度下，粤东跨区企业的总部分支联系度较弱，市内联系度较强，形成多中心组团状（图4-107）。

镇街尺度下，粤西跨区企业的总部分支联系度较弱，市内联系度较强，以各市中心连接成串珠状（图4-108）。

（2）未来主导产业现状发展不足

生物医药、石化产业为粤东粤西未来的主导发展产业。从现状来看，粤东粤西的生物医药与石化产业规模发展不足（图4-109）。

粤东粤西生物医药与石化产业成点簇状的分布，产业聚集效应较为明显（图4-110、图4-111）。

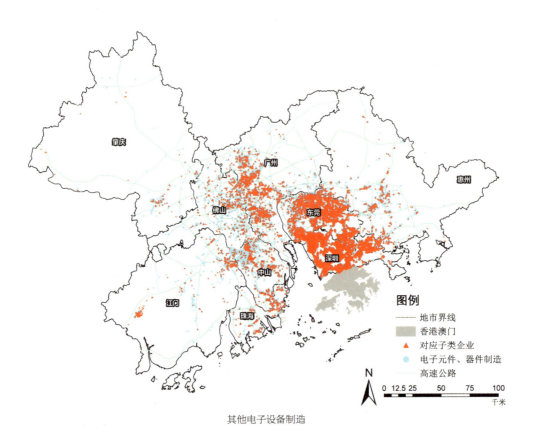

其他电子设备制造

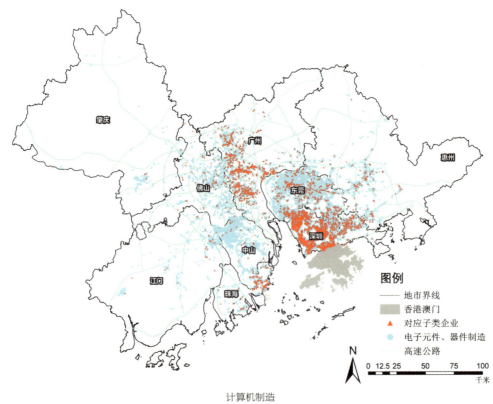

计算机制造

图4-102 电子元件、器件制造企业与其他对应子类企业空间分布

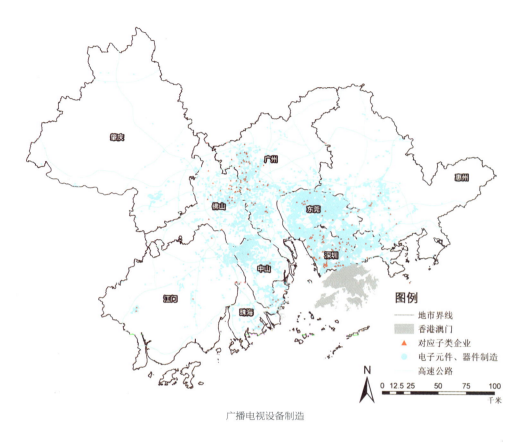

广播电视设备制造

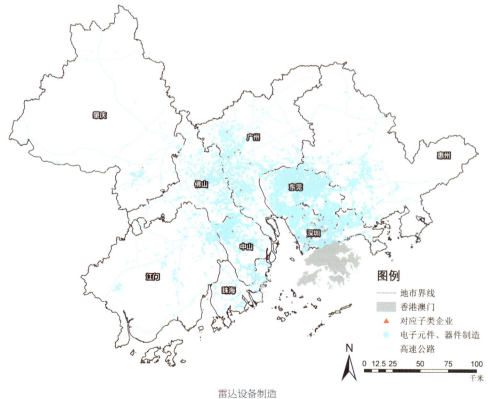

雷达设备制造

图4-102 电子元件、器件制造企业与其他对应子类企业空间分布（续）

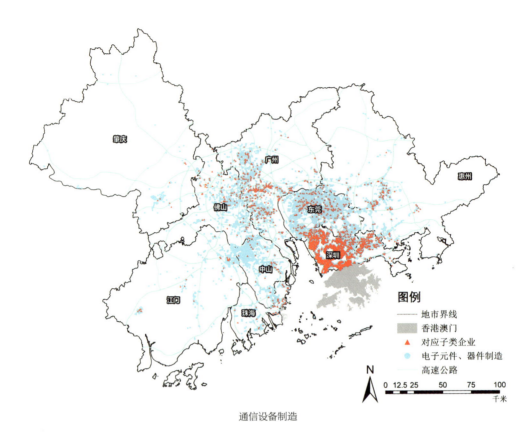

通信设备制造

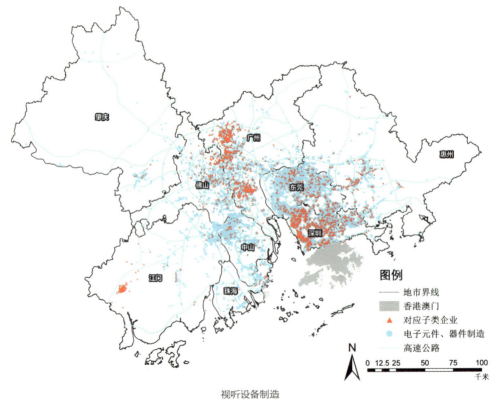

视听设备制造

图4-102 电子元件、器件制造企业与其他对应子类企业空间分布（续）

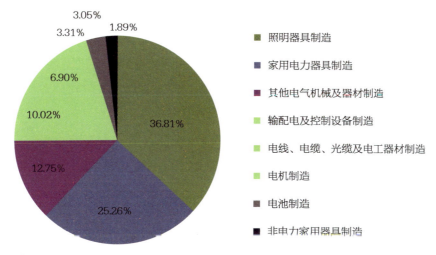

图4-103 电气机械和器材制造业八大子类企业数量占比

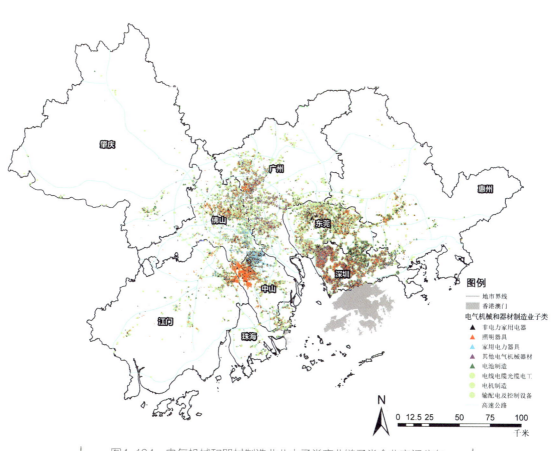

图4-104 电气机械和器材制造业八大子类产业链子类企业空间分布

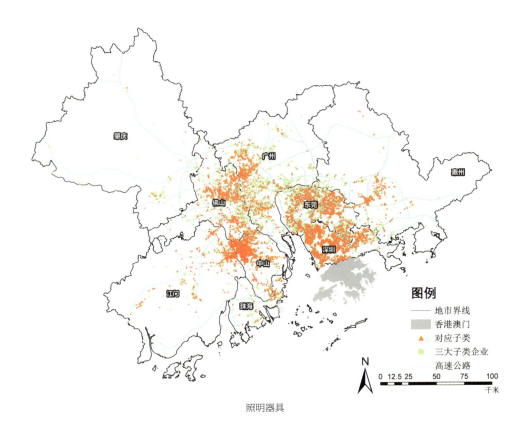

照明器具

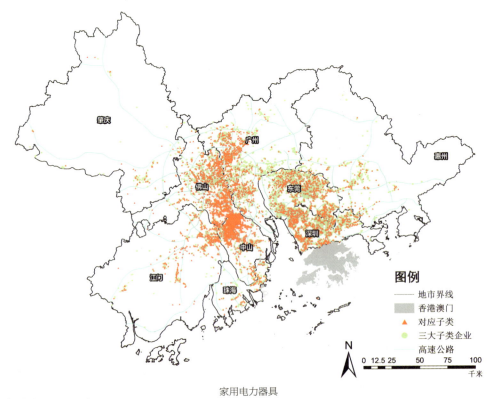

家用电力器具

图4-105 电气机械和器材制造业三大子类企业与其他对应子类企业空间分布

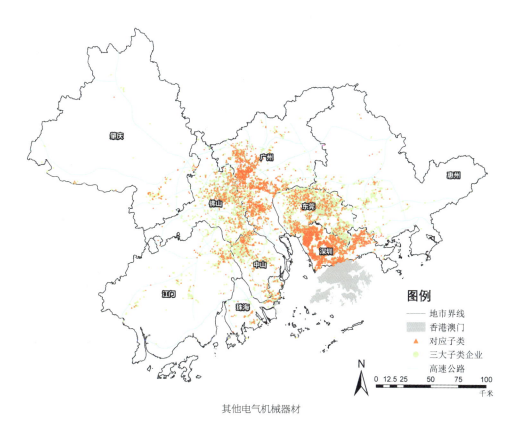

其他电气机械器材

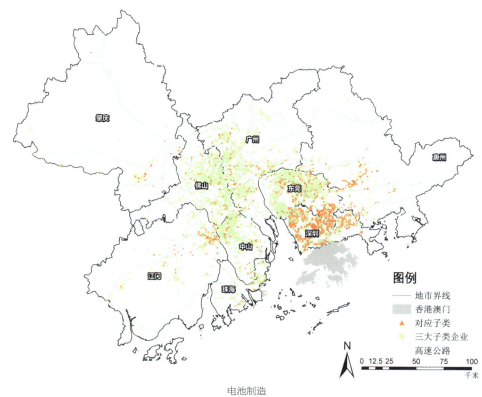

电池制造

图4-105 电气机械和器材制造业三大子类企业与
其他对应子类企业空间分布（续）

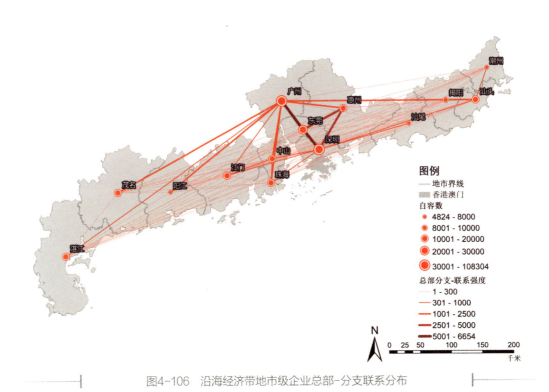

图4-106 沿海经济带地市级企业总部-分支联系分布

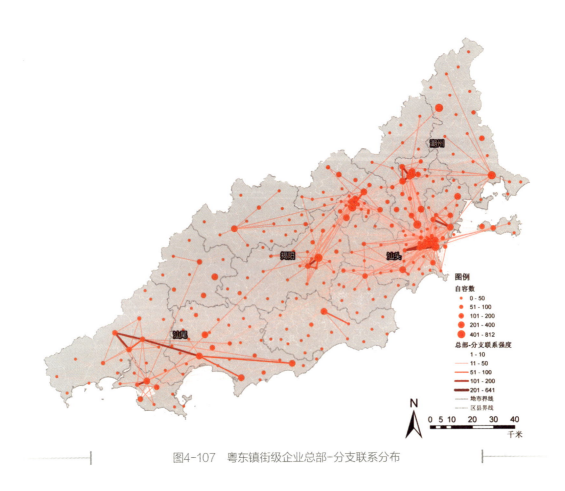

图4-107 粤东镇街级企业总部-分支联系分布

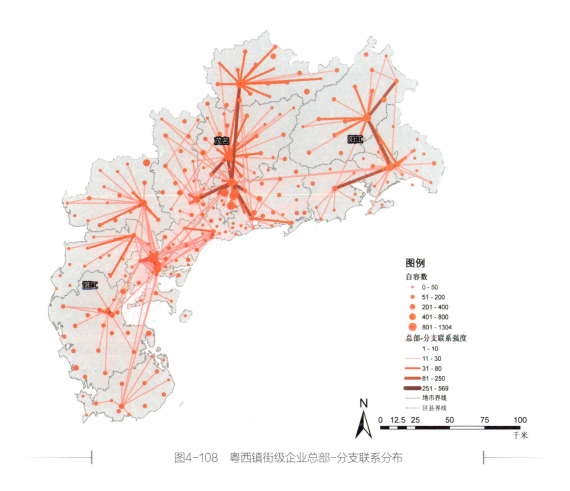

图4-108　粤西镇街级企业总部-分支联系分布

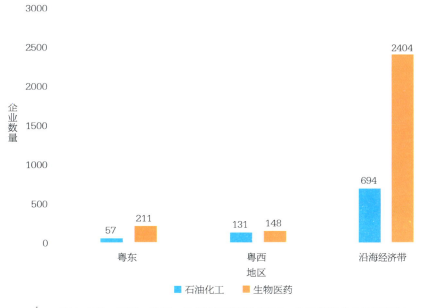

图4-109　粤东、粤西、沿海经济带石油化工、生物医药企业数量对比

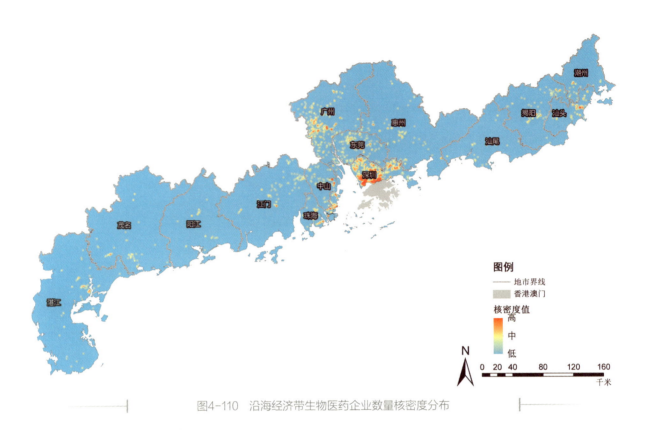

图4-110 沿海经济带生物医药企业数量核密度分布

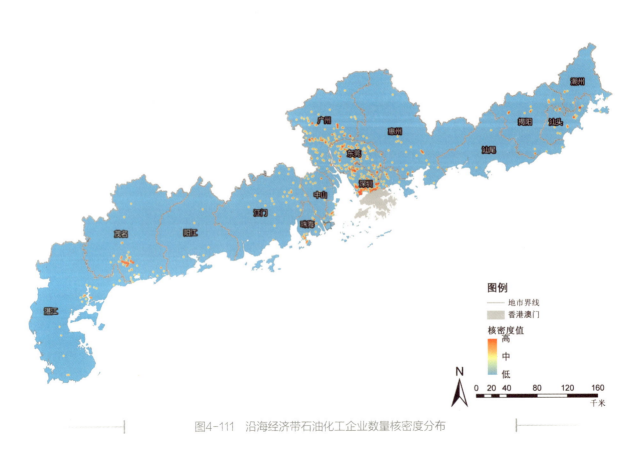

图4-111 沿海经济带石油化工企业数量核密度分布

4.5.3 粤北地区产业现状及特征

粤北地区为广东省沿北部生态发展区、是全省重要的生态屏障，包含梅州、河源、韶关、清远、云浮五市。

（1）粤北地区产业联系城市内部组团特征，城市间联系较弱

粤北5市内部产业联系较强，但是各市之间的联系较弱，呈现市内组团特征（图4-112）。

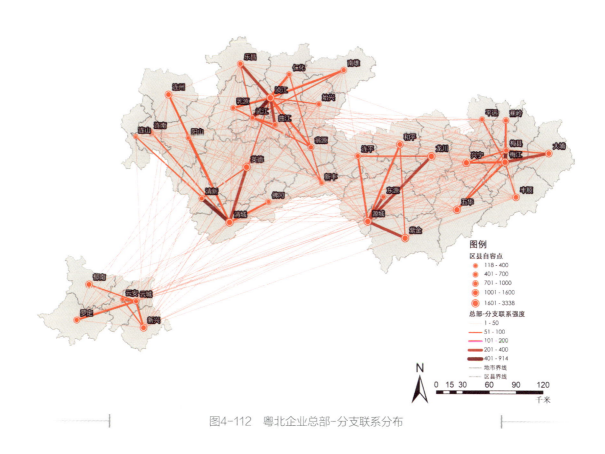

图4-112 粤北企业总部-分支联系分布

（2）禁止、限制、污染企业空间分布

粤北各市都存在一定数量的限制类、禁止类以及污染类企业，清远市、限制类、污染类企业最多，韶关市禁止类企业数量最多（图4-113）。空间上"三类企业"相对集中分布在城市空间中心及行政区域边界地带（图4-114~图4-116）。

（3）粤北适宜发展产业

粤北地区适宜发展产业包含数字经济、文化生态旅游、绿色食品、生物医药、运动休闲、现代农林业等。其中现代农林业企业数量规模最大，基础相对良好，文化生态旅游、绿色食品、运动休闲、生物医药等产业现状发展不足（图4-117）。

其中，现代农林业与绿色食品产业分布范围相对分散，在粤北区域分布较广，文化生态、数字经济、运动休闲、生物医药产业分布相对集中，在空间分布上也具有较强的相似性（图4-118）。

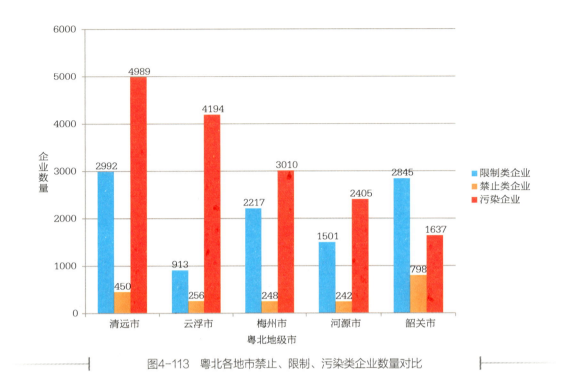

图4-113 粤北各地市禁止、限制、污染类企业数量对比

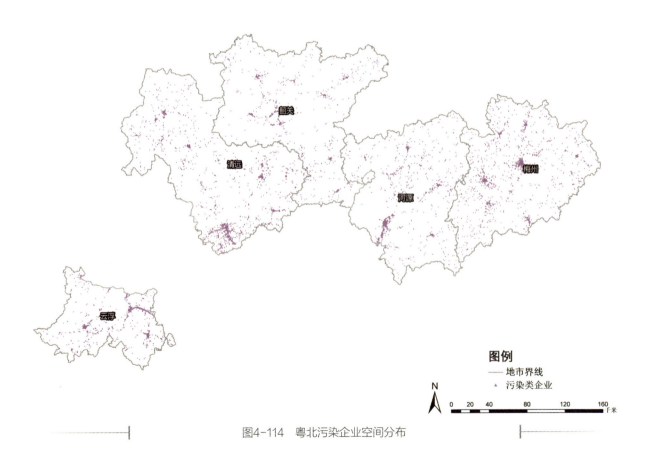

图4-114 粤北污染企业空间分布

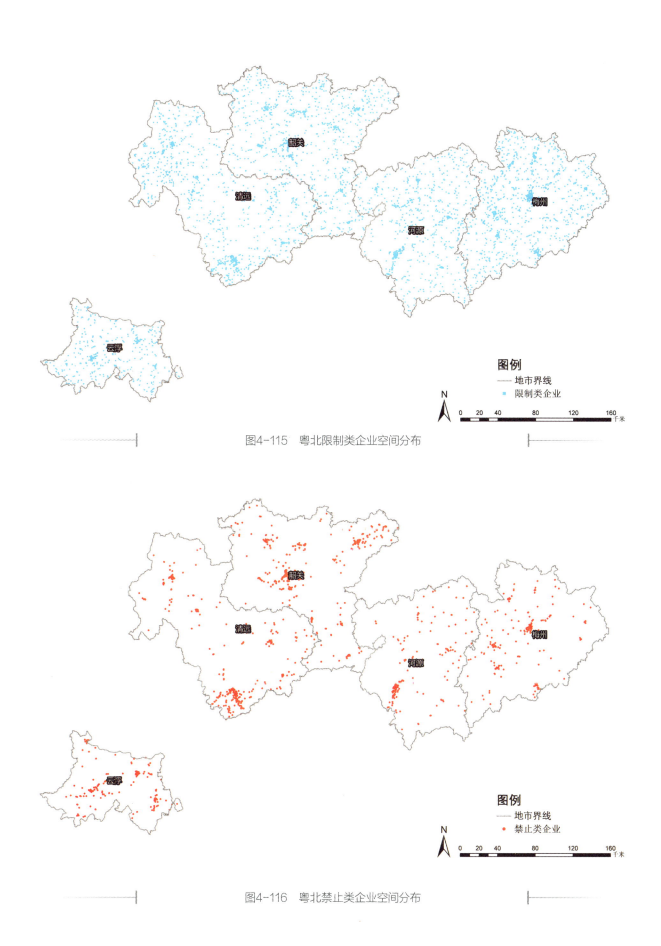

图4-115 粤北限制类企业空间分布

图4-116 粤北禁止类企业空间分布

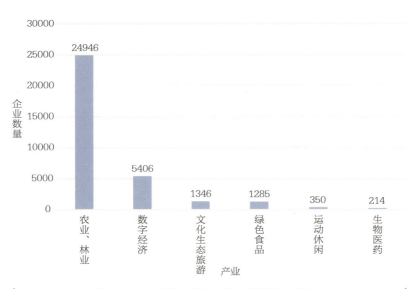

图4-117　粤北适宜发展产业企业数量空间分布

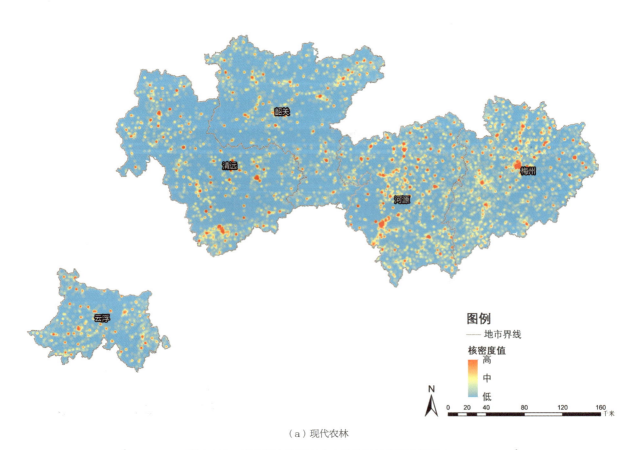

（a）现代农林

图4-118　粤北适宜发展产业企业数量核密度空间分布

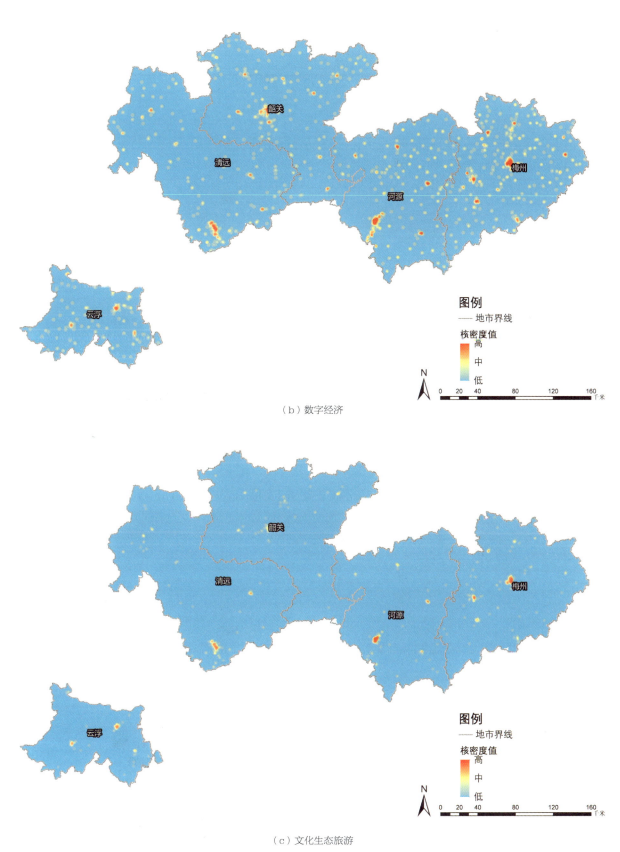

(b) 数字经济

(c) 文化生态旅游

图4-118 粤北适宜发展产业企业数量核密度空间分布（续）

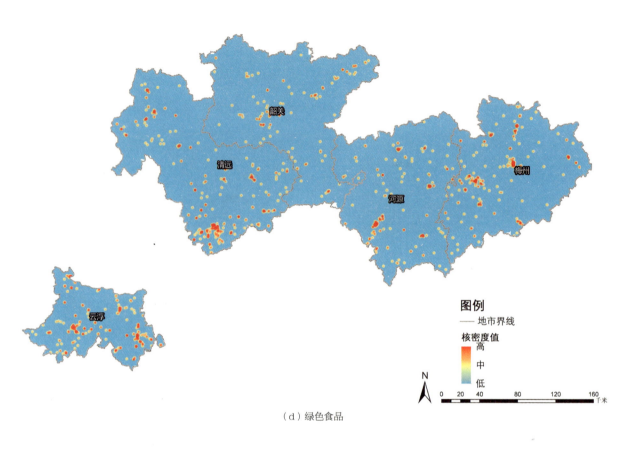

(d）绿色食品

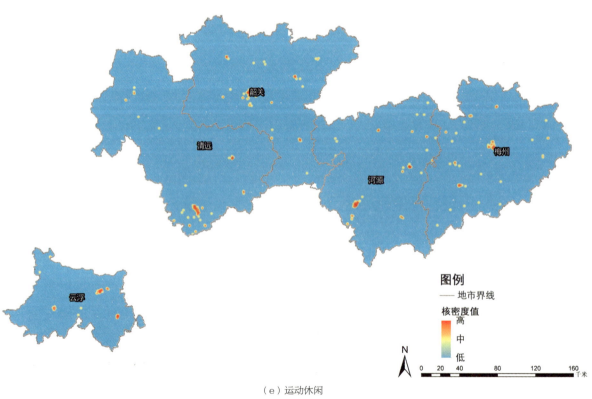

(e）运动休闲

图4-118 粤北适宜发展产业企业数量核密度空间分布（续）

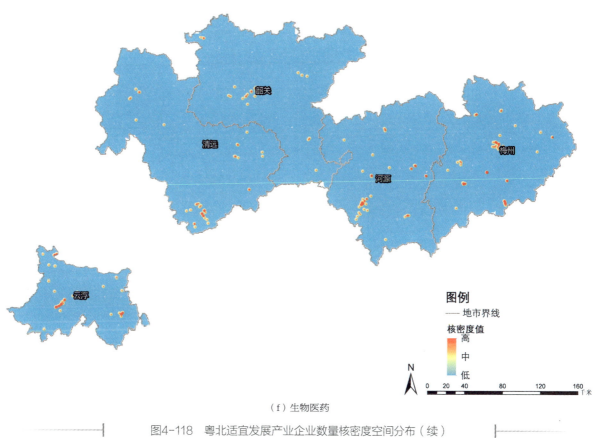

(f)生物医药

图4-118 粤北适宜发展产业企业数量核密度空间分布(续)

第五章
社会保障与公共服务

5.1 广东社会发展现状

5.1.1 居民收入与支出

（1）居民收入与支出稳步上升，城乡差距先升后降

改革开放 40 年来，随着广东省经济持续快速增长，广东省居民家庭收入显著提高。广东省统计局数据显示，1978–2017 年，广东省城镇居民家庭人均可支配收入从 412 元增长到 40975 元，农村家庭人均收入从 1978 年的 193 元增长到 2017 年的 15780 元，两者相比 1978 年分别实际增长了 14.4 倍和 15.4 倍。2017 年全省常住人口人均可支配收入为 33003 元，按照世界银行的收入分组标准划分，广东已进入世界银行划定的 4126–12735 美元"中等偏上"收入等级（图 5–1）。从增长率来看，2000 年以前城乡居民人均可支配收入增长率变化幅度较大，2000 年以后逐渐趋于平稳，维持在 2.3%–2.6% 之间，且 2008 年后农村家庭人均收入增长率开始快于城镇居民。从城乡收入比也可以看出，1978–2007 年城乡收入差距总体呈现拉大的态势，并在 2005–2007 年达到 3.15 的峰值，但 2018–2017 年城乡差距逐渐缩小，至 2017 年城乡收入比缩小至 2.6（图 5–2）。

图5-1 1978-2017年广东省城乡人均可支配收入变化（单位：元）

居民消费水平增长趋势与收入增长趋势大致相同。1978–2017 年，广东省城镇居民人均消费支出从 400 元增至 30198 元，农村居民人均消费支出从 185 元增至 13200 元，分别实际增长 13.2 倍和 11.4 倍，居民日常生活水平显著提高（图 5–3）。从实际增速来看，1992–1996 年是城市人均消费支出增长快速时期，随后受金融危机影响，增速逐渐放缓。2000 年之后，除 2013 年受非典影响有波动外城镇居民消费支出均呈现平稳增长态势。2008 年以前农村居民人均消费支出增速总体慢于城镇地区，2009 年开始逐渐超越城镇地区，城乡消费支出差距的拐点也在 2009 年附近，随后从峰值 3.41 逐渐缩小至 2017 年的 2.29（图 5–4）。

图5-2　1978-2017年广东省城乡人均可支配收入增长率以及城乡收入比

图5-3　1978-2017年广东省城乡人均消费支出变化（单位：元）

图5-4　1978-2017年广东省城乡实际人均消费支出增长率以及城乡消费支出比

（2）收入、消费水平位居"第二集团"末尾

2017年全省常住居民人均可支配收入比全国居民人均可支配收入高出7030元，排名第六位，处于第二梯队（第一梯队为上海、北京）。江苏、浙江作为全国第二、三经济大省，人均可支配收入分别为35024.1元和42045.7元，分别高出广东省9042元和2021元（图5-5）。在人均消费支出上，广东省超越江苏省排名第五，高出全国人均消费支出近6500元。其中，城镇人均消费支出为30198元，在第二梯队中仅落后浙江省的31924元（图5-6）。

图5-5 2017年广东省与其他经济发达省份收入水平对比

图5-6 2017年广东省与其他经济发达省份消费水平对比

5.1.2 社会结构

(1) 收入阶层结构呈现"上小下大"的金字塔形

中等收入群体的壮大，有利于刺激消费，拉动经济转型发展，有利于整个社会的和谐稳定，是社会阶层结构由金字塔形向橄榄型转变的重要指标。根据统计年鉴收入分组数据，梁理文（广东省社科院，2016）测算出广东社会分层的变化轨迹：2005-2015年，广东省低收入群体比重呈下降趋势，由64.7%下降至47.1%；中等收入群体比重缓慢上升，由20.69%上升到27.07%。从横向来比较，2014年广东城镇中等收入群体的比例比江苏略高，但低于浙江。总的来讲，广东中等收入群体的比重在持续扩大，社会分配结构在不断优化。但是，目前广东社会中近一半的人口都属于低收入者，而中等收入者只占总人口的1/4多，与理想的橄榄型社会结构仍有差距（表5-1）。

广东省收入分层结构变迁情况（单位：%）　　　　表5-1

年份	低收入群体	中等收入群体	高收入群体
2005	61.83	20.69	17.48
2006	61.38	21.47	17.15
2007	60.59	22.13	17.27
2008	59.18	23.06	17.76
2009	58.43	23.51	18.06
2010	58.44	23.92	17.64
2011	58.85	23.63	17.52
2012	56.8	25.41	17.79
2014	49.84	24.66	25.51
2015	46.78	27.07	26.15

注：2013年无此项统计数据。2014年后，统计口径有变化。2012年以前为七分法，2014、2015年为五分法。

根据广东省社工委和社科院所做的联合调查，收入处于中等水平的受访者中，超过50%的人认为自己是中等偏下或底层。同时，40%的受访者认为目前中产阶层发展缓慢。由此可见，中等收入群体自我认同度较低，高房价、高物价、收入增速慢、看病上学贵等现实难题，使得他们对未来前景产生焦虑与不安。

(2) 城乡差距逐渐缩小，地区间差距缓慢拉大

广东省城乡收入、消费差距十年来逐年下降。城乡收入比从2007年的3.15∶1降至2017年的2.60∶1（图5-2），城乡消费支出比从2007年的3.41∶1降至2017年的2.29∶1（图5-4）。从下降曲线上看，2013-2017年城乡差距缩小幅度减缓，消除城乡间差距的阻力仍比较大。值得注意的是，与江浙沪相比较，广东省城乡居民的收入差距依然较大。2017年浙江、江苏、上海三地的城乡收入比值分别为2.05、2.28和2.25，均低于广东省的城乡收入比。

通过省内各地市收入、消费水平发现，广东省内各地区间收入消费水平差距较大，主要表现在粤东西北地区与珠三角地区之间差距巨大。2017年广州市城镇人均可支配收入高达55400元，是处于粤东的潮州市的 2.44 倍。珠三角地区城镇人均可支配收入将近 48000 元,是其他地区的 1.8 倍左右。且从 2013-2017 年的收入消费水平变化来看,粤东西北地区与珠三角地区的收入与消费支出的方差变异系数在小幅增加,例如城镇居民人均可支配收入的变异系数由 0.297 变为 0.305,农村居民人均纯收入由 0.178 变为 0.182,人均消费支出的变异系数变化情况也与收入类似,这说明广东省地区间收入与消费水平差距不仅没有缩小,反而有缓慢拉大的态势(表 5-2)。

2014-2017年珠三角、粤东西北地区收入与消费支出的方差变异系数　　　表5-2

方差变异系数	城镇居民人均可支配收入	农村居民人均纯收入	城镇居民人均消费支出	农村居民人均消费支出
2017	0.305	0.182	0.347	0.137
2016	0.300	0.180	0.299	0.134
2015	0.296	0.177	0.294	0.118
2014	0.297	0.178	0.290	0.117

注:方差变异系数反映样本间的离散程度,数值越大表明样本间的离散程度越大。

根据百度慧眼发布的广东省人口画像可发现不同收入阶层在地区间的分布差异,将广东省居民收入按照低收入(2499 元及以下)、中低收入(2500-3999 元)、中高收入(4000-7999 元)和高收入(8000 元及以上)进行划分,得出工作日广东省区县尺度下不同收入阶层的占比情况。研究发现,低收入人口相对集中的区域主要分布在外围地市,有潮州全域,韶关、云浮的大部分区县,揭阳以及梅州的部分地区。中低收入人口主要集中在珠三角西岸及东岸外围地区,中高收入人口相对集中在茂名、阳江、梅州的部分区县,高收入人口则主要集中在广州和深圳(图 5-7)。通过将各区县不同收入阶层人口的占比情况作为特征进行非监督分类,将广东省各区县划分为 5 个收入特征分区,其中珠三角地区虽然经济较为发达,但由于人口稠密、外来人口相对集中等原因,除广深外其余区县属于中低收入相对集中的区域;在外围地市中,梅州、阳江、茂名属于中高收入相对集中区,而韶关、云浮以及潮州则属于低收入相对集中区(图 5-8)。

各区县消费水平也存在较大差异。数据显示,春节期间高消费群体主要集中在广州、深圳以及珠海三市;中等消费群体除在珠三角东西两岸集聚外,在肇庆、湛江以及韶关中心城区范围内也相对集中;而低消费群体则主要集中在粤东以及毗邻广西的粤西北地区(图 5-9)。

(3)职业结构趋向现代化,不同职业人口空间分布各异

自改革开放以来,广东省非农职业比重不断上升。1982-2015 年,农林牧渔水利生产人员占在业人口的比例锐减了近一半,由 70.4% 降至 18.92%;制造业、服务业就业人口占比大幅提高,生产制造及有关人员由 17.35% 增至 32.74%,增长了近一倍;社会生产、生活服务人员由 4.80% 增至 31.76%。职业结构趋向现代化、高级化,主要体现在白领阶层的比例不断上升。按照国际上关于白领阶层的定义,将国家机关、党群组织、企业事业单位负责人,专业技术人员,办事人员和有关人员,商业、服务业人员归入白领阶层,1982 年广东省白领阶层占比仅为 12.25%,2015 年为 48.34%,增长了 35.09%(表 5-3)。

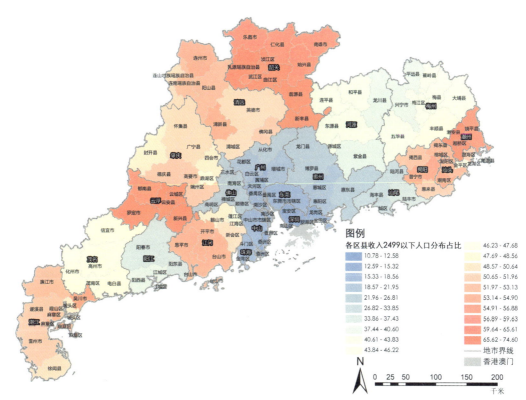

（a）各区县低收入人口占比情况

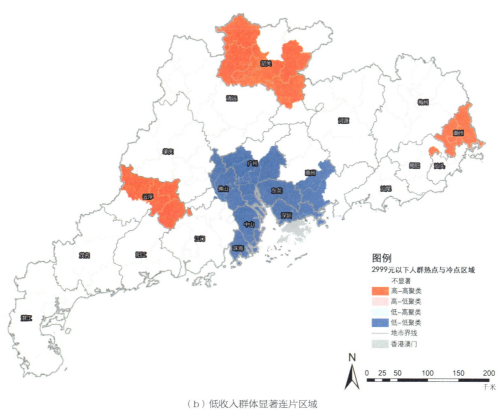

（b）低收入群体显著连片区域

图5-7 广东省各区县不同收入阶层占比情况

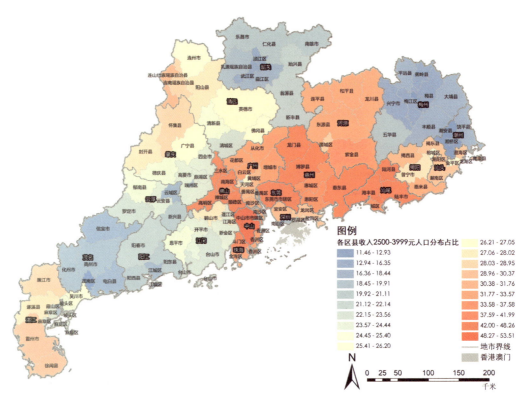

（c）各区县中低收入人口占比情况

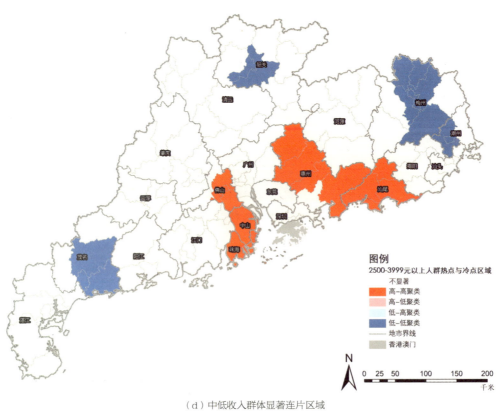

（d）中低收入群体显著连片区域

图5-7　广东省各区县不同收入阶层占比情况（续）

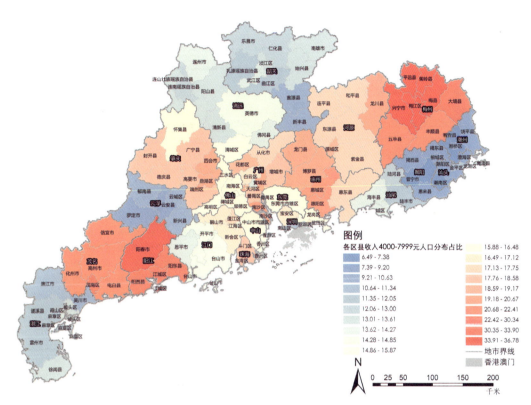

(e) 各区县中高收入人口占比情况

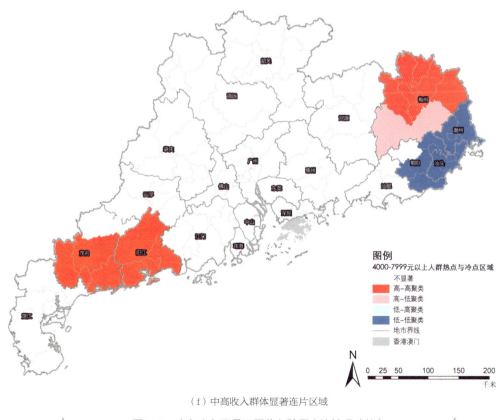

(f) 中高收入群体显著连片区域

图5-7 广东省各区县不同收入阶层占比情况（续）

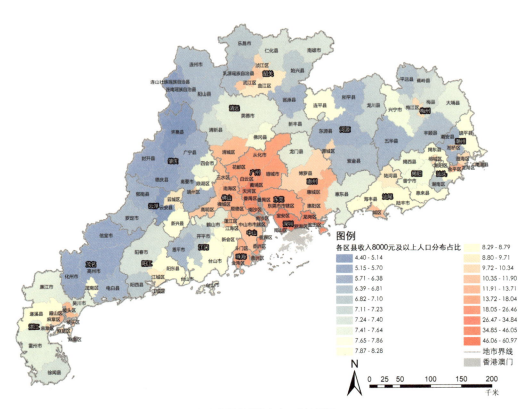

（g）各区县高收入人口占比情况

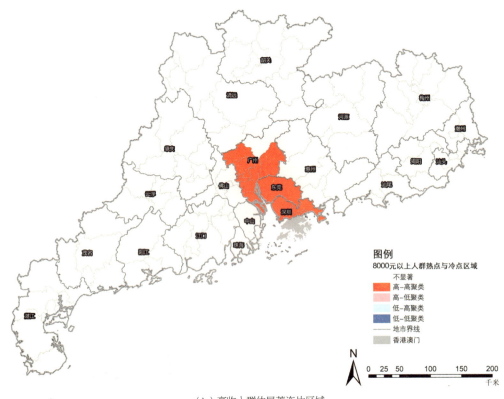

（h）高收入群体显著连片区域

图5-7 广东省各区县不同收入阶层占比情况（续）

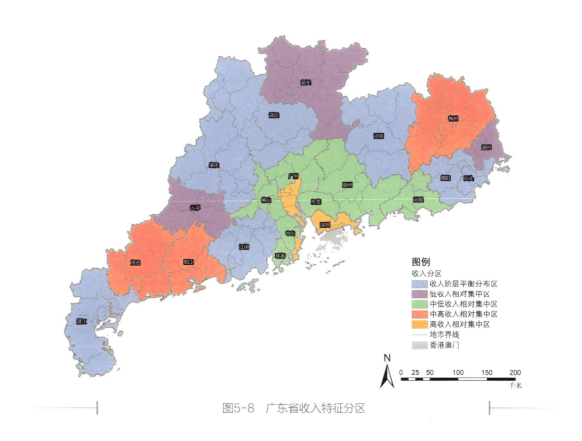

图5-8　广东省收入特征分区

广东省职业结构变迁（单位：%）　　　　　　　　　　　表5-3

职业大类	1982	1990	2000	2010	2015
党政机关、企事业单位负责人	1.34	1.72	1.98	2.75	2.43
专业技术人员	4.7	5.4	5.86	7.31	7.68
办事人员和有关人员	1.36	2.07	4.71	6.94	6.05
社会生产服务和社会生活服务	4.8	8.52	14.82	20.97	31.76
生产制造及有关人员	17.35	22.11	35.08	37.35	32.74
农林牧渔生产及辅助人	70.4	60.18	37.55	24.59	18.92
其他不变分类人员	0.05	0.01	0.01	0.08	0.43
合计	100	100	100	100	100

　　从各区县不同非农职业人口占比情况来看，不同非农职业人口在广东省内的分布格局各不相同，这也从侧面反映出广东省地区间的主导产业差异。其中，管理者和企业主要集中在珠三角东岸、粤东以及河源市等地区；专业技术人员则主要集中在珠三角西岸地区。生产操作人员主要集中于惠州、佛山、肇庆等市；服务人员占比较高的地区为肇庆、韶关、潮州等内陆地区，而个体经营者则主要分布在湛江、汕尾、揭阳、汕头等沿海地市。文职人员空间分布较为分散，除广深较集中外，还主要分布在湛江、茂名以及各地市中心城区（图5-10）。

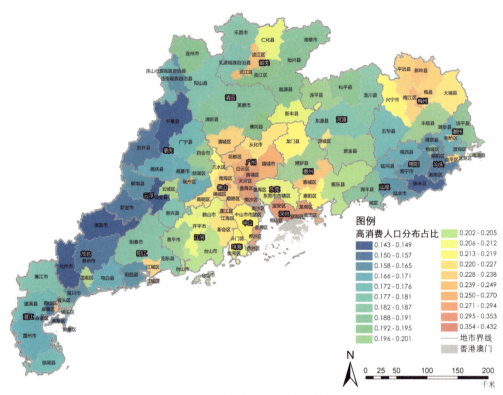

(a) 春节期间各区县高消费群体占比

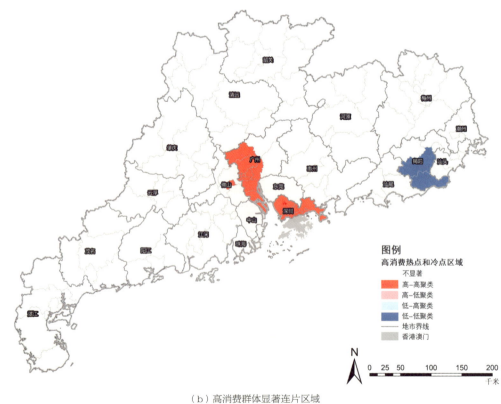

(b) 高消费群体显著连片区域

图5-9 广东省各区县消费群体占比情况

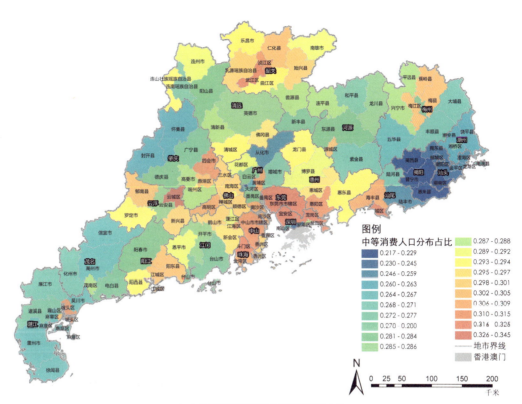

（c）春节期间各区县中等消费群体占比

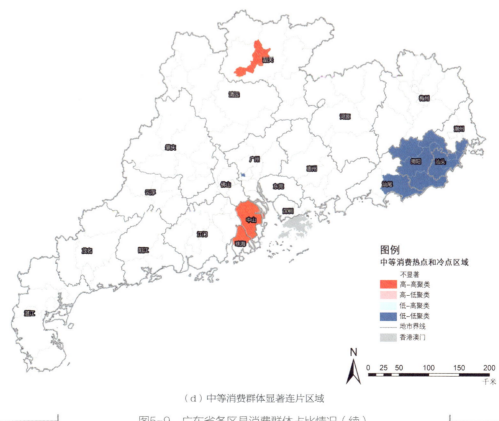

（d）中等消费群体显著连片区域

图5-9 广东省各区县消费群体占比情况（续）

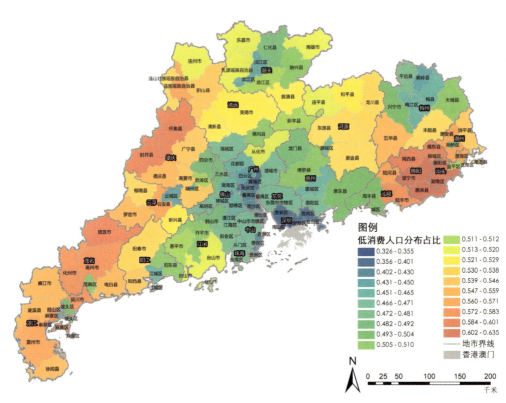

(e)春节期间各区县低消费群体占比

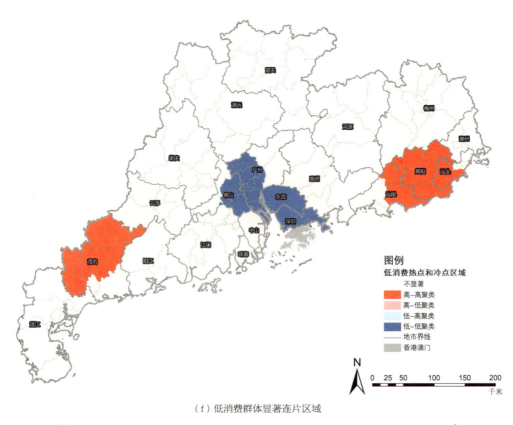

(f)低消费群体显著连片区域

图5-9 广东省各区县消费群体占比情况(续)

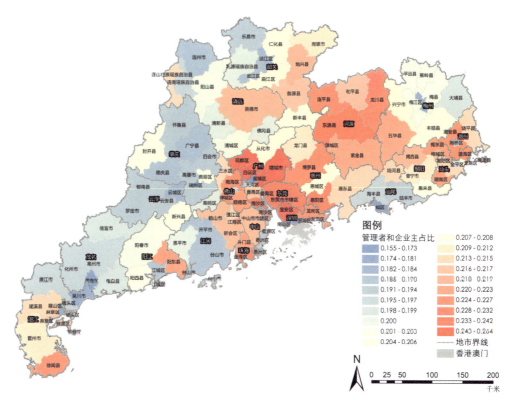

（a）管理者和企业主

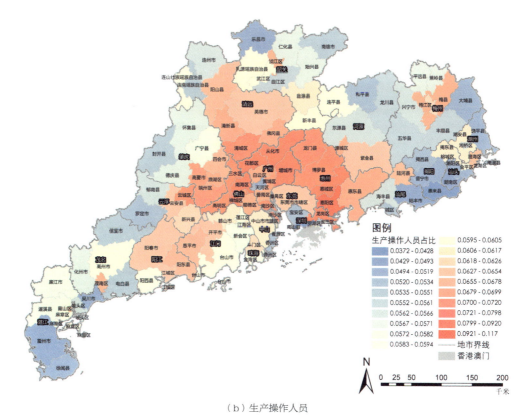

（b）生产操作人员

图5-10 广东省各区县各职业人员占比情况

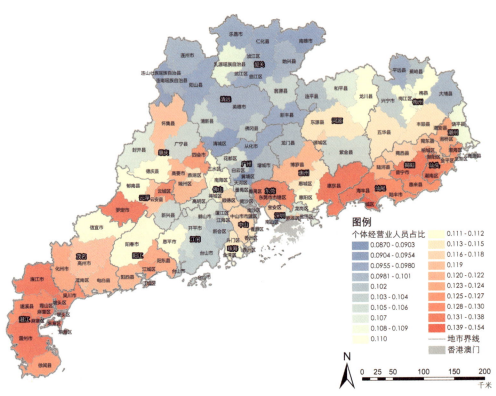

（c）个体经营业人员

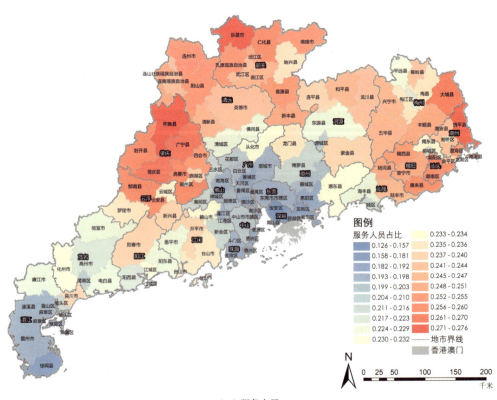

（d）服务人员

图5-10 广东省各区县各职业人员占比情况（续）

第五章 社会保障与公共服务 201

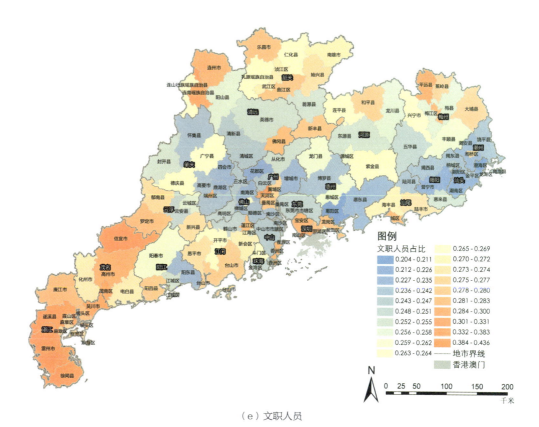

（e）文职人员

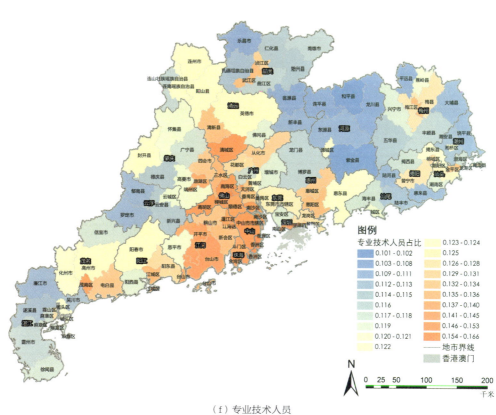

（f）专业技术人员

图5-10 广东省各区县各职业人员占比情况（续）

（4）全民受教育水平显著提高，地区间受教育水平不均

随着经济发展与社会进步，广东省教育事业取得了长足的进步，各级教育毛入学率均大幅提高。中小学教育、学前教育基本得以普及：2017年，学龄儿童入学率达到99.99%，小学毕业生升学率达到96.04%，高中毛入学率达到96.48%。接受高等教育的人数逐步上升，由2000年的11.4%增至2017年的38.71%，广东省高等教育已经从精英教育步入大众化教育时代。每万人普通高校在校生数达到175.09人，相当于1980年的22.3倍。总的来讲，全民受教育水平大幅度提高（表5-4）。

历年教育人口变化情况　　　　　　　　　　　表5-4

指标	年份	1980	1985	1990	1995	2000	2005	2010	2015	2017
在校生人数（万人）	普通高等学校	4.1	6.99	9.59	15.18	29.95	87.47	142.7	185.6	192.6
	成人高等学校	5.75	10.37	8.79	13.51	20.14	29.56	46.4	66.45	65.31
	中等学校	284	280.1	288.2	424.8	541.7	715.5	939.2	736.8	700.1
	普通中等学校	260	255.9	273.6	391.2	460.7	611.7	709.1	560.7	545.4
高等教育毛入学率（%）		—	—	—	6.59	11.4	22	28	33	38.71
高中毛入学率（%）		—	—	—	37.3	38.7	57.5	86.2	95.7	96.48
小学毕业生升学率（%）		73.28	65.91	87.56	95.38	96.2	97.2	95.5	95.9	96.04
学龄儿童入学率（%）		96.22	98.07	99.29	99.71	99.7	99.7	100	99.98	99.99
每万人口普通高校在校学生数（人）		7.84	12.36	15.36	22.36	41.19	105	148	171.1	175.1

尽管广东省受教育水平总体上明显提高，但由于城乡乃至区域间教育资源的行政配置不均衡，导致区域教育之间发展的不均衡。百度慧眼数据显示，不同受教育水平群体在地区间的分布态势不尽相同。总的来讲，高学历人口（大学及以上）主要分布在各地市中心城区，中等学历人口（大专学历）相对集中于广州、深圳、佛山等珠三角核心城市，而低收入人口则主要分布在位于粤东、河源、肇庆、茂名等欠发达地区的区县或乡镇（图5-11）。由此可见，位于城市或珠三角经济发达地区的居民更有机会享有优质的教育资源，而位于乡镇或欠发达地区的居民则难以进入好学校，最终难以达到更高的学历水平。

5.1.3 社会保障

（1）各类保险参保人数逐年提高，医保基本实现全覆盖

广东省民生保障投入大幅增长，各类社会保险覆盖度逐年提高。基本医疗保险参保人数由2010年的5043.2万人增长至2017年的10365.1万人，参保率达到92.8%，基本实现全覆盖。养老保险2017年增至8434.02万人，参保率达到75.5%（表5-5）。失业、工伤、生育保险同样保持平稳增长态势（图5-12）。

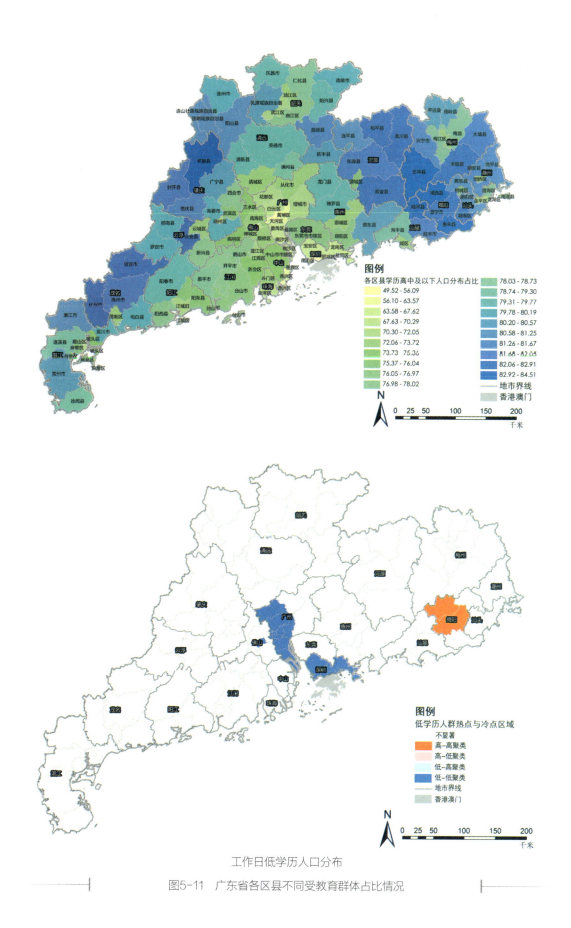

图5-11 广东省各区县不同受教育群体占比情况

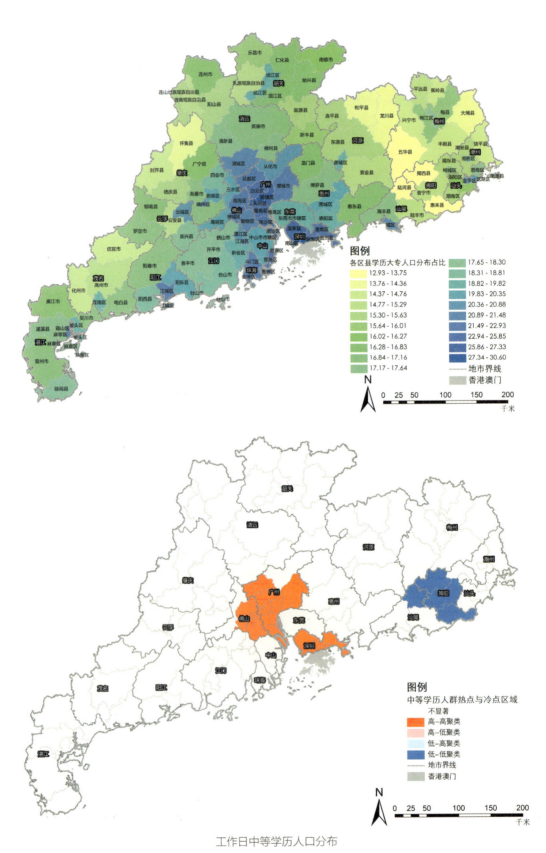

工作日中等学历人口分布

图5-11 广东省各区县不同受教育群体占比情况（续）

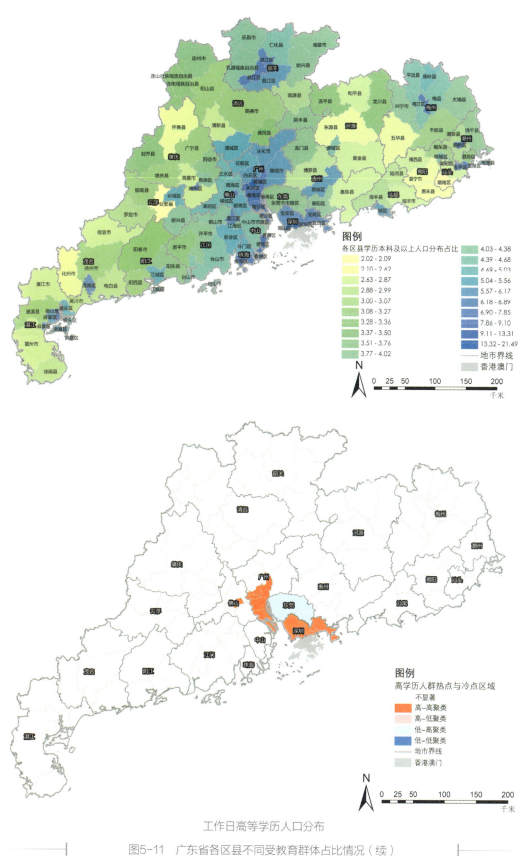

工作日高等学历人口分布

图5-11 广东省各区县不同受教育群体占比情况（续）

2017年末广东省各类保险参保人数　　　　　　　　　　　表5-5

指　标	参保人数（万人）	比上年末增长（%）	参保率（%）
参加基本养老保险	8434.02	6.3	75.51
其中：城镇职工基本养老保险（含离退休）	5847.27	8.4	
参保职工	5267.88	8.2	
参保离退休人员	579.38	10.5	
城乡居民基本养老保险	2586.76	1.7	
参加基本医疗保险	10365.07	2.1	92.80
其中：职工基本医疗保险	3962.64	3.9	
城乡居民基本医疗保险	6402.43	1.1	
参加职工基本医疗保险的异地务工人员	1926.9	3.9	17.25
参加失业保险	3163.67	4.8	28.33
参加工伤保险	3402.03	4.8	30.46
其中：参保异地务工人员	2129.66	3.6	
参加生育保险	3300.89	4.4	29.55

图5-12　广东省2010-2017年各类保险参保人数变化情况（单位：万人）

在保障投入增长的同时，各项社保待遇也在逐年提高。2015年全省企业退休人员人均基本养老金达到2400元，此后平均每年总体上调5%左右，预计至2018年可达到2842元。在医保方面，全省医保住院费用报销比例也大幅提高，2016年职工医保最高可报销已超过8成，居民医保报销也接近7成，最高支付限额分别为52万元和44万元。①

---

① http://news.southcn.com/gd/content/2016-02/09/content_142243205.htm

社会救助方面，2016年，全省城镇、农村低保补助补差水平分别提高到每月418元和190元，年末享受低保救济的困难群众达166.56万人，其中城镇25.54万人，农村141.02万人。农村五保供养标准提高到每年6470元以上，确保不低于当地上年度农村居民人均可支配收入的60%。城乡医疗救助人均补助标准提高到每年2178元，政策范围内住院医疗救助比例提高到70%以上，2016年全年城乡医疗救助116.76万人次，民政部门资助参保参合的人数达184.29万人次，全年城镇职工领取失业保险金人数为54.15万人。

（2）粤东西北地区社保覆盖度较低，部分地市医保参保人数超常住人口数

通过比较广东省不同区域社会保障情况可发现，珠三角经济发达地区社保覆盖度总体强于粤东西北地区，其中深圳市各类社保参保率均超过85%。在养老保险方面，广州、深圳两市养老保险参保率已超过90%，而湛江、韶关、揭阳、潮州等地还不足60%。在医保方面，东莞、佛山医保覆盖率较低，不足70%；另外，由于参保人数与常住人口统计口径不同以及农村务工人员跨地市流动等现象较为普遍，深圳市以及粤西、粤北等地区出现医保参保人数大于常住人口的现象，参保率高于100%。而在失业、工伤、生育保险方面，粤东西北地区在以上三类保险的参保率总体上不足10%，与珠三角地区之间的差距巨大（表5-6）。

2017年末广东省各地市各类保险参保人数与常住人口比例（常住人口为100） 表5-6

地区	城乡基本养老保险	失业保险	城乡基本医疗保险	工伤保险	生育保险
广 州	91.18	37.30	80.12	39.96	35.79
深 圳	90.54	86.96	111.44	87.86	92.64
珠 海	74.17	55.61	99.19	56.53	56.60
汕 头	67.06	14.26	89.56	13.95	10.36
佛 山	76.28	31.98	67.62	32.14	32.04
韶 关	57.90	10.00	98.74	13.04	9.54
河 源	67.98	9.51	104.66	10.48	8.65
梅 州	63.37	6.84	107.67	9.73	6.98
惠 州	73.03	26.22	90.27	31.02	32.46
汕 尾	67.43	7.06	102.82	7.12	7.37
东 莞	83.25	48.43	67.86	51.61	55.88
中 山	75.89	43.94	81.90	47.61	45.66
江 门	83.91	17.93	85.23	20.46	18.78
阳 江	71.15	6.50	105.41	11.01	7.92
湛 江	51.93	5.81	97.88	6.08	6.49
茂 名	59.83	4.48	103.37	5.52	4.91
肇 庆	58.43	10.94	99.27	11.45	10.45
清 远	71.81	9.75	104.42	11.11	10.03
潮 州	59.98	12.88	99.73	12.89	12.55
揭 阳	56.67	3.94	96.85	3.50	3.56
云 浮	66.31	7.32	109.56	7.76	8.01
广东省	75.20	28.33	92.80	30.46	29.55
珠三角	82.68	45.08	86.37	47.15	47.53
东 翼	62.39	9.19	95.96	8.94	7.79
西 翼	58.03	5.41	101.20	6.65	6.10
山 区	65.62	8.63	105.07	10.48	8.59

5.2 公共服务总体概况

5.2.1 全国公共服务财政支出水平

2017年全国公共服务财政支出（教育、社会保障与就业、医疗卫生与计划生育、文化体育与传媒）总量为6.97万亿元，相比2016年增长10.06%。其中，教育支出28604.79亿元，占比达到41.05%；社会保障和就业支出23610.57亿元，增幅高达14.06%；医疗卫生与文体传媒支出分别为14343.03亿元和3121.01亿元（图5-13）。人均公共服务财政支出为5012.62元，相比2016年增长9.48%（图5-16）。

图5-13　2016-2017年全国各类公共服务支出总体情况（单位：亿元）

5.2.2 广东省公共服务财政支出水平

（1）公共服务财政支出总量大

2017年广东省公共服务财政支出总量名列全国首位，达5592.28亿元，占全国公共服务财政支出的8.0%；相比于2016年，广东省公共服务财政支出增幅为16.11%，高出全国平均水平6.05%（图5-14）。其中，教育支出为2575.52亿元，增长了11.08%；社会保障与就业支出为1423.33亿元，增长了24.17%；医疗卫生与计划生育支出为1307.56亿元，增长了16.56%；文化体育与传媒支出为285.87亿元，增长了24.45%（图5-15）。

（2）人均公共服务财政支出水平有待提升

2017年全省人均公共服务财政支出为5006.96元，相比2016年增长了14.34%，但仍略低于全国水平（图5-16）。其中，教育、医疗以及文化体育与传媒的人均支出均超过全国水平，而人均社会保障和就业支出仅为1274.4元，与全国水平（1698.5元）的差距较大（图5-17）。

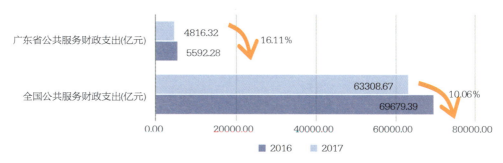

图5-14 2016-2017年广东省与全国公共服务财政支出对比（单位：亿元）

图5-15 2016与2017年广东省公共服务支出总体情况（单位：亿元）

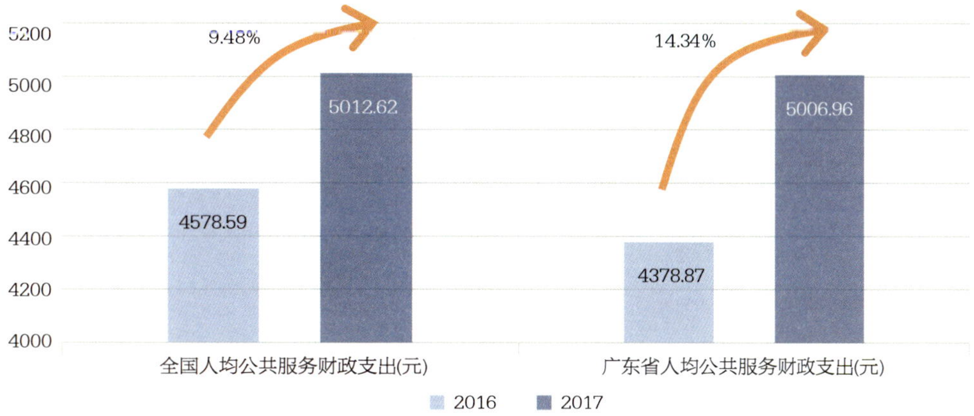

图5-16 2016-2017年广东省与全国人均公共服务财政支出对比（单位：元）

图5-17 2016与2017年广东省公共服务人均支出情况（单位：元）

5.3 公共服务建设情况

5.3.1 区域公共服务建设情况

（1）珠三角公共服务财政投入占比高

2017年，珠三角地区公共服务财政支出高达3392.87亿元，教育、社会保障和就业、医疗以及文体传媒投入分别占全省的67%、62%、63%和72%（图5-18）。从人均支出情况来看，珠三角地区同样处于广东省领先水平，高达5516.3元。其中人均教育支出2569.8元，人均社会保障

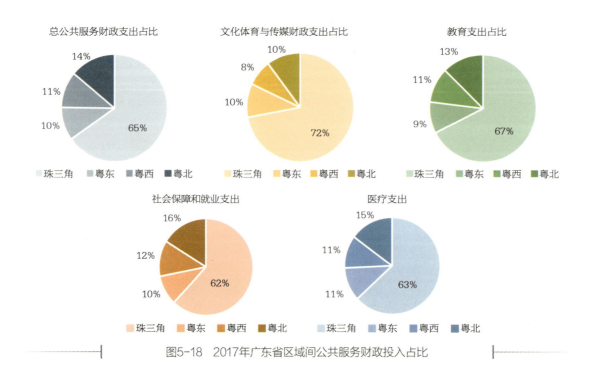

图5-18 2017年广东省区域间公共服务财政投入占比

和就业支出 1344.6 元，人均医疗支出 1301.6 元，人均文体传媒支出 300.3 元（图 5-19）。从支出结构上来看，珠三角地区人均教育支出占比高达 46.6%，高出全国水平 5.5%；但社会保障和就业人均支出占比低于全国平均水平（图 5-20）。

（2）粤东西北公共服务财政投入较低

粤东、粤西和粤北地区的公共服务财政支出分别为 521.67 亿元、565.65 亿元和 723.82 亿元，合计仅占全省总投入的 35%。从人均情况来看，粤东西北地区各项人均支出全面落后于全国水平，其中粤东地区人均支出仅为 3011.4 元，仅占全国平均水平的 60.1%、珠三角地区的 54.6%（图 5-19）。

图5-19 2017年广东省区域间人均公共服务财政支出情况（单位：元）

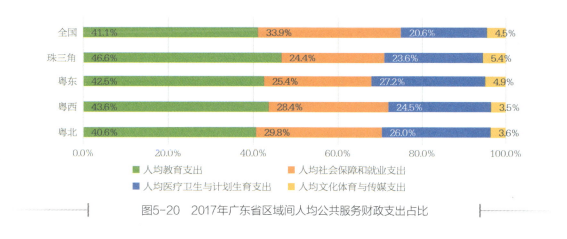

图5-20 2017年广东省区域间人均公共服务财政支出占比

（3）珠三角及粤东西北主要公益性公共服务设施点数量

通过对广东省内各区域主要公益性公共服务设施点统计可发现，珠三角地区各类公益性公共服务设施点个数远高于粤东西北地区，其中有文化设施点 8430 个、教育设施点 68554 个、体育设施点 14424 个、医疗设施点 69401 个（图 5-21）。

从人均情况来看,珠三角地区每万人拥有公共服务设施点数达到26.1个,其中每万人配套有文化设施数1.4个,教育设施数11.1个,体育设施数2.3个,医疗设施数11.3个。粤东西北地区与珠三角地区存在较大差距,每万人配套公共服务设施数不足15个(图5-22)。

图5-21　珠三角及粤东西北地区各类公共服务设施数量与占比

图5-22　珠三角及粤东西北地区每万人主要公益性
公共服务设施数(单位:个/万人)

5.3.2　各地市公共服务建设情况

(1)各地市公共服务财政投入差异显著

广东省各地市间公共服务财政支出情况存在较大差异。2017年广州和深圳的公共服务总投入分别为884.4亿元和1050.2亿元,分别为佛山市的2.7倍和3.2倍,共占全省的37.2%。潮州市公共服务投入最低,仅为80.9亿元(图5-23)。

从人均情况来看,珠海市人均公共服务财政支出名列首位,高达9477.4元。除珠海市外,还有广州、深圳、惠州三市的人均支出高于全国平均水平(5012.6元)(图5-24)。

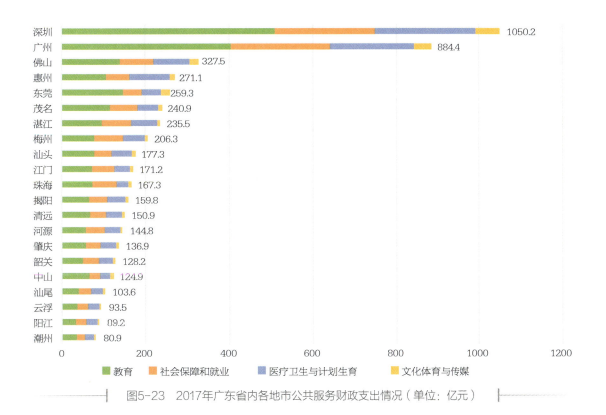

图5-23 2017年广东省内各地市公共服务财政支出情况（单位：亿元）

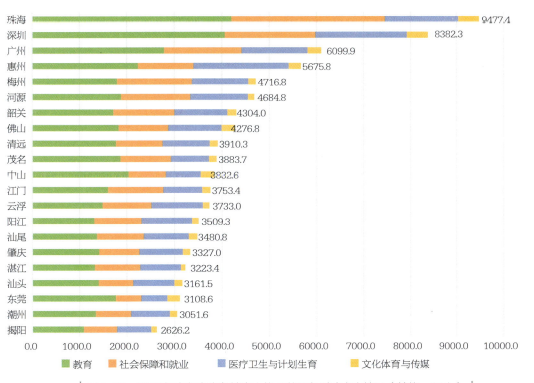

图5-24 2017年广东省内各地市人均公共服务财政支出情况（单位：元/人）

(2)各地市主要公益性公共服务设施点数量

通过统计高德地图POI中"科教文化服务"、"体育休闲服务"、"医疗保健服务"三类公共服务设施点个数发现,珠三角地区城市公共服务设施点数量最多。广州、深圳、东莞、佛山四个城市的公共服务设施点数量达到20000个以上,每万人拥有设施数达到27个,四城在总量与人均指标两方面均处于领先位置(图5-25)。珠海、中山以及惠州尽管公共服务设施数量较少,但人均指标方面,每万人拥有设施数达30个,服务设施充足性较高(图5-26)。

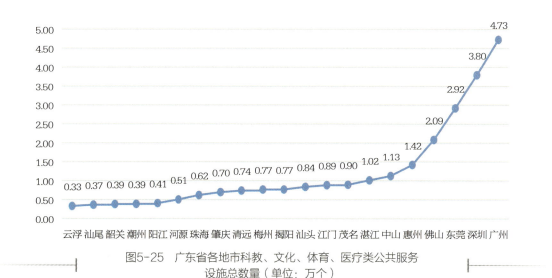

图5-25　广东省各地市科教、文化、体育、医疗类公共服务设施总数量(单位:万个)

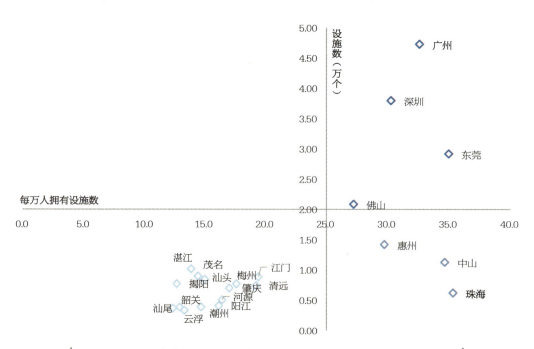

图5-26　广东省各地市主要公益性公共服务设施总量与人均指标对比

（3）除广深外各地市公共服务设施呈集中分布态势

通过对广东省内各地市公共服务设施点数据进行热点分析，得出每个地市镇街尺度下的公共服务设施聚集程度以及显著性检验得分（图5-27）。根据聚集程度标准得分以及设施空间集聚情况可知，广东省绝大多数城市的公共服务设施均高度聚集，且主要分布在中心城区（图5-28）。东莞、中山、茂名三市聚集程度得分较低，集聚态势不明显；而广州、深圳显著性检验得分较低，说明广深两地公共服务设施分布呈现均衡分布的态势。

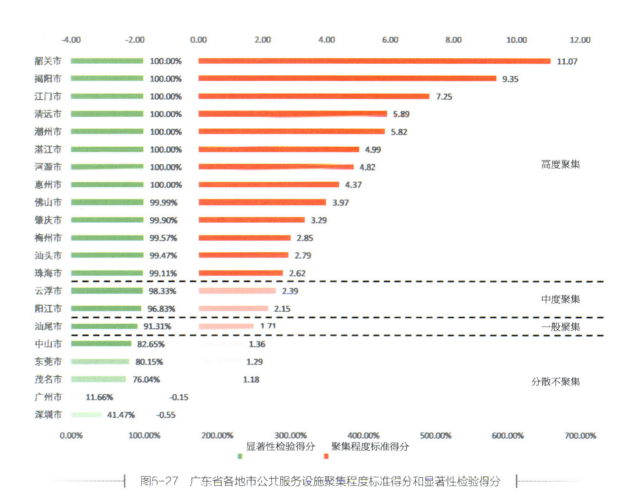

图5-27 广东省各地市公共服务设施聚集程度标准得分和显著性检验得分

5.4 公益性公共服务设施发展状况

公共服务设施依其赢利与否，可分为公益性设施和经营性设施。公益性公共服务设施是主要由政府建设提供的重要社会公共产品，是满足居民日常生活需要的重要设施，主要包括文化设施、教育设施、体育设施以及医疗设施等。本节将分别对广东省各类公益性公共服务设施发展状况进行论述。

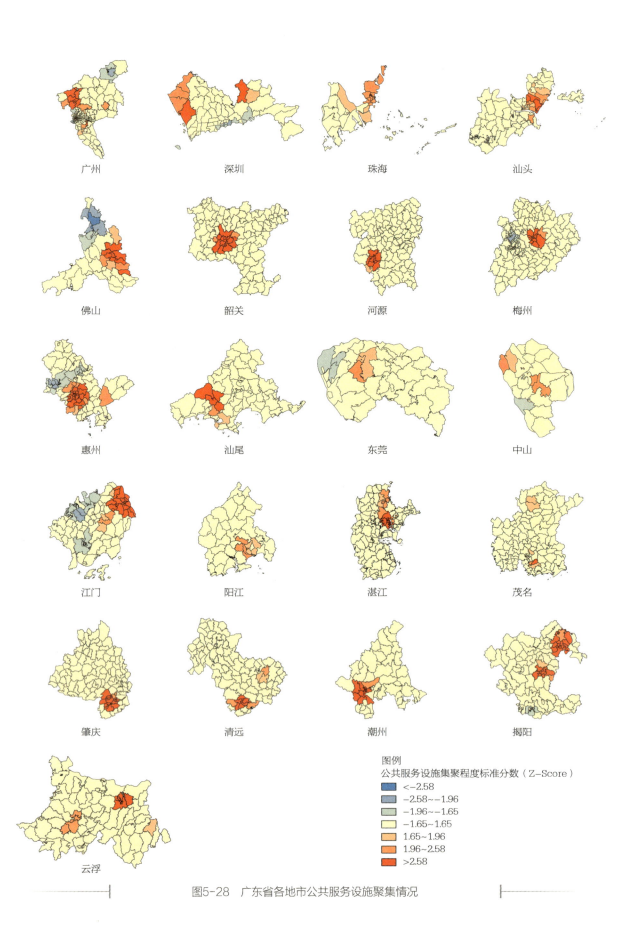

图5-28 广东省各地市公共服务设施聚集情况

5.4.1 文化设施及相关服务情况

（1）各地市文化设施规模

全省共有文化设施 POI 点 10508 个。其中，广州有文化设施点 2800 个，每万人拥有文化设施点 1.9 个，在广东省内处于第一梯队；深圳、东莞、佛山、中山以及珠海等主要珠三角地市每万人拥有文化设施点 1.2 个以上，处于第二梯队；而其余地市的文化设施规模以及人均拥有量均较低，处于第三梯队（图 5-29）。

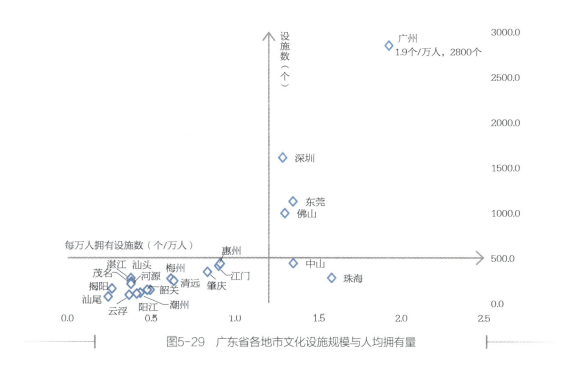

图5-29 广东省各地市文化设施规模与人均拥有量

通过统计广东省内六大类主要文化设施数量（包括电影放映单位、艺术表演团体、文化馆、公共图书馆、博物馆、档案馆）可知，2017 年广东省有电影放映单位 2237 个，是最主要的文化设施（图 5-30）。广州市主要文化设施数一枝独秀，多达 75 个（除电影放映单位外），深圳、梅州、湛江次之，均达到 50 个以上（图 5-31）。

（2）各类文化设施分布

从文化设施点的空间分布情况来看，珠三角地区文化设施最为密集，占全省 80.2%，粤东西北地区文化设施分布则较为分散，分别占全省的 5.3%、5.9% 和 8.6%（图 5-32）。

通过比较各地区各类文化设施 POI 数量可知，传媒机构（包括报社、出版社、杂志社以及广播电视台等）、文化宫、图书馆的数量最多，共计 7128 个，占比高达 67.6%。珠三角地区城市不但文化设施绝对规模大，设施种类也更加齐全。其中，广州市作为全省文化中心，有传媒机构 836 个、文化宫 670 个、图书馆 314 个、博物馆 133 个，除图书馆数与深圳市持平外，其余主要文化设施数量均在全省领先（表 5-7）。

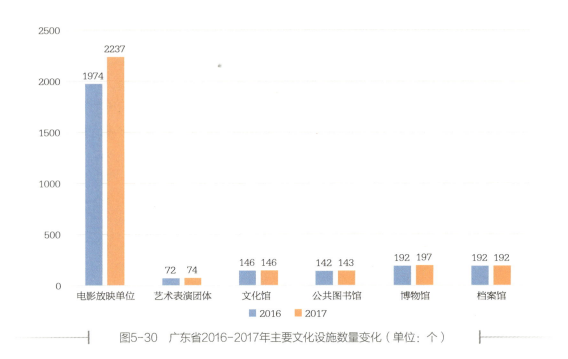

图5-30 广东省2016-2017年主要文化设施数量变化（单位：个）

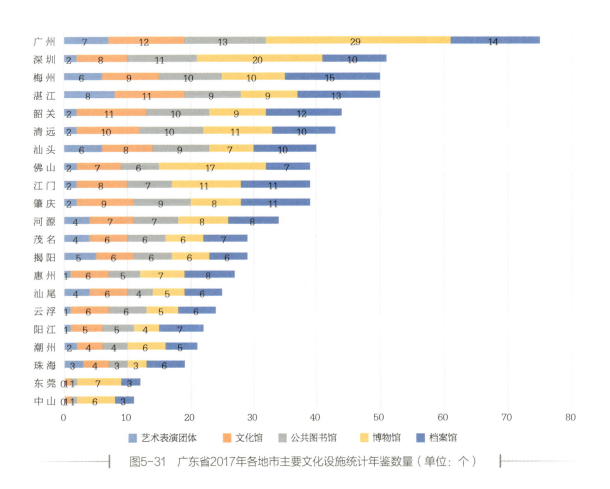

图5-31 广东省2017年各地市主要文化设施统计年鉴数量（单位：个）

广东省各地市各类文化设施互联网数据统计表（单位：个）　　　　表5-7

城市	传媒机构	文化宫	图书馆	展览馆	美术馆	文艺团体	会展中心	博物馆	档案馆	社会团体	科技馆	科研机构	天文馆	总计
广州市	836	670	314	291	112	121	194	133	49	42	36	14	4	2816
深圳市	561	162	315	133	132	118	93	49	23	9	9	4		1608
东莞市	344	173	277	73	76	69	37	36	8	19	6	1		1119
佛山市	307	209	204	79	53	46	37	31	22	10	4	1	1	1004
中山市	162	88	44	27	27	38	28	10	8	4	3			439
惠州市	156	116	27	16	51	18	22	8	9	9	3			435
江门市	126	83	46	19	39	37	26	14	9	4	7	1	1	412
肇庆市	121	103	29	17	19	8	17	16	4	7	3			344
珠海市	99	49	31	14	38	21	8	7	3	3	4	2		279
湛江市	92	96	26	8	4	15	14	10	6	4	1			276
梅州市	84	79	24	13	19	19	9	16	3	1	3			271
清远市	93	73	17	9	12	8	15	9	4	3	2			247
茂名市	90	67	20	9	17	14	5	4	2	6	2			236
汕头市	88	32	18	20	13	18	5	12	4	1				211
揭阳市	65	37	10	9	22	5	2	9						162
河源市	70	33	7	4	7	11	5	5	1	3	1	1		148
韶关市	56	43	11	6	6	4	4	7	3	2	5			147
潮州市	28	21	13	15	11	11	4	10	1			1		115
阳江市	43	16	8	9	7	4	4	5	4	2	3			105
云浮市	32	20	12	6	3	5	6	3	3	2				92
汕尾市	33	14	5	3		8	5			3	1			72
总计	3486	2184	1458	780	668	599	540	394	166	135	94	27	7	10538

注：颜色偏红表示设施数量多，颜色偏蓝表示设施数较少。

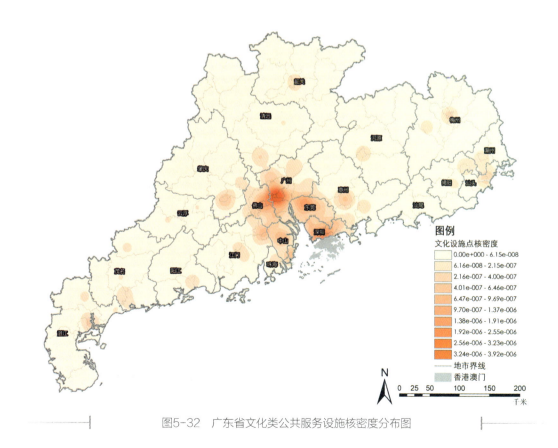

图5-32　广东省文化类公共服务设施核密度分布图

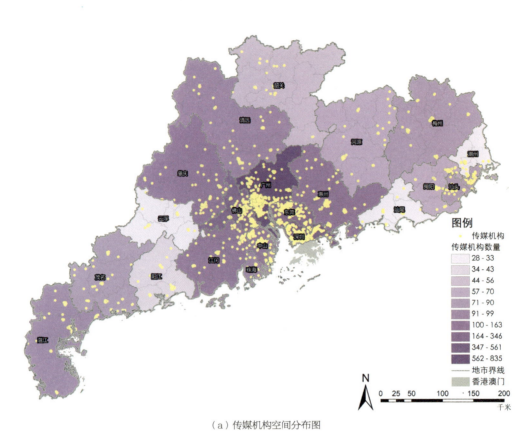

（a）传媒机构空间分布图

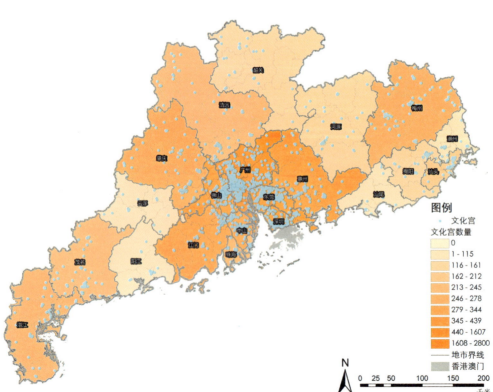

（b）文化宫空间分布图

图5-33　广东省主要文化设施点空间分布图

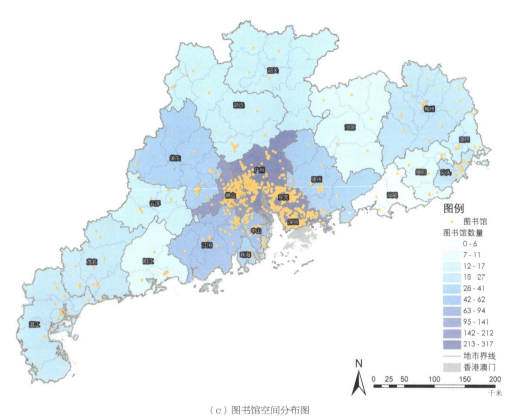

（c）图书馆空间分布图

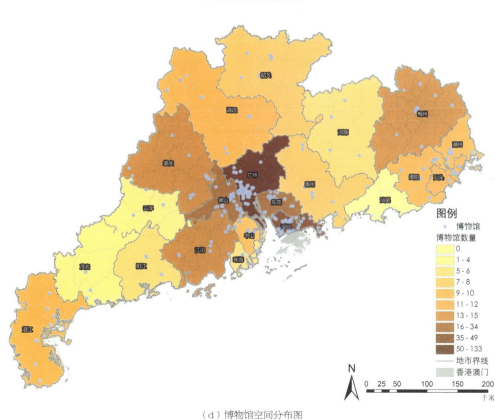

（d）博物馆空间分布图

图5-33 广东省主要文化设施点空间分布图（续）

(3) 文化产业发展情况

a 传统传媒及其用户呈下降趋势

随着数字化新媒体的不断发展，图书、报刊、广播电视等传统媒体受到冲击。据统计，广东省 2017 年图书馆、博物馆藏量，报纸杂志等读物出版量相比于 2016 年均有所下降，特别是报纸出版量下降幅度较大，从 29.88 亿份降至 27.47 亿份（图 5-34）。同时，2017 年广东省有线广播电视用户为 1798 万户，数字电视用户 1691.7 万户，较 2016 年分别下降了 10.9% 和 3.7%。

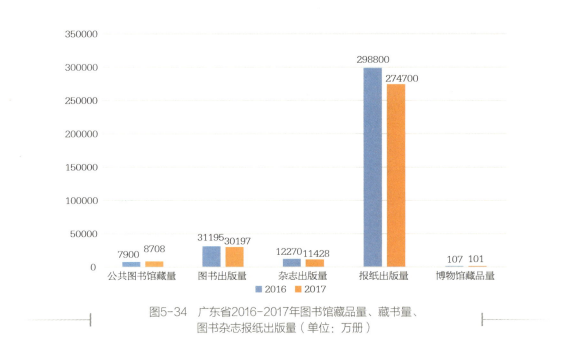

图5-34 广东省2016-2017年图书馆藏品量、藏书量、图书杂志报纸出版量（单位：万册）

b 地方戏曲蓬勃发展

2017 年，广东省内各类艺术演出团体共计 390 个，其中地方戏曲类 157 个，歌舞音乐类 80 个。全年各类剧团共计演出 4.12 万次，其中地方戏曲类演出达 2.24 万次，占演出总数的 54.3%；歌舞音乐类演出达 5970 次。受听众喜好的影响，京剧和昆区类演出仅 50 场次，在广东省相对冷门（图 5-35）。

同样的喜好也反映在观影人数上。地方戏曲类观众人数最多，达 1428.72 万人次；其次是歌舞音乐类，京剧、昆区类观众人数最少，仅有 7.25 万人次（图 5-36）。

5.4.2 教育设施及相关服务情况

（1）教育设施概况

全省共有教育设施 POI 点 96420 个。其中，广州市有教育设施点 19927 个，深圳市有 14275 个，广深两市合计占全省总数的 35.47%。从教育设施人均拥有量来看，珠海市每万人教育设施拥有量

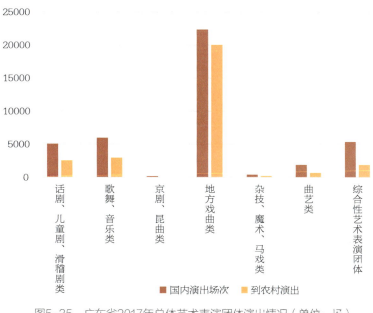

图5-35 广东省2017年总体艺术表演团体演出情况（单位：场）

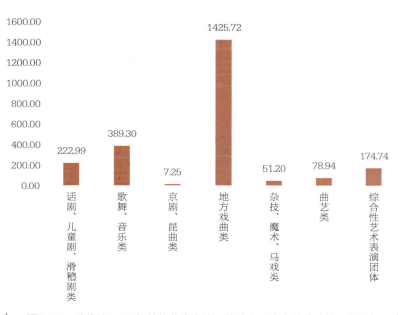

图5-36 广东省2017年总体艺术表演团体演出观众人数（单位：万人）

高达 13.8 个，广州、中山、深圳、东莞、惠州和佛山人均拥有量均高于 10 个/万人，其余地市人均拥有量不足 8 个/万人（图 5-37）。

从教育设施种类来看，幼儿园、小学、中学等基础教育设施共计 37073 个，占全省总数的 38.4%；教育培训机构数量最多，高达 46337 个。从空间分布来看，珠三角地区教育设施最为密集，粤东地区教育设施主要集中在汕头市及其周边，粤西和粤北地区教育设施分布相对分散（图 5-38）。

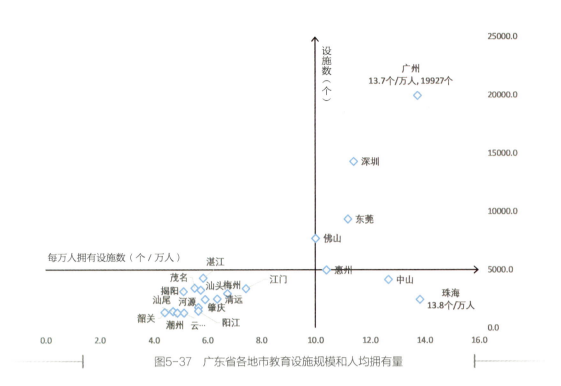

图5-37 广东省各地市教育设施规模和人均拥有量

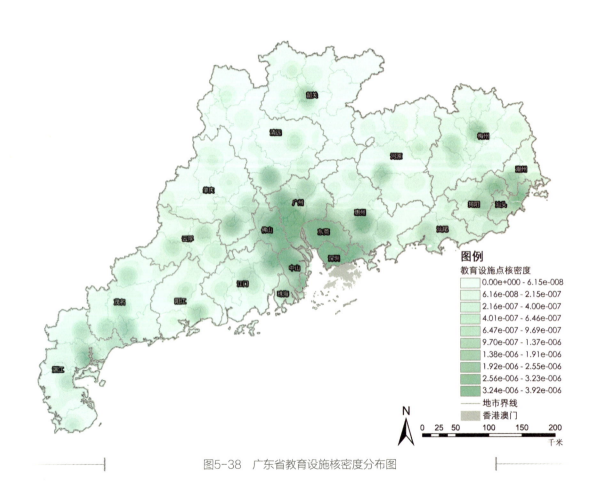

图5-38 广东省教育设施核密度分布图

(2) 各地市基础教育设施规模

a 广州市各类基础教育设施占比较高

根据高德地图 POI 数据统计，统计，广东省幼儿园、小学、中学数分别为 20843 个、12029 个与 4561 个。其中，仅广州市有幼儿园 3338 个、小学 1702 个、中学 737 个，分别占全省的 16.3%、14.1% 和 16.2%。值得注意的是，位于非珠三角地区的湛江市基础教育设施点数量排名全省第三，同时茂名、揭阳、梅州三市分别位列全省总量排名 6 至 8 位，与珠三角地区主要城市差距并不大（图 5-39）。

图5-39 广东省各地市基础教育设施数量（单位：个）

b 佛莞深等地市教育设施人均指标低于全省平均水平

广州并非基础教育设施人均拥有量最高的城市，在全省仅排名第三。梅州市小学、中学人均指标分别 2.07 个/万人以及 0.7 个/万人，在全省排名首位。中山市幼儿园人均指标最高，为 2.88 个/万人。深圳尽管基础教育设施总量大，人均指标却排名倒数第一。除此之外东莞、佛山、肇庆等珠三角地区城市人均指标均低于全省平均水平（图 5-40）。

图5-40 广东省各地市基础教育设施人均拥有量（单位：个/万人）

（3）基础设施教育品质

a 深莞两地小学教育资源十分紧张

师生比（teacher-student ratio），指学校教师人数与培养学生人数的比例关系。2017年全省中小学平均人数为1194.4人和918.3人（图5-41），中小学师生比值分别为10.6%和4.79%（图5-42）。通过比对各地市中小学教育资源可发现，全省各地市中小学配比不均，部分地市教育资源严重失配。例如深莞两市尽管中学规模与全省水平相对持平，中学师生比甚至高于省平均水平，但小学平均学生数分别高达2820.2人和2325.6人，小学师生比值分别低至3.22%和3.72%。这反映出深莞两地的小学办学规模过大、师资相对不足的现状。

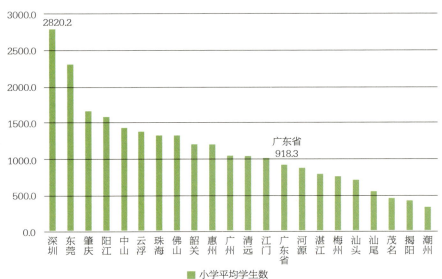

（a）各地市小学平均学生数

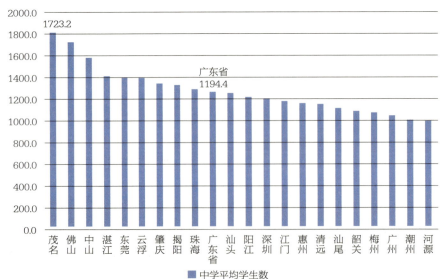

（b）各地市中学平均学生数

图5-41　2017年广东省各地市中小学平均学生数（单位：人）

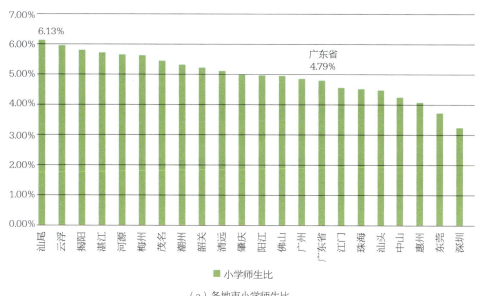

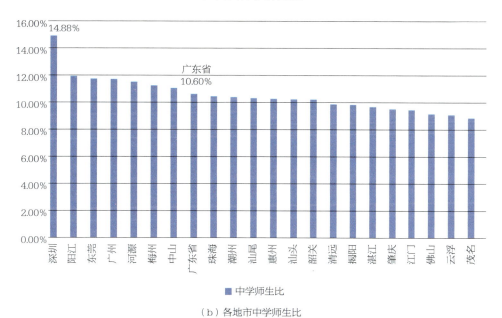

图5-42 2017年广东省各地市中小学师生比值

b 非珠三角地市中学教育资源相对不足

相比于珠三角地区，非珠三角地区中学教育资源则存在相对不足的情况。从中学毕业生人数来看，2017年粤西的茂名和湛江、粤东的揭阳和汕头的中学毕业生人数超过10万人，生源充足且不亚于珠三角发达地区（图5-43）。然而，这类城市的中学办学规模较大、师生比值低，例如茂名市中学平均学生数高达1723.2人，是全省平均水平的1.44倍；师生比值为8.83%，低于全省水平。在珠三角地区，佛山市的中学教育资源同样存在配备不足的情况。

图5-43 2017年广东省各地市中学在校学生数和毕业学生数（单位：个）

（4）高等教育与人才

广东省有高等院校151所，其中中央直属院校5所。按学校类别分，综合类大学71个，理工院校33个，财经院校13个，医药院校10个（图5-44）。广东省拥有211大学4所，分别为中山大学、华南理工大学、暨南大学和华南师范大学。从大学生规模上看，2017年全省在校大学生数192.58万人，其中仅广州市在校大学生数多达106.73万人，占全省一半以上。

在高层次人才方面，2016年高级职称批准人数达21532人，新增享受国家津贴人数172人。博士招生人数、在校生以及毕业生人数逐年递增，2017年博士毕业生人数达3055人，是2010年的1.25倍；博士后招收人数1851人，是2010年的3.31倍（图5-45）。

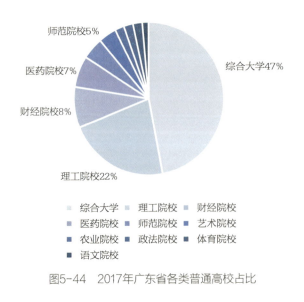

图5-44 2017年广东省各类普通高校占比

图5-45 2017年广东省博士、博士后数量情况（单位：个）

（5）科研投入与成果转化

2017年全省有研究机构数23318家，相比2016年的14311家增长了62.9%，是2010年的5.24倍。其中，以企业研究机构为主，共有20030家，高校和科技研发机构分别为1369家和199家。2010—2017年间，全省科研投入逐年增长。截至2017年，全省研究与试验发展（R&D）活动人员达88万人，经费内部支出2343.63亿元，活动课题数17万个。持续增长的科研投入带来了丰富的科研成果（图5-46）。2010—2017年间，全省累计获得国家级科技奖励成果239项，省级重大科技成果11963项，省级科技奖励成果1773项（表5-8）。

图5-46 2010—2017年广东省科技投入情况

2010—2017年广东省科技成果一览表（单位：个）　　表5-8

项目	2000	2010	2012	2013	2014	2015	2016	2017	总计
国家级科技奖励成果	24	36	26	28	46	32	33	38	239
省级重大科技成果			1799	1809	1748	2133	1963	2511	11963
省级科技奖励成果	265	260	280	262	249	237	239	246	1773

从高等院校和科研机构 POI 的空间分布来看，广州的高等院校和科研机构 POI 数为 2863 个，占全省 50.5%；深圳为 737 家位列第二，其中有 617 家为科研机构。总的来讲，高等院校与科研机构主要集中在珠三角地区发达地区（图 5-47）。

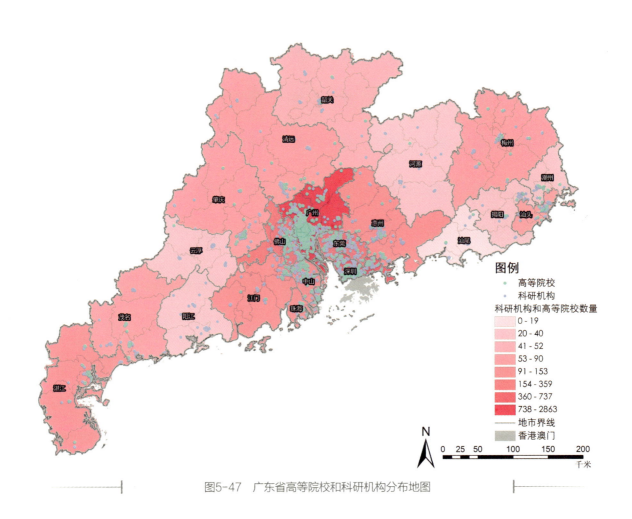

图 5-47　广东省高等院校和科研机构分布地图

（6）其他教育培训设施情况

a 职业学校与成人教育

全省职业技术学校和成人教育学校共有 1426 所，仅广佛两市合计多达 578 所，占全省的 40.5%，从规模上来看，广州市在校学生人数为 19.68 万人，其次为揭阳市 10.01 万人，其余各地市在校学生人数均不足 7 万人（图 5-48a）。

b 培训机构

全省培训机构共有 46337 家，其中广州和深圳各有 9000 家以上，占全省的 41.2%。从空间分布上看，培训机构除大量集中在珠三角发达地区外，还主要分布在各市中心城区以及县政府所在地（图 5-48b）。

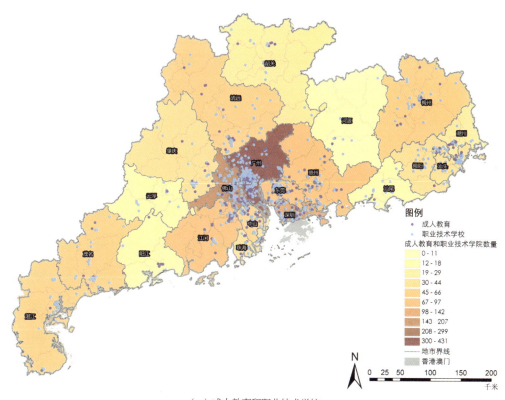

（a）成人教育和职业技术学校

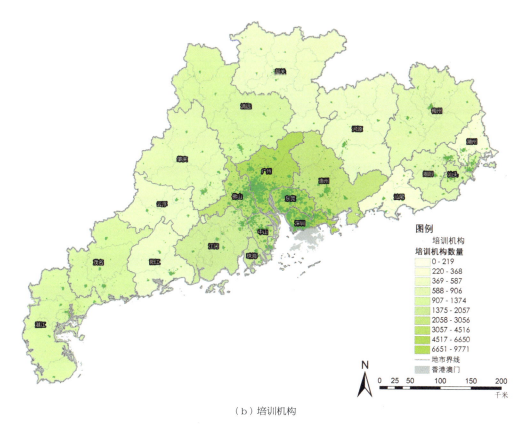

（b）培训机构

图5-48 广东省成人教育、职业技术学校以及培训机构分布图

5.4.3 体育设施及相关服务情况

(1) 各地市体育设施规模

全省共有体育设施 POI 点 17180 个，人均拥有体育设施 1.54 个 / 万人。其中，广深两市体育设施点分别为 4312 个和 3840 个，合计占全省总数的 47.5%；人均拥有量分别为 2.97 个 / 万人和 3.07 个 / 万人，无论是规模还是人均指标均领先于其他地市。东莞市、佛山市体育设施规模处于第二梯队，分别为 2014 个和 1565 个；珠海市和中山市尽管体育设施不足 1000 个，但人均拥有量均高于 2 个 / 万人。其余地市体育设施规模和人均指标均较低（图 5-49）。

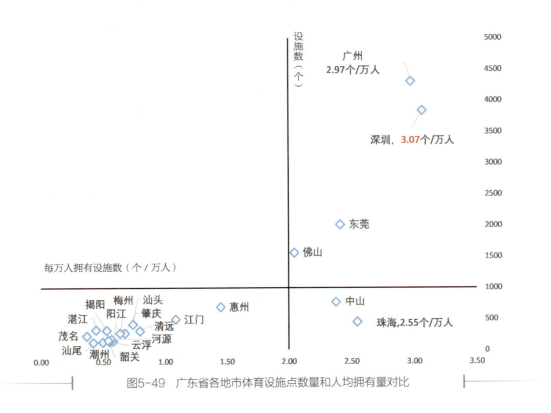

图5-49　广东省各地市体育设施点数量和人均拥有量对比

通过统计各类体育设施数可知，健身中心有 4891 个，数量最多。台球厅、游泳馆次之，分别有 2866 个和 1544 个。五大球类（足球、篮球、网球、乒乓球、羽毛球）运动设施合计仅为 2792 个，占比为 16.2%。从空间分布上来看，珠三角地区体育设施最密集，而粤东地区的揭阳、汕头等地也相对集中，其他地区分布较稀疏（图 5-50）。

(2) 体育产业发展概况

a 体育产业增长迅速，体育从业人员结构不合理

广东省体育产业增长迅速，2017 年体育产业产值接近 4000 亿，相比 2016 年增加了 1321.86 亿元（图 5-51），但在全省 GDP 占比仅为 1.47%，这说明体育产业占国民经济比重仍有待提高。另外，2017 年全省体育从业人员共计 10304 人，其中专职教练员 1445 人，医护人员 122 人，科技人员 102 人，三者合计仅占总人数的 16.2%；管理人员 4203 人，占比高达 40.8%（图 5-52）。未来应

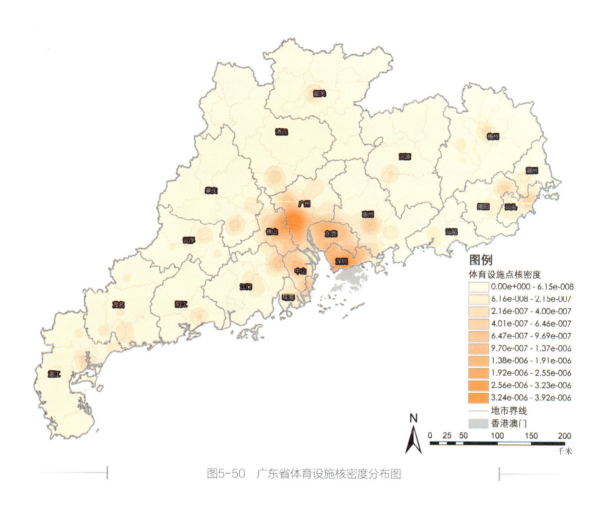

图5-50　广东省体育设施核密度分布图

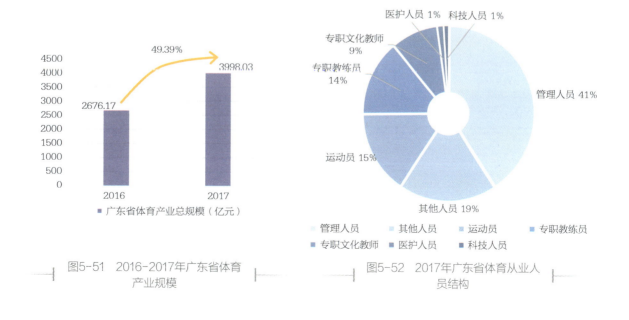

图5-51　2016-2017年广东省体育产业规模

图5-52　2017年广东省体育从业人员结构

适当增加教练员、医护人员和科技人员的比例，减少管理人员占比，从而更好地为运动员提供更好地指导和服务。

b 广东省运动员屡次刷新纪录

广东省作为体育大省，各项大型体育赛事成绩处于全国领先水平。广东省运动员 2017 年获得全国冠军达 148 次，获世界冠军 21 次。2010-2017 年累计获全国冠军 1072 次，获世界冠军 192 次，破全国纪录 34 次，亚洲纪录 12 次，世界纪录 11 次（图 5-53）。

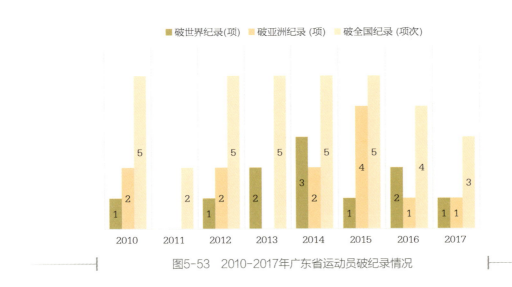

图 5-53　2010-2017 年广东省运动员破纪录情况

（3）主要体育健身设施发展情况

a 公共体育场

截至 2018 年，全省各类公共体育场共计 8815 个，数量最多的足球场有 6374 个，社区体育公园有 2025 个。2017 年新增公共体育场数 21 个，其中有 9 个为足球场（表 5-9）。

广东省各类公共体育场个数　　　　　表 5-9

年份	类型	合计	体育馆	体育场	游泳馆	全民健身广场	全民健身中心	社区体育公园	足球场
2017 年	累计数	8815	99	102	90	115	10	2025	6374
	新建数	21	1	7	2	2			9

按照《广东省全民健身实施计划（2016-2020 年）》和《广东省群众体育工作方案》的目标要求：到 2020 年各县（市、区）均建有公共体育馆、体育场、游泳池、全民健身中心和 1 万平方米以上的全民健身广场（公园），实现公共体育场地设施全覆盖。截至 2019 年 3 月，尚有河源、清远、

潮州、揭阳和云浮 5 市未达标，分别存在不同类别体育设施的缺失。在区县层面，121 个区县中共有 58 个未达标，其中汕头、韶关、清远等地市公共体育场设施严重缺乏，设施全覆盖目标实现难度较大（表 5-10）。

广东省各地市区县公共体育场建设达标情况　　表5-10

地市	市级情况	区县数	未达标区县
广州	达标	11	2
深圳	达标	8	2
珠海	达标	3	1
汕头	达标	7	5
佛山	达标	5	0
韶关	达标	10	6
河源	缺游泳池	6	4
梅州	达标	8	3
惠州	达标	5	1
汕尾	体育场建设中	4	4
东莞	达标	/	0
中山	达标	/	0
江门	达标	7	1
阳江	达标	4	3
湛江	达标	9	5
茂名	达标	5	2
肇庆	达标	8	3
清远	缺游泳池	8	7
潮州	缺体育场	3	3
揭阳	缺体育馆、田径场、游泳池	5	3
云浮	缺田径场、游泳池	5	3
合计		121	58

注：表中颜色偏红指未达标区县数较多，颜色偏绿指未达标区县较少或为零。

b 社区体育公园

截至 2018 年末，全省社区体育公园共计 2155 个。深圳现有社区体育公园 398 个，排名全省第一，东莞、江门、佛山次之。珠海市人均拥有社区体育公园数最高，达 0.89 个/万人。潮州、云浮、揭阳等地市社区体育公园较缺乏，人均拥有量不足 0.1 个/万人（图 5-54）。

c 绿道

截至 2019 年初，全省绿道总里程 1.8 万公里，其中城市绿道 1.2 万公里，省立绿道 0.6 万公里。广深佛莞等发达地区城市绿道总里程数均超过 1100 公里，在全省排名前列。肇庆、梅州等山地丘陵城市绿道里程数也较高，分别为 1498 公里和 1190 公里。相比之下，粤东地区绿道建设相对滞后，汕头、汕尾、揭阳、潮州四市绿道总里程不足 250 公里（图 5-55）。

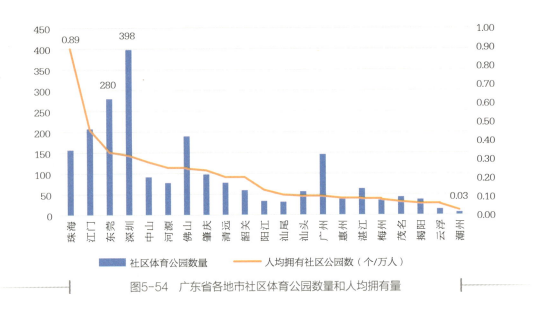

图5-54 广东省各地市社区体育公园数量和人均拥有量

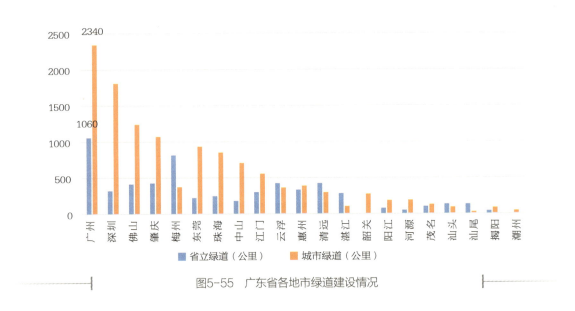

图5-55 广东省各地市绿道建设情况

（4）国民健身发展情况

a 国民体质监测

2016年广东省国民水平达到《国民体质测定标准》"合格"等级以上的人数百分比为90.8%，其中城镇合格率为92.3%，乡村为88.7%。女性合格率91.7%，高于男性的90.1%；幼儿与成年人合格率分别为90.9%和91.0%，老年人合格率为88.5%，相对较低。从各地市情况来看，珠三角发达地区国民体质合格率整体高于其他地区，深圳市总体合格率高达95.7%，国民体质整体偏好。粤东地区的汕头、汕尾、潮州等地市总体合格率不足87%，汕头乡村地区仅为81.4%（表5-11）。

广东省国民体质监测表（2016年）（单位：%）　　　　　　　　　　　　　　表5-11

城市	总体合格情况	城镇合格情况	乡村合格情况	男性合格率	女性合格率	幼儿合格率	成年人合格率	老年人合格率
深圳	95.7	96.7	90.7	94.5	96.9	96.9	95.4	91.7
广州	94.4	96.2	92.2	92.2	96.2	95.1	94.2	91.6
惠州	93.9	95.4	91.6	92.9	94.9	94.1	94.1	92
佛山	93.6	94.6	92.2	93.1	94.1	92.1	95.3	92.8
珠海	93.6	95.1	91.9	92.8	94.3	93.7	93.5	93.2
东莞	93.4	94.5	90.9	93.1	93.7	96.2	91.8	88.4
梅州	92.8	94.1	90.7	92.1	93.4	93.8	92.4	91.7
湛江	92.5	93.3	91.4	93.5	91.5	95.1	91.2	90.1
中山	92.1	92.1	92.2	91.8	92.5	94.8	90.4	91.7
阳江	91	93.6	89.6	90	92.1	89.8	91.6	92.9
肇庆	90.5	91.3	89.4	89.6	91.5	93.6	89	87.4
揭阳	90.4	91.3	88.6	91.9	88.9	91	90.6	86.7
茂名	90.3	91.2	88.1	91	89.6	86.4	91.9	92
江门	90	88.9	91.3	87	92.7	93	88.8	83.3
清远	89.6	91.8	86.7	87.1	92.3	91.4	88.9	87.5
韶关	89.3	95.7	84.2	86.8	92	88.5	90.1	87.2
河源	87.0	89.9	85	84.1	89	89.8	87.3	82.5
汕尾	86.9	88.8	84.1	84.8	89	82.7	89	86.3
云浮	86.8	89	84	87.2	86.4	83	90.4	85
潮州	86.5	87.7	85.8	85.7	86.8	84.9	87.8	81.6
汕头	85.1	87.8	81.4	81.1	87.5	82.5	86.5	82.4
合计	90.8	92.3	88.7	89.6	91.7	90.9	91.0	88.5

注：颜色偏红指合格率较高，颜色偏蓝指合格率较低。

b 全民健身

2008-2017年全省举办全民健身活动次数总体呈下降趋势，2009年全民健身活动高达11915次，2013年由2012年的8654次骤降至4231次，之后一直维持在年均5000次左右（图5-56）。

图5-56　2008-2017年广东省举办全民健身活动次数（单位：次）

c 青少年体育活动

2017年广东省青少年体育活动发展呈现良好的增长态势，无论运动员注册人数还是活动数量都呈大幅度增长趋势（图5-57）。

图5-57 广东省青少年运动员及竞赛活动统计情况

d 各地市不同球类运动关注度

通过分析2017年7月至2019年7月各地市对6大类球类运动（足球、篮球、羽毛球、排球、乒乓球、网球）的热度数据发现，广深等珠三角人口稠密地区对于球类运动的热度显著高于非珠三角地区。从对球类运动的偏好差异来看，足球和篮球是最受欢迎的两大运动。其中，梅州市有半数居民对足球情有独钟，而东莞、中山、河源等地则有六成左右居民对篮球十分关注（图5-58）。

5.4.4 医疗设施及相关服务情况

（1）医疗设施概况

全省共有医疗设施POI点10.36万个，其中广州、深圳和东莞医疗设施个数达12000个以上，佛山、惠州分别有医疗设施7633个及6502个，其余地市均不足4500个。从人均指标上来看，东莞人均医疗设施拥有量最高，为15.51个/万人；其余珠三角地市中除江门和肇庆外人均指标均高于或接近10个/万人。在其他地区城市中，揭阳、韶关、湛江人均指标相对靠后，不足6个/万人（图5-59）。

a 韶关、揭阳、湛江等市小型医疗设施不足

药房、诊所等小型医疗设施在我国的作用十分显著，是居民日常享受医疗服务的主要设施载体。全省有药房55060个，诊所25301个，两者合计占全部医疗设施的77.5%。从药房、诊所的空间分布来看，东莞、惠州、中山、珠海四市人均拥有量较高，均高于10个/万人；揭阳、韶关、湛江三市人均指标则不足4.5个/万人，未来急需提升（图5-60a）。

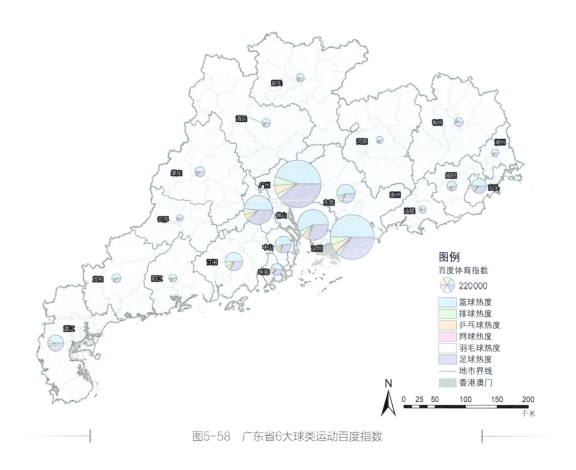

图5-58 广东省6大球类运动百度指数

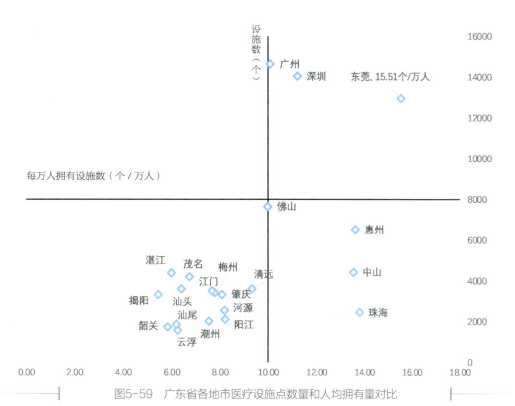

图5-59 广东省各地市医疗设施点数量和人均拥有量对比

b 粤东地区人均综合医院拥有量相对落后

从大型医疗设施数上看，汕头、汕尾、揭阳三市的人均综合医院拥有量处于0.18–0.21个/万人之间，明显低于其他地市。珠三角地区整体医疗水平较高，其中广佛两市人均指标分别为0.67个/万人和0.81个/万人（图5-60b）。

c 广州市三甲医院占半数以上

广州作为华南医疗中心集中了半数以上的优质医疗资源。全省共有三甲医院设施POI点数928个，其中广州有465个，占全省的50.1%。广州、深圳、东莞、佛山四个城市三甲医院设施数占到全省的77.9%。相比之下，潮州、揭阳、汕尾、阳江等市不足5家，河源市无三甲医院。总的来讲，全省优质医疗资源分布极其不均衡（图5-60c）。

（2）**医疗设施品质**

a 各地市医院床位资源配比不均

全省共有床位数49.21万个，其中广州市总床位数高达90222个，人均拥有床位数为62.2个/万人，无论是床位规模还是人均指标在全省占据绝对优势。除广州外，其余各地市床位资源情况各不相同。在珠三角地区中，深圳、东莞两市尽管床位规模不小，但人均拥有床位数仅为广州市的一半左右，分别为31.7个/万人和35.5个/万人。粤西茂名、湛江、阳江三市人均指标分别为54.1个/万人、48.0个/万人和51.9个/万人，床位数相对宽松，粤北的韶关人均指标

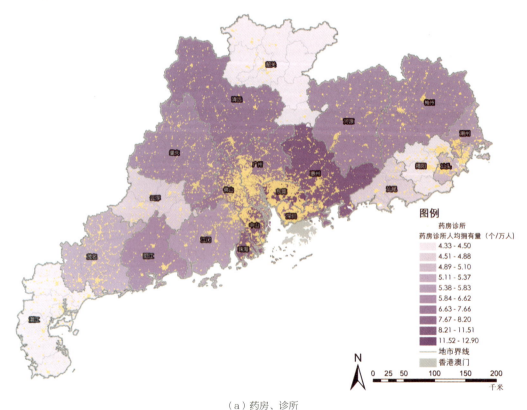

（a）药房、诊所

图5-60 广东省主要医疗设施空间分布图

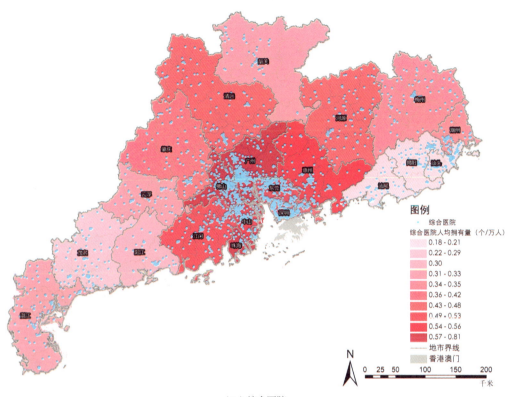

（b）综合医院

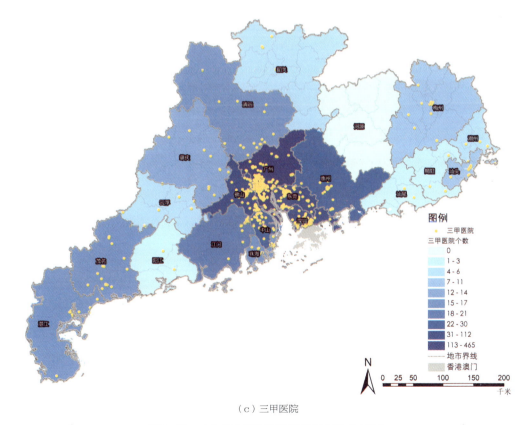

（c）三甲医院

图5-60 广东省主要医疗设施空间分布图（续）

更是高达57.5个/万人，仅次于广州市。相比之下，粤东地区床位资源最为紧张，汕头、汕尾、揭阳、潮州四市床位总数仅为52358个，平均人均拥有床位数仅为30.2个/万人，床位数严重不足（图5-61）。

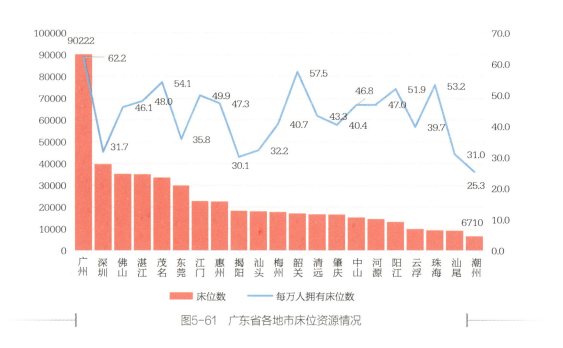

图5-61　广东省各地市床位资源情况

b 珠海市人均医师拥有量最高

全省共有卫生工作人员86.7万人，医师25.9万人。其中广州市有卫生工作人员17.6万人，医师5.0万人，分别占全省的20.3%和19.2%。从人均指标上看，珠海市人均医生拥有量高达36.4人/万人，超过广州排名首位。粤东四市人均指标不容乐观，每万人拥有医师数仅为17人左右，不足珠海市的一半。另外，深圳、惠州、中山三市人均指标相对较高，分别为26.6人/万人、26.3人/万人和24.9人/万人（图5-62）。

（3）异地就医情况

a 县域居民异地住院，三成流向了广州

县（市）域内住院率是指县（市）域内常住居民留在本县（市）医疗机构住院的比例。2018年，全省57个县常住居民住院563.1万人次，其中92.7万人次在县域外住院（图5-63）。县域内住院率83.5%，较去年同期提高1.1个百分点。从区域来看，珠三角、粤东西北地区县域内住院率分别为78.9%、80.7%、85.9%、80.5%。

在所有异地就医的情况中，其中有三成（29.8%）流向了广州，有29.9万人次。在广州住院的异地病人中，粤东居民最多。统计显示，流向广州市的病人较多的县市，前五名分别为普宁、陆丰、惠来、海丰、英德。

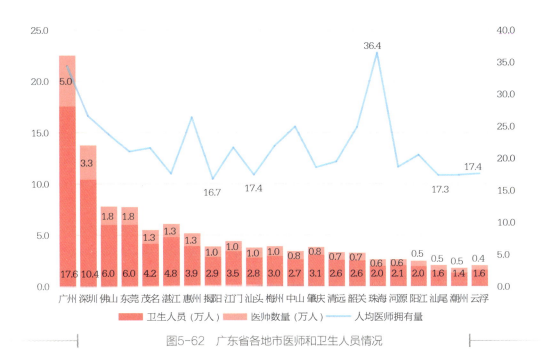

图5-62 广东省各地市医师和卫生人员情况

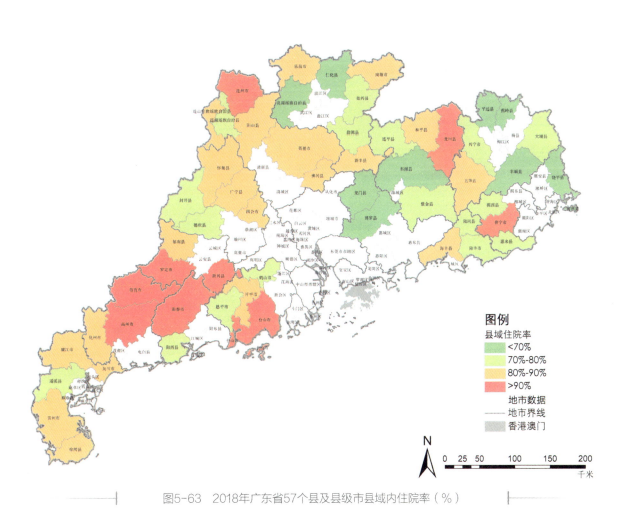

图5-63 2018年广东省57个县及县级市县域内住院率(%)

b 跨市异地住院病人，七成跑广州

在市域层面，全省2018年市域外住院共83.2万人次，市域内住院率94.9%，较去年同期提高0.7个百分点。其中，河源、揭阳、汕尾、潮州4个地级市的市域内住院率低于90%（图5-64）。广州收治异地病人58.4万人次，占全省异地住院总量的70.7%。跨市域病人主要流向的医院前五名分别为广东省人民医院、中山大学肿瘤防治中心、中山大学附属第一医院、南方医科大学南方医院、中山大学孙逸仙纪念医院，均位于广州市。由此可见，广州不愧为全省乃至华南地区的医疗中心。

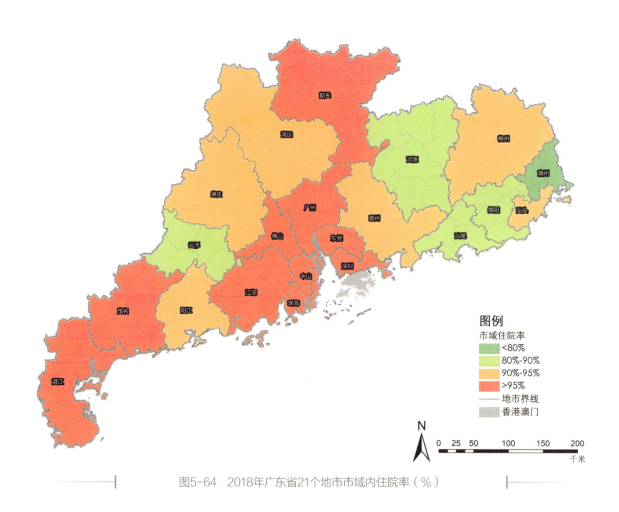

图5-64　2018年广东省21个地市市域内住院率（%）

c 恶性肿瘤是居民异地求医的主要疾病

2018年，全省57个县（市）居民异地住院病人中，罹患疾病排名前十位的病种分别是：恶性肿瘤（7.3%）、脑血管病（4.8%）、心脏病（4.2%）、良性肿瘤（3.3%）、老年性白内障（2.6%）、肺炎（2.5%）、骨折（2.2%）、慢性下呼吸道疾病（1.7%）、糖尿病（1.6%）、肾衰竭（1.5%）。在市域层面，恶性肿瘤、良性肿瘤等疾病同样排在靠前的位置。因此，为平衡地区间医疗水平差异，应针对以上病种，做强薄弱专科和平台专科，提高各地市住院率水平。

5.4.5 公共服务总体评价情况

（1）主要公益性公共服务设施发展状况总结

总的来讲，广东省公共服务设施发展在空间上呈现出向珠三角地区集中的态势，珠三角地区各类公益性公共服务设施人均拥有量总体上高于其他地区。不过，这并不代表珠三角发达地区不存在公共服务设施短缺的情况，例如在基础教育设施方面，深圳、东莞、佛山等地市均存在不同程度的教育资源紧张问题。粤东地区人口稠密，公共服务设施的缺口最大，在社区公园、绿道等体育设施建设、国民体质、人均医疗设施以及医疗资源等方面均存在不足。粤西的茂名、湛江等地级市生源充足，教育资源相对紧张；粤北地区则存在公共体育场设施建设缓慢的情况（表5-12）。

广东省各地区公益性公共服务设施人均指标一览表　　　　表5-12

区域	珠三角	粤东	粤西	粤北	广东省
人口（万）	6150.54	1732.26	1606.2	1681	11169
文化设施人均指标（个/万人）	1.37	0.32	0.38	0.54	0.94
教育设施人均指标（个/万人）	11.15	5.25	5.69	5.79	8.64
其中：幼儿园	1.99	1.72	1.81	1.38	1.83
小学	0.91	0.85	1.48	1.55	1.08
中学	0.36	0.48	0.44	0.47	0.41
体育设施人均指标（个/万人）	2.35	0.57	0.44	0.63	1.54
医疗设施人均指标（个/万人）	11.28	6.21	6.64	7.04	9.28
其中：药房诊所	8.68	4.88	5.15	6.09	7.2
综合医院	0.58	0.22	0.31	0.39	0.46
三甲医院	0.14	0.01	0.02	0.02	0.08
存在问题总结	总体：呈现出公共服务设施向珠三角地区集中的态势，珠三角公共服务设施人均指标总体高于其他地区 珠三角：深圳、东莞、佛山等地市教育资源紧张 粤东：公共服务设施人均指标总体相对落后 　教育：揭阳、汕头生源充足，中学教育资源相对不足； 　体育：绿道建设相对滞后；国民体质监测合格率较低； 　医疗：人均综合医院拥有量相对落后；床位资源、医护人员配比不足；异地就医现象突出 粤西：茂名、湛江中学教育资源相对不足 粤北：公共体育场设施覆盖度不达标				

注：颜色偏绿指低于全省平均水平，颜色偏红指高于全省平均水平。

（2）各地市公共服务设施水平评价

为了全面综合评价各地市公共服务设施水平高低，本节将构建公共服务评价指标体系，通过考察人均拥有量、设施分布均衡性以及财政投入三个维度，从而给出公共服务标准化评分：

① 人均拥有量：包括文化、基础教育（幼儿园、小学、中学）、体育、医疗（药房诊所、综合医院、三甲医院）人均指标

② 设施分布均衡性：文化、基础教育、体育、医疗设施分布均衡性得分，计算方法如下：

$$均衡性得分 = 1 - \frac{x - \min(x)}{\max(x) - \min(x)}, x = 聚集标准得分 * 显著性检验得分$$

③ 财政投入：人均文体传媒、教育、医疗、社会保障财政投入

在对上述三个维度分别计算出每个城市的文化、教育、体育、医疗评分矩阵后，通过离差标准化方法对得分矩阵进行线性变换，将分值映射到[0，1]之间，转换函数如下：

$$x^* = \frac{x - \min(x)}{\max(x) - \min(x)}$$

式中max（x）为样本数据的最大值，max（x）为样本数据的最小值。

通过对以上三个维度的归一化评分取平均值，得到各地市归一化的公共服务水平的总体评分情况。其中，广州、深圳、珠海三市公共服务总体评分超过0.9，在全省属于第一梯队；中山、惠州、东莞、佛山紧随其后，处于第二梯队；其余地市位于第三梯队，揭阳、韶关总体评分较低，分别为0.02和0.05，公共服务水平亟待提升（图5-65）。

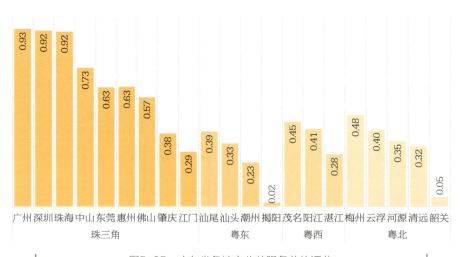

图5-65　广东省各地市公共服务总体评分

具体到各类公共服务设施评分来看，广州和珠海公共服务水平是全方位高水准的，而深圳、佛山、东莞三市的教育服务水平相对较低。而在非珠三角地区中，茂名市文化设施评分相对较高，教育设施评分较高的地区有粤西以及粤北的梅州市，医疗设施评分较高的地区则包括粤北（除韶关以外地市）和粤西部分地市，体育设施评分不理想，与珠三角发达地区差距较大（表5-13）。

广东省各地市各类公共服务设施评分一览表 表5-13

区域	地市	文化得分	教育得分	体育得分	医疗得分
珠三角	广州	0.84	0.80	0.83	0.86
	深圳	0.87	0.65	0.99	0.83
	珠海	0.83	0.84	0.84	0.77
	佛山	0.60	0.40	0.60	0.61
	东莞	0.68	0.41	0.71	0.59
	中山	0.69	0.68	0.72	0.60
	惠州	0.49	0.58	0.49	0.79
	江门	0.32	0.37	0.27	0.31
	肇庆	0.41	0.40	0.33	0.43
粤东	潮州	0.25	0.32	0.23	0.29
	汕头	0.35	0.36	0.36	0.35
	揭阳	0.08	0.16	0.09	0.09
	汕尾	0.37	0.47	0.38	0.39
粤西	茂名	0.40	0.58	0.37	0.42
	阳江	0.35	0.49	0.34	0.46
	湛江	0.21	0.51	0.19	0.30
粤北	韶关	0.14	0.10	0.11	0.17
	清远	0.30	0.38	0.28	0.41
	云浮	0.33	0.42	0.33	0.44
	河源	0.27	0.47	0.25	0.45
	梅州	0.38	0.66	0.34	0.48

注：颜色偏红指评分较高，颜色偏蓝指评分较低

（3）小结

通过梳理广东省各区公益性公共服务设施人均拥有量以及各地市公共服务水平可发现，广东省地区间公共服务水平总体呈现出非均等化和阶梯化现象。地区间公共服务设施的覆盖情况以及公共服务水平的不均衡会拉大不同地区人民生活品质和吸引人才能力的差距，对缓解地区不均衡发展极为不利。因此，只有不断推进公共服务均等化进程，才能够逐步缩小城乡贫富差距，实现区域平衡发展。

6.1 广东地域文化特质

广东自然环境条件优越，背靠五岭，面朝南海，南岭长期在隔北方冷空气的直接南下，为岭南文化的形成与发展奠定了较为稳定的自然条件。同时，广东地区具以以独特的文化空间特征分异与多元融合立足于岭南，也是中外文化交汇、交融、激荡的场所，形成的来自我国与外部交流、通贸的重要门户与通道，也是中外文化的交汇、交流、激荡的地域特征。为海洋文化、中原文化和海外文化长期交流交融各种磋合了空间，从而形成了广东地域文化的底蕴。

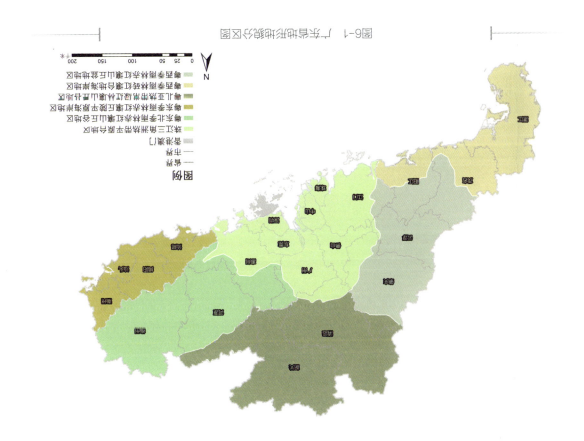

图6-1 广东地形地貌分区图

自先秦时期，"五岭"把我国的南疆划分为具有中原文化的岭南文化板块。目前已发现的广东境内新石器时代人类活动遗址主要集中分布在珠三角及粤东沿海地区，粤南大地保留了以南越族土著文化为主的、相对封闭的原生态文化格局。

广东境内发现的人类活动遗址及其分布见图6-3，其6-1所示。粤西代古器时代的洞穴遗址与江口阶地砂砾层中发现人类化石，主要分布在粤北地区的清远市、韶关市等的北江上游地区。新石器时代早期遗址，如石匣山遗址、黄岩洞遗址、独石仔遗址、黄门岩遗址等滨洞穴遗址；中晚期遗址以贝丘遗址为主，主要分布在粤北西江和东江流域，珠江三角洲及沿海一带，新石器晚期遗址和商周时期遗址文化遗存，以朝关石峡文化遗址、增城金兰寺沙丘遗址

第六章

地域文化

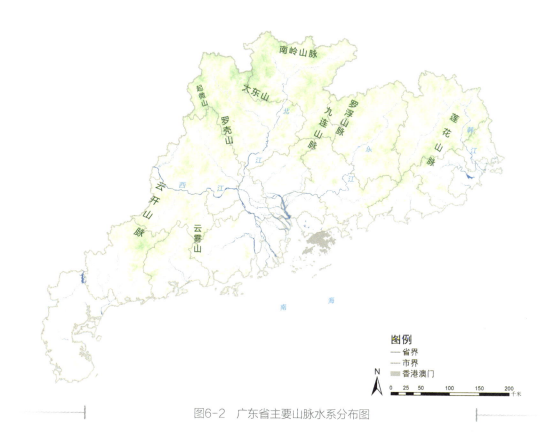

图6-2　广东省主要山脉水系分布图

图6-3　广东省境内先秦时代人类活动遗址分布图

广东省境内先秦时期人类活动遗址分类表   表6-1

时代	代表文化	代表遗址名称
旧石器时代	—	封开河儿口镇垌中岩遗址 韶关曲江马坝人遗址
新石器时代早期	—	阳春"独石仔"洞穴遗址 封开黄岩洞遗址 英德青塘圩遗址 始兴玲珑岩遗址
新石器时代中期	咸头岭文化	深圳咸头岭遗址
新石器时代晚期	石峡文化	韶关石峡文化遗址 高要金利茅岗遗址
青铜文化	浮滨文化	潮州浮滨文化遗址 南澳东坑仔遗址 揭阳黄岐山遗址

为代表，主要分布在北江和东江流域；青铜时代出现浮滨文化，以潮州浮滨文化遗址、南澳东坑仔遗址、揭阳黄岐山遗址为代表，主要分布在韩江及沿海地区。由此可见，先秦时期的人类活动始于北部山区，随后沿河流往东南沿海地区迁移，珠江流域（北江、西江、东江和三角洲水网）、韩江流域和东部沿海、粤西沿海诸河流域共同孕育了早期的岭南文明。

进入秦、汉时代，岭南地区由中央王朝管辖，以城镇为郡、县或军事堡垒的居民聚集形态逐渐替代了先秦时期以氏族部落为主的形式，为文化交汇创造了条件。伴随着六朝时代第一次移民高潮的到来，中原汉文化跟随着大量侨置郡县进一步地南下，逐步地改变南越文化原有的结构和面貌。

在隋唐五代时期，汉越文化交融达到顶峰，具体表现在交通网络得到进一步丰富与完善、人与物资的流通得到进一步加强。在唐代以前，中原与岭南地区主要依赖于秦汉、三国两晋时期修建的古道进行人员与物资的流通，但这些古道主要分布在粤西北地区，粤东及珠三角地区缺乏与中原地区连通的道路。直至唐开元四年（公元716年），张九龄主持开凿大庾岭新路，为中原开辟了新的入岭通道，进一步强化了中原地区对岭南地区的控制。大庾岭新路的建设加快了中原与岭南地区之间物资和人的流通，岭南地区陆续出现了物资交流中心的圩市。岭南地区的古驿道交通网络在日后逐步加强了地区内部的联系，在明清时期形成较为系统的网络结构（图6-4）。

在加强陆路交通建设布局的同时，海上丝绸之路在隋唐时期进入繁盛期。广州成为世界贸易大港和"东方港市"，岭南地区对外商贸活动频繁，为岭南文化与海外文化交流与融合提供了良好的平台。

从秦代开始，统一的政权为岭南大地提供了稳定的整治体制，在此条件下，汉越文化伴随北方先进技术、制度的传入持续地融合，南越文化被中原汉文化逐步同化或分异。在宋、元、明时期，逐渐形成了以南越文化为基，汉文化为主导的岭南文化主体格局。在宋元时期迎来了

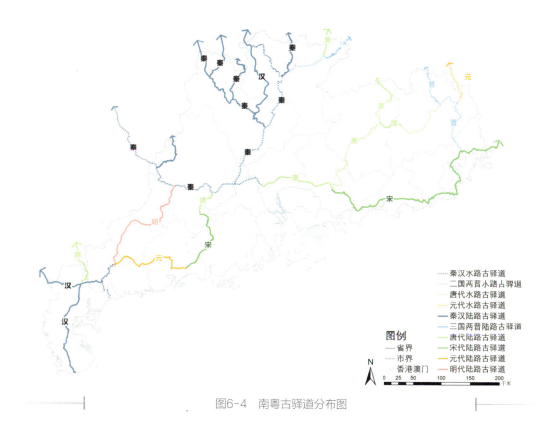

图6-4 南粤古驿道分布图

历史上第二次移民高潮，大批中原移民带来的中原文化进一步与本土的岭南文化融合，中原汉文化逐渐发展成为岭南文化的主体。大批的移民同样为岭南地区带来了更大的生产力，岭南地区商业进一步繁荣，圩市沿交通线不断涌现并逐步演变为具规模的城镇。据统计（图6-5），广东省内已定级为国家级历史文化名城8处、国家级历史文化名镇15处、省级历史文化名城15处、省级国家级历史文化名镇19处，呈现沿海、珠江水系流域（北江、东江、西江和珠江三角洲诸河）、韩江流域（汀江、五华水、宁江、石窟河和梅潭河）、粤西沿海诸河、粤东沿海诸河以及陆路古驿道沿线集中分布。

明末清初至当代时期，岭南地区文化发展呈现多元化发展态势：

（1）中西文化融合结晶

岭南地区得益于得天独厚的地理位置得以率先与国外文化接触。在"西学东渐"热潮的背景下，西方先进的技术、思想通过岭南地区这个门户传入中原大地，同时岭南文化的开放与兼容的特性，使岭南文化迎来了新一波发展与融合的浪潮，逐步发展成多元文化体系。清末民初时期，岭南地区人民大规模出国谋生，成为长期侨居在外的中国人，俗称"华侨"。侨胞在大规模向海外迁移的同时，也将中华文化传播到异域，在侨居地形成以中国为认同取向、以儒家思想为价值体系核心，同时兼容吸收异域文化的华侨文化。香港、澳门地区以不平等条约的形式成为西方国家的殖民地，亦同时成为西方体制、物资、文化直接传播到岭南的据点。在港澳地区逐渐形成以中国传统文化为底蕴、以西式工商文明为主流的边缘性极强的次生文化。

图6-5 国家级、省级历史文化名城名镇分布图

（2）红色文化

马克思主义与无产阶级革命思潮的传入，在粤东地区逐渐发展壮大，1927年，无产阶级革命家彭湃在海陆丰地区领导武装起义后，建立了中国第一个农村苏维埃政权——海丰、陆丰县苏维埃政府。1929年至1934年土地革命战争时期，中共在赣南、闽西、粤北开辟了大小十几个中央革命根据地（简称中央苏区），其中广东省境内有7个县区，分别是：大埔县、南雄市、饶平县、龙川县、平远县、兴宁市、梅县（图6-6）。

（3）改革开放文化

习近平总书记明确指出："广东既是展示我国改革开放成就的重要窗口，也是国际社会观察我国改革开放的重要窗口。"1978年12月，党的十一届三中全会作出把党和国家工作中心转移到经济建设上来、实行改革开放的历史性决策。1979年，党中央、国务院批准广东、福建在对外经济活动中实行"特殊政策、灵活措施"，并决定在深圳、珠海、厦门、汕头试办经济特区。在改革开放探索试验中，广东经济实现了快速增长。在此其中涌现了四座经济发展迅猛的中小城市，号称"广东四小虎"，包括：南海市（现佛山南海区）、东莞市、中山市和顺德市（现佛山顺德区）。广东改革开放探索的成功，为我国进一步扩大开放积累了经验，有力推动了中国改革开放和现代化的进程。

明末清初至当代时期，广东以"毗邻港澳，华侨众多"的独特优势，在华侨文化、红色文化、改革开放文化等共同发展、相互影响的作用下，促成了中西文化交流融合，形成开放、包容、创新、与时俱进，特征鲜明的多元文化体系。

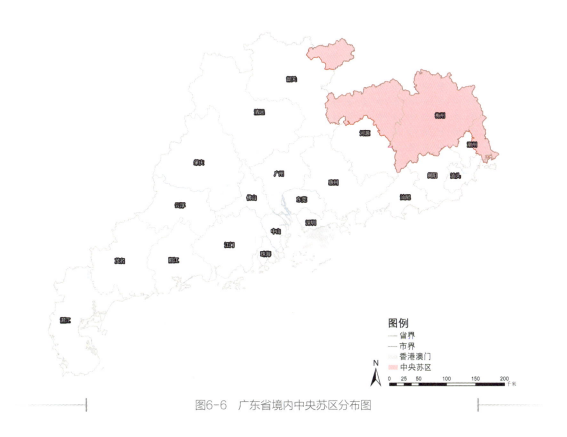

图6-6 广东省境内中央苏区分布图

综上所述,广东地域文化自先秦时期以来的发展脉络可梳理为四大阶段,分别为:原始社会阶段、汉越文化交融阶段、汉文化主导阶段、中西文化融合阶段(图6-7)。

梳理广东地域文化发展脉络,可以将其文化特性归纳为:开放性、创新性、多元性和兼容性。

6.1.1 开放性

(1)开放的江海流域格局

广东地域文化的开放性,源生于地理基底的开放特性。广东地处中国南部沿海地区,在全国沿海省区中拥有最长的海岸线。超长海岸线为大量优良的港口建设提供了基础(图6-8),为海上运输贸易活动提供了便利,广东对外经济贸易活动得到了繁荣发展的保障。发达的对外贸易和人际交往,从底色上孕育了广东人民较为开放的观念,对外来的新思想、新技术、新理念等接受程度较高。开放的文化观念,铸就了广东地域文化开放性的特色。

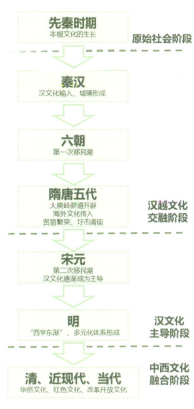

图6-7 广东历史文化发展脉络图

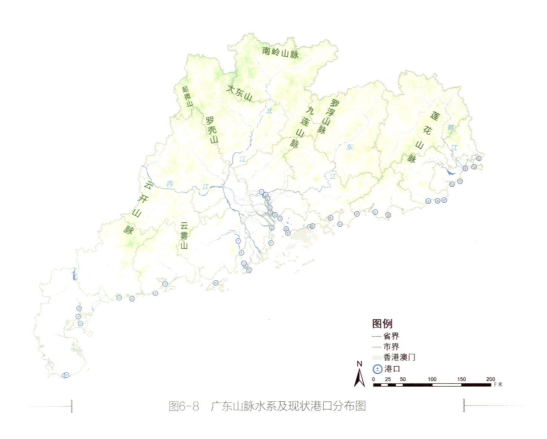

图6-8　广东山脉水系及现状港口分布图

图6-9　海上丝绸之路时代兴衰发展脉络图

（2）中国海上丝绸之路的发源地

广东自秦汉始，已作为海上丝绸之路的发源地，历经兴衰（图6-9）。先秦时期，广东地区已经开始与南部沿海地区来往。秦汉时代，岭南地区由中央王朝管辖。中央王朝经济的发展为广东南部沿海地区对外的交往提供了物质基础，随着秦汉时期粤西北部古驿道的建设，湛江的徐闻港以海上丝绸之路始发港的头衔步入我国海上贸易的历史舞台。

魏晋南北朝时期，造船与航海技术的发展使船舶运载量得到提高，民间海上贸易活动逐渐频繁起来。在隋唐五代时期，广东海上贸易活动进入繁盛期。《新唐书·地理志》记载，唐代时期一条由广州经南海、印度洋到达波斯湾各国的航线，唤作"广州通海夷道"，这是海上丝绸之路最早的名字。广州成为全国的外贸中心，在宋代时期持续发展成为海外贸易的第一大港。清朝时期，康熙皇帝撤除了明朝以来的禁海令，实行开海通商政策。1685年清政府在广州口岸设立广州十三行，特许经营进出口贸易。直至1757年，乾隆皇帝宣布撤销厦门、宁波等港口的对外贸易海关，仅保留广州海关一口通商。广州十三行成为清帝国唯一合法的外贸特区，中国与世界的贸易全部聚集于此，十三行的发展达到了巅峰，成为"天子南库"。

广东地区内外港分布的港口在中国对外通商、文化交流的历史上，担任着重要的角色。海上丝绸之路的历史遗迹主要集中在东南部沿海，这与当时中国对外贸易结构及广东地区高水平瓷器生产点的时空分布有密切的联系。在2017年评选出的广东十大海上丝绸之路文化地理坐标（图6-10）中，瓷器窑址占有一席之地。广州西村窑、潮州的笔架山宋窑和惠州的东平窑均是生产高质量瓷器的窑址，因此带动了广州黄埔古港、汕头樟林古港等贸易码头周边的繁荣，为这些地区的人民对外交流提供了窗口。

图6-10　广东十大海上丝绸之路文化地理坐标分布图

（3）开放发达的商贸文化

得益于开放的地理格局与长期以来商品经济的发展，广东地区人民偏重商业的发展，粤商成为中国历史"三大商帮"之一。商品、商业及从事商业人员的高度聚集，便会出现物资交流中心——圩市。随着经济的发展、历史的推演，圩市会逐渐发展成为城镇，因此从城镇诞生与发展的历史中，可以洞察历史上广东地区商贸格局的发展进程。

历史文化名城名镇往往形成于陆路、水路古驿道交汇处,并沿线逐渐发展。秦汉时期形成的城镇主要分布在西江、北江、东江中上游地区。唐宋时期,伴随着入岭陆路的建成与投入使用,商贸活动进一步深入岭南大地,因此在这个时期,形成的城镇陆续由北部山区往沿海转移。在明清时期,闭关锁国、一口通商等政策加速了广东地区的商贸活动发展。因此广东沿海地区,尤其是珠三角地区新兴城镇和圩市纷纷出现,如佛山、江门、东莞石龙、湛江梅菉等。

自秦汉以后,广东地区的城镇格局经历了自西向东,自北向南,最后向粤中及沿海地区集聚的空间推进过程,并最终形成了沿海、珠江水系流域(北江、东江、西江和珠江三角洲诸河)、韩江流域(汀江、五华水、宁江、石窟河和梅潭河)、粤西沿海诸河、粤东沿海诸河以及陆路古驿道沿线集中分布的空间格局(图6-11)。

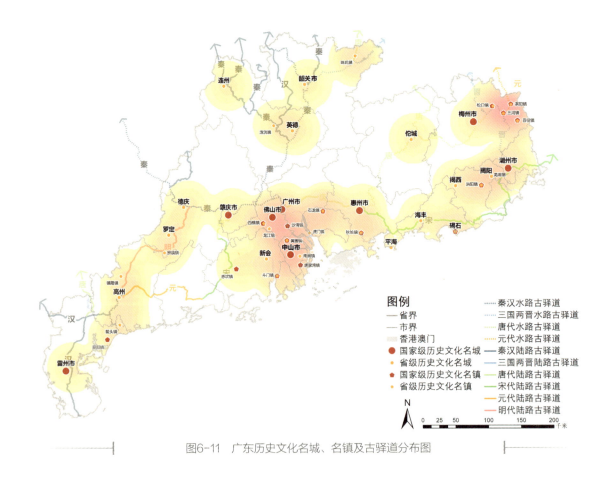

图6-11 广东历史文化名城、名镇及古驿道分布图

6.1.2 创新性

(1)中西文化交融之地

广东省是我国华侨人数最多、分布地域最广的省份。我国华侨约3000万,原籍广东的华侨约占三分之二。华侨返乡探亲、投资经商等活动,使广东与当地华侨所在侨居地之间在城镇建设、建筑、语言文字、文化景观等方面得到了充分的交流,华侨文化中特有的中西文化结合特质和风

格在广东多个领域内得到彰显。如在建筑方面，受西方建筑审美与思想的影响，广东人民创造了外观与西方建筑相似，但内部结构与布局仍沿用当地传统形式的骑楼、碉楼、客家围龙屋等极具广东地方特色的建筑形式。按照地域文化特色及其外出华侨的侨居地的不同，广东省境内可以划分出珠江三角洲广府华侨文化区、五邑华侨文化区、潮汕华侨文化区和东江–兴梅华侨文化区共四个华侨文化区（图6-12）。

图6-12　广东省华侨文化区分布图

其中珠江三角洲广府华侨文化区包含广州市、佛山市、中山市、珠海市、深圳市、东莞市等，为广府文化核心区。该地区的华侨多分布在东南亚，近年侨居美加者增多；五邑华侨文化区包含江门新会区、台山市、开平市、恩平市、鹤山市。该地区华侨主要分布在北美；潮汕华侨文化区的华侨主要是二次鸦片战争及潮州（汕头）开埠后出去的华工，侨居地以东南亚尤其以泰国为主；东江—兴梅华侨文化区包含梅州市、河源市和惠州市，属客家系侨乡。

（2）中国近现代民主革命的摇篮

发达的对外经济贸易带来的不仅是物资的流动，还有人员与文化的频繁交流。郑观应、容闳、康有为、梁启超、孙中山等人引进并介绍西方社会的政治学说，从而使岭南成为近代中国民族资本的摇篮和资产阶级维新思想的启蒙之地，继而成为资产阶级民主革命的策源地和根据地。

香山地区（今中山市、珠海市及澳门一带）诞生了一系列改变近现代中国命运的革命先行者：中国近代思想家郑观应、中国近代伟大的民主革命先行者孙中山、中国留学生之父容闳、华南地区传播马克思主义的先驱者杨匏安等。广州地区作为民主革命主要战场，设立有黄埔军校、农民运动讲习所，也是近现代多个重大历史事件的发生地，如：三元里抗英斗争、黄花岗起义、广州起义等。无产阶级革命家彭湃在海陆丰地区发起农民武装起义，并建立了中国第一个农村苏维埃政权。土地革命战争时期，中共在粤东地区建立了多个中央苏区，并在反围剿时期开辟了途径汕头市、梅州市大埔县的红色秘密交通线。

（3）改革开放前沿及试验田

改革开放后，我国设立的第一批经济特区共四个，分别为深圳市、珠海市、汕头市和厦门市。其中，三个城市位于广东省境内，两个城市位于珠江三角洲。由此可见，广东的改革开放走在全国前列，是改革开放的前沿，也是改革开放实践的先行区。广东人民抓准机会，发挥极大的创新与主观能动性，极大地实现了改革开放多方位的探索，为国内其他省市全面推进改革开放提供了丰富的经验。

改革开放40年来，广东省不负众望，实现了经济持续快速增长。1979年至2017年期间，广东地区生产总值年均增长12.6%，比同期全国平均增速快3.1个百分点，比世界平均增速快9.7个百分点。开放、创新的文化氛围，还为企业创新、科技创新等提供了良好的环境，近年来催生了一批如华为、腾讯等大型科技公司，为全国科技、产业的发展作出了巨大的贡献。

6.1.3 多元性

广东文化的多元性，根生于民系的多元性。我国古代历史上，发生了数次大批中原居民南迁的情况，移民以渗透式、蛙跳式、闭锁式、占据式的方式进入广东地区，为广东地区带来中原习俗与文化。广东地区有三大民系，分别是广府民系、客家民系与潮汕民系。民系之间各自发展又在特定的地区相互融合，孕育出丰富多样的方言、建筑、饮食和民俗等文化内涵。以民系和语言为区分基础，以地理环境和大地景观为细分依据，广东省内可以大体分为三个文化区，细分为九个文化区，分别是：粤中广府文化区（珠江三角洲广府文化核心区、西江广府文化亚区、高阳广府文化亚区、琼雷汉文化亚区）、粤东北—粤北客家文化区（梅州客家文化核心区、东江客家文化亚区、粤北客家文化亚区）、粤东福佬文化区（潮汕福佬文化核心区、汕尾福佬文化亚区），如图6-13所示。

6.1.4 兼容性

广东地区人民擅长于吸收外来先进文明，体现出强大的文化兼容性。以下分别举农耕与宗教作例。

在耕种方式方面：早在农耕时期，广东地区人民吸取中原先进农耕文明，形成具有独特岭南特色的稻作文化。依照耕地条件极地形，在珠三角地区以围田方式最为流行，形成基塘景观；在

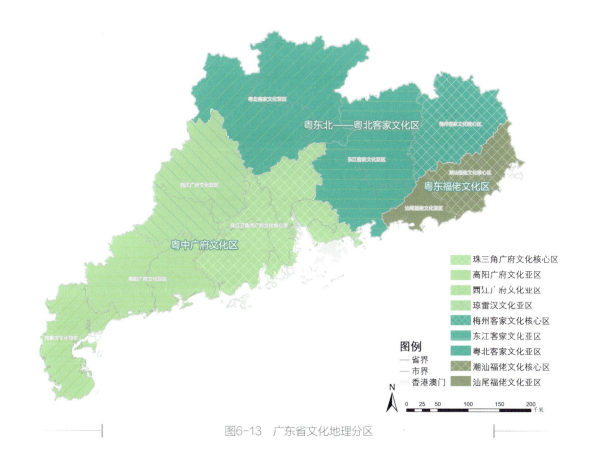

图6-13 广东省文化地理分区

粤北曲江、南雄、连州，粤东的龙川、五华、梅县，粤西的怀集、罗定等山区盆地，以垌田为主，形成陂塘景观；在粤北山区，以梯田为主，同时梯田也成为客家文化的文化符号之一。

在宗教发展方面：三国时期起佛教、伊斯兰教先后传入广州。明万历年间，意大利传教士罗明坚、利玛窦传来天主教；清嘉庆年间英国伦敦传道会的马礼逊将基督教传入广州，同时传来了天文、地理、数学、医学、机械等科学知识。

6.2 地域文化资源要素及空间分布

广东省地域文化资源可分为物质类文化资源和非物质文化资源（图6-14）。其中，物质类文化资源按形态可分为点状的文化点、线状的文化线路及面状的文化基底。文化点包括筑物（文物保护单位、历史建筑）、历史聚落（历史文化名城名镇名村、历史文化街区、传统村落、古村落）、自然资源景观（风景名胜区、森林公园、自然保护区、其他自然景观物）；文化线路包括水、陆古驿道；文化基底则由自然环境基底构成。

图6-14　广东省地域文化资源分类

6.2.1 南粤古驿道线性文化资源空间分布特征

广东省内目前共发现陆路古驿道本体遗存222处（表6-2），其中粤北地区148处，珠三角40处，粤东21处，粤西13处，总长710公里。古驿道本体遗存资源集中分布在北江、东江、西江、韩江干流及支流周围（图6-15），粤北地区古驿道本体遗存资源保有量最为丰富，占全省资源约66.67%。

广东省陆路古驿道本体遗存统计表　　　　表6-2

所在地区（城市）		数量（处）	长度（公里）
珠江三角洲地区	广州市	13	14.8
	深圳市	1	0.1
	珠海市	2	9.5
	佛山市	2	0.2
	惠州市	9	60.1
	东莞市	0	0
	中山市	4	5.5
	江门市	2	14.5
	肇庆市	7	8.9
	小计	40	113.6
粤北地区	韶关市	43	190.3
	河源市	45	116.0

续表

所在地区（城市）		数量（处）	长度（公里）
粤北地区	梅州市	38	111.2
	云浮市	4	7.2
	清远市	18	106.1
	小计	148	530.8
粤西地区	阳江市	0	0
	湛江市	9	3.6
	茂名市	4	5.8
	小计	13	9.4
粤东地区	汕头市	5	1.7
	汕尾市	6	45.2
	潮州市	6	6.8
	揭阳市	4	2.5
	小计	21	56.2
合计		222	710.0

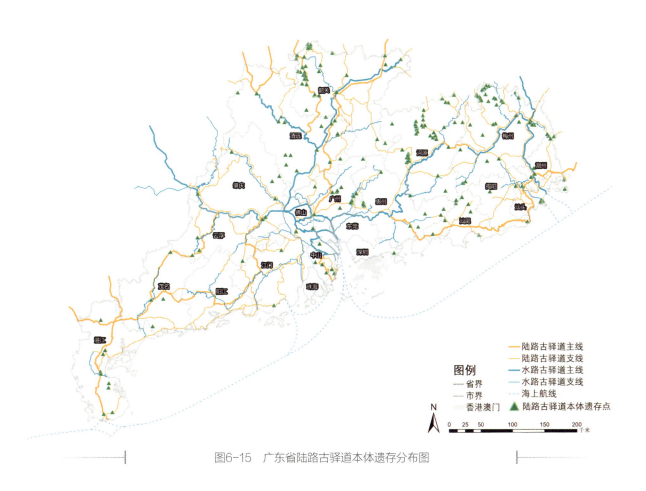

图6-15 广东省陆路古驿道本体遗存分布图

6.2.2 历史文化名城名镇、历史文化街区空间分布特征

目前广东省内已批国家级、省级历史文化名城名镇及历史文化街区共79处（表6-3），其中国家级历史文化名城8处、省级历史文化名城15处；国家级历史文化名镇15处、省级历史文化名镇19处；国家级历史文化街区1处，省级历史文化街区21处。

珠三角地区共有历史文化名城、名镇、街区共45处，其中国家级历史文化名城5处、省级历史文化名城4处、国家级历史文化名镇8处、省级历史文化名镇8处、国家级历史文化街区1处，

广东省历史文化名城、名镇、街区统计表　　　　表6-3

所在地区	（城市）	历史文化名城			历史文化名镇			历史文化街区		
		国家级	省级	合计	国家级	省级	合计	国家级	省级	合计
珠江三角洲地区	广州市	1	–	1	1	–	1	–	1	1
	深圳市	–	–	0	–	–	0	–	–	0
	珠海市	–	–	0	2	1	3	–	–	0
	佛山市	1	–	1	1	2	3	–	1	1
	惠州市	1	–	1	1	1	2	–	5	5
	东莞市	–	1	1	1	2	3	–	6	6
	中山市	1	–	1	1	2	3	1	4	5
	江门市	–	2	2	1	–	1	–	2	2
	肇庆市	1	1	2	–	–	0	–	–	0
	小计	5	4	9	8	8	16	1	19	20
粤北地区	韶关市	–	2	2	–	1	1	–	–	0
	河源市	–	1	1	–	–	0	–	–	0
	梅州市	1	–	1	4	4	8	–	–	0
	云浮市	–	1	1	–	–	0	–	–	0
	清远市	–	2	2	–	1	1	–	–	0
	小计	1	6	7	4	6	10	0	0	0
粤西地区	阳江市	–	–	0	–	–	0	–	–	0
	湛江市	1	–	1	1	–	1	–	–	0
	茂名市	–	1	1	–	2	2	–	2	2
	小计	1	1	2	1	2	3	0	2	2
粤东地区	汕头市	–	–	0	–	–	0	–	–	0
	汕尾市	–	2	2	1	–	1	–	–	0
	潮州市	1	–	1	–	2	2	–	–	0
	揭阳市	–	2	2	1	1	2	–	–	0
	小计	1	4	5	2	3	5	0	0	0
合计		8	15	23	15	19	34	1	21	22

省级历史文化街区19处；粤北地区共有历史文化名城、名镇、街区共17处，其中国家级历史文化名城1处、省级历史文化名城6处、国家级历史文化名镇4处、省级历史文化名镇6处；粤西地区共有历史文化名城、名镇、街区共7处，其中国家级历史文化名城1处、省级历史文化名城1处、国家级历史文化名镇1处、省级历史文化名镇2处、省级历史文化街区2处；粤东地区共有历史文化名城、名镇、街区共10处，其中国家级历史文化名城1处、省级历史文化名城4处、国家级历史文化名镇2处、省级历史文化名镇3处。

历史文化名城、历史文化名镇、历史文化街区整体呈现流域分布特征，珠三角最为密集，其次为粤东地区，呈现了岭南开发由西至东，由北至南的历史演变进程（图6-16）。

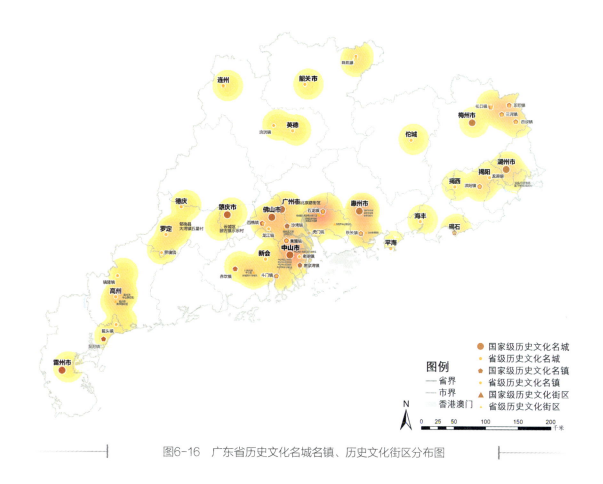

图6-16　广东省历史文化名城名镇、历史文化街区分布图

6.2.3　历史文化名村、传统村落、古村落分布特征

广东省境内历史文化村落类资源共869处（表6-4），其中国家级历史文化名村25处，省级历史文化名村56处，传统村落449处，古村落339处。珠三角地区拥有历史文化村落类资源共303处，其中国家级历史文化名村13处，省级历史文化名村30处，传统村落159处，古村落101处；粤北地区拥有历史文化村落类资源共390处，其中国家级历史文化名村8处，省级历史文化名村16处，传统村落209处，古村落157处；粤西地区拥有历史文化村落类资源共57处，其中国家

广东省历史村落统计表　　　　　　　　　　表6-4

所在地区（城市）		历史文化名村			传统村落	古村落
		国家级	省级	合计		
珠江三角洲地区	广州市	2	5	7	27	20
	深圳市	1	–	1	1	–
	珠海市	–	1	1	10	4
	佛山市	3	7	10	33	7
	惠州市	–	3	3	20	33
	东莞市	2	7	9	13	6
	中山市	1	–	1	10	7
	江门市	4	3	7	17	12
	肇庆市	–	4	4	28	12
	小计	13	30	43	159	101
粤北地区	韶关市	1	5	6	29	24
	河源市	1	–	1	16	23
	梅州市	2	6	8	109	56
	云浮市	2	2	4	8	6
	清远市	2	3	5	47	48
	小计	8	16	24	209	157
粤西地区	阳江市	–	–	0	4	6
	湛江市	1	2	3	27	10
	茂名市	–	–	0	5	2
	小计	1	2	3	36	18
粤东地区	汕头市	2	2	4	15	15
	汕尾市	1	–	1	5	16
	潮州市	–	1	1	11	8
	揭阳市	–	5	5	14	24
	小计	3	8	11	45	63
合计		25	56	81	449	339

级历史文化名村1处，省级历史文化名村2处，传统村落36处，古村落18处；粤东地区拥有历史文化村落类资源共119处，其中国家级历史文化名村3处，省级历史文化名村8处，传统村落45处，古村落63处。

粤北地区历史文化村落类资源最为丰富，集中分布在河流流域及古驿道沿线地区；珠三角地区历史文化村落类资源较为丰富，呈现水网分布特征；粤东地区历史文化村落类资源主要分布在河流流域及沿海地区；粤西地区历史文化村落资源主要分布在沿海地区（图6-17）。

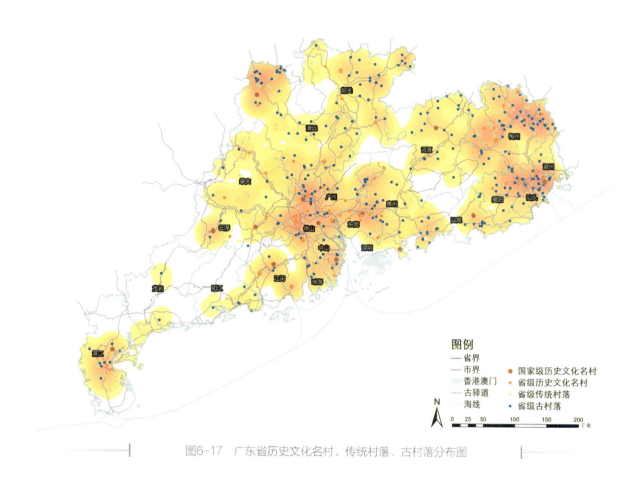

图6-17 广东省历史文化名村、传统村落、古村落分布图

6.2.4 自然及旅游资源分布特征

自然景观资源的丰富程度可以通过对风景名胜区、森林公园、自然保护区、地质公园的数量统计进行定量对比，而自然景观资源的开发利用程度可以通过地区景区的数量及密集程度体现。

广东省境内自然景观类资源共有253处（表6-5），其中国家级风景名胜区16处、省级风景名胜区62处、国家级森林公园26处、省级森林公园53处、国家级自然保护区15处、省级自然

广东省自然景观及旅游资源统计表　　　　　　表6-5

所在地区	风景名胜区		森林公园		自然保护区		地质公园		景区		合计
	国家级	省级	国家级	省级	国家级	省级	国家级	省级	国家级	省级	
珠三角地区	8	20	11	28	7	17	4	2	8	93	198
粤北地区	5	21	12	20	4	34	2	5	5	46	154
粤西地区	1	12	1	1	3	4	3	-	-	11	36
粤东地区	2	9	2	4	1	8	1	1	-	22	50
合计	16	62	26	53	15	63	10	8	13	172	253

保护区 63 处、国家级地质公园 10 处、省级地质公园 8 处。广东省内共有 4A 级以上景区 185 处，其中 5A 级景区 13 处、4A 级景区 172 处。

自然景观类资源方面，珠三角地区拥有资源点 97 处、粤北地区拥有资源点 103 处、粤西地区拥有资源点 25 处、粤东地区拥有资源点 28 处。据数据统计可知，粤北地区为广东省内自然景观最丰富地区，拥有世界级自然遗产丹霞山；珠三角地区自然景观资源较为丰富，以水网湿地、滨海景观为主；粤西地区及粤东地区以海洋自然景观资源为主，海岛地质景观、湿地景观丰富。在景区方面，珠三角拥有 4A 级以上景区 101 个，占全省 58.7%。珠三角地区景区分布与自然资源分布基本吻合，优质景区质量较多，自然资源开发利用程度较高（图 6-18）。

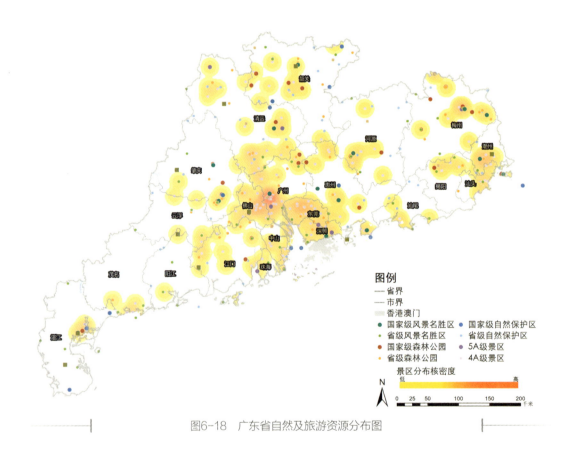

图6-18　广东省自然及旅游资源分布图

6.2.5　红色文化资源分布特征

广东省是近现代民主革命的策源地和根据地，拥有较为丰富的红色文化资源。广东省境内共有红色文化遗产 313 处（表 6-6），其中珠三角地区拥有红色文化资源 111 处、粤北地区拥有 90 处、粤西地区拥有 60 处、粤东地区拥有 52 处。从红色文化资源空间分布情况看，珠三角地区红色文化资源数量较多，分布亦较为集中（图 6-19）；从地市层面看，韶关市、梅州市、惠州市、茂名市、湛江市红色文化资源最为丰富。

广东省红色文化遗产资源统计表　　　　　表6-6

所在地区（城市）		红色文化资源个数（单位：个）
珠江三角洲地区	广州市	19
	深圳市	2
	珠海市	6
	佛山市	19
	惠州市	30
	东莞市	13
	中山市	4
	江门市	11
	肇庆市	7
	小计	111
粤北地区	韶关市	38
	河源市	6
	梅州市	31
	云浮市	13
	清远市	2
	小计	90
粤西地区	阳江市	13
	湛江市	21
	茂名市	26
	小计	60
粤东地区	汕头市	10
	汕尾市	16
	潮州市	15
	揭阳市	11
	小计	52
合计		313

6.2.6　海上丝绸之路文化资源分布特征

广东省是中国海上丝绸之路的发祥地，拥有丰富的海上丝绸之路文化资源。广东省拥有海上丝绸之路遗迹共42处，其中珠三角地区24处、粤北地区8处、粤西地区4处、粤东地区6处（表6-7）。广州市作为重要海上贸易关卡，拥有9处海上丝绸之路遗迹，位列广东省之最。

海上丝绸之路文化资源包括古港、古道、古遗址、商业、宗教等多种类型的文物古迹，主要沿海、江河流域分布（图6-20）。

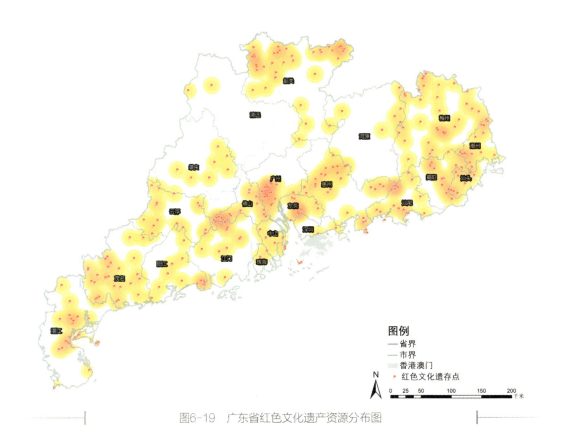

图6-19 广东省红色文化遗产资源分布图

图6-20 广东省海上丝绸之路主要文化资源点分布图

广东省海上丝绸之路文化资源统计表　　　　　　表6-7

所在地区（城市）		代表性海丝遗迹	数量（单位：个）
珠江三角洲地区	广州市	黄埔古港、十三行博物馆、南越王墓、南越国宫署遗址、南海神庙及码头遗址、珠江航道出海口三塔（莲花塔、琶洲塔、赤岗塔）、怀圣寺与光塔、清真先贤古墓、光孝寺	9
	深圳市	大鹏所城、南头赤湾丝路文化遗址	2
	珠海市	岐澳古道	1
	佛山市	西樵海丝遗址、祖庙博物馆、南风古灶、三水海关	4
	惠州市	罗浮山	1
	东莞市	却金亭碑和却金亭坊、牙香街	2
	中山市	孙文西路文化旅游步行街、孙中山故居	2
	江门市	台山海丝遗迹	1
	肇庆市	阅江楼、梅庵大殿	2
	小计		24
粤北地区	韶关市	梅关古道、珠玑古巷	2
	河源市	粤赣古道	1
	梅州市	松口古镇	1
	云浮市	南江古水道、罗定文塔	2
	清远市	秦汉古道、浈阳峡	2
	小计		8
粤西地区	阳江市	南海一号	1
	湛江市	徐闻港、雷州夏江港	2
	茂名市	滨海新区海丝遗迹	1
	小计		4
粤东地区	汕头市	南澳岛海丝遗迹、樟林古港	2
	汕尾市	羊蹄岭古道	1
	潮州市	柘林港、宋代笔架山窑址	2
	揭阳市	惠来沿海海丝遗迹	1
	小计		6
合计			42

6.2.7 海防文化资源

先秦时期，广东地区人民已开始沿海贸易、通商、交往等活动，造船、航海术发展的同时，海防建设也得以蓬勃发展。因此广东省内保有较多的海防遗迹，明清时代海防遗存类型丰富，有明代卫城、所城、封堠，清代早、中、晚期炮台等。广东省境内共有海防军事文化遗存共142处（表6-8），其中珠三角地区58处、粤西地区25处、粤东地区59处。珠三角和粤东沿海留存的海防文化遗产数量较多（图6-21）。

广东省海防文化资源统计表　　　　表6-8

所在地区（城市）		海防文化资源个数（单位：个）	
珠江三角洲地区	广州市	11	
	深圳市	13	
	珠海市	13	
	佛山市	—	
	惠州市	6	
	东莞市	7	
	中山市	4	
	江门市	4	
	肇庆市	—	
	小计		58
粤西地区	阳江市	6	
	湛江市	9	
	茂名市	10	
	小计		25
粤东地区	汕头市	27	
	汕尾市	20	
	潮州市	5	
	揭阳市	7	
	小计		59
合计		142	

6.2.8　非物质文化遗产

广东省现有非物质文化遗产共1027项，其中人类非物质文化遗产代表作7项、国家级非物质文化遗产360项、省级非物质文化遗产660项（表6-9）。

珠三角地区及粤东地区非物质遗产资源丰富（图6-22）。珠三角地区拥有人类非物质文化遗产代表作4项、国家级非物质文化16项、省级非物质文化282项，合计共447项，位列全省首位。粤北地区拥有国家级非物质文化51项、省级非物质文化115项，合计共166项。粤西地区拥有国家级非物质文化42项、省级非物质文化89项，合计共131项。粤东地区拥有人类非物质文化遗产代表作3项、国家级非物质文化106项、省级非物质文化174项，合计共283项。

广州市、潮州市、佛山市、揭阳市、湛江市为广东省内非物质文化遗产资源最丰富的地级市，其中广州市拥有126项，占全省非物质文化资源12.3%，位列广东省首位。

第六章　地域文化 | 273

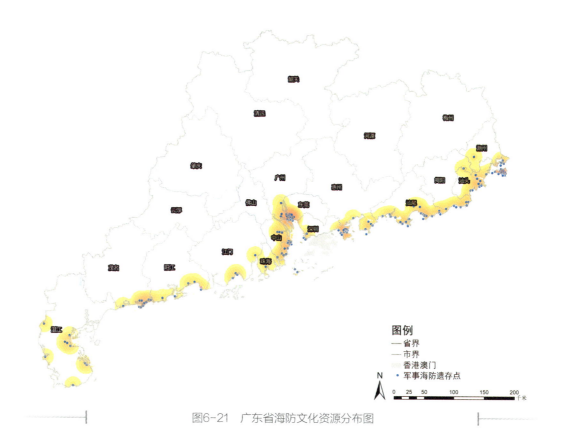

图6-21　广东省海防文化资源分布图

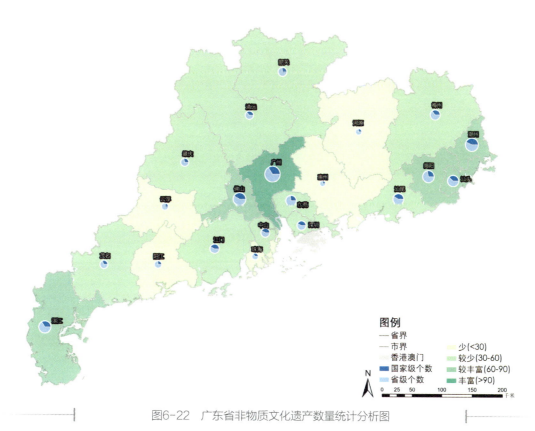

图6-22　广东省非物质文化遗产数量统计分析图

广东省非物质文化资源统计表　　　　　表6-9

所在地区（城市）		非物质文化资源（单位：项）			合计
		人类非物质文化遗产代表作	国家级	省级	
珠江三角洲地区	广州市	2	43	81	126
	深圳市	–	17	23	40
	珠海市	–	7	13	20
	佛山市	2	32	45	79
	惠州市	–	4	13	17
	东莞市	–	15	39	54
	中山市	–	16	22	38
	江门市	–	18	24	42
	肇庆市	–	9	22	31
	小计	4	161	282	447
粤北地区	韶关市	–	10	28	38
	河源市	–	5	14	19
	梅州市	–	19	34	53
	云浮市	–	5	18	23
	清远市	–	12	21	33
	小计	0	51	115	166
粤西地区	阳江市	–	7	19	26
	湛江市	–	25	49	74
	茂名市	–	10	21	31
	小计	0	42	89	131
粤东地区	汕头市	1	24	38	63
	汕尾市	1	24	34	59
	潮州市	1	37	49	87
	揭阳市	–	21	53	74
	小计	3	106	174	283
合计		7	360	660	1027

6.2.9 小结

广东省共拥有各类历史文化类点状资源1435处，自然要素资源253处。文化资源集中分布于河流流域及沿海地区，呈现沿河流流域及海岸线分布的特征，其中以珠江及韩江地区最为集中。自然要素资源在粤北及珠三角地区分布较密集。通过叠加分析可知，位于广东省内主要水系5公里内的各类历史文化类点状资源及自然要素资源分别有789处及128处，约占全省55%及51%；

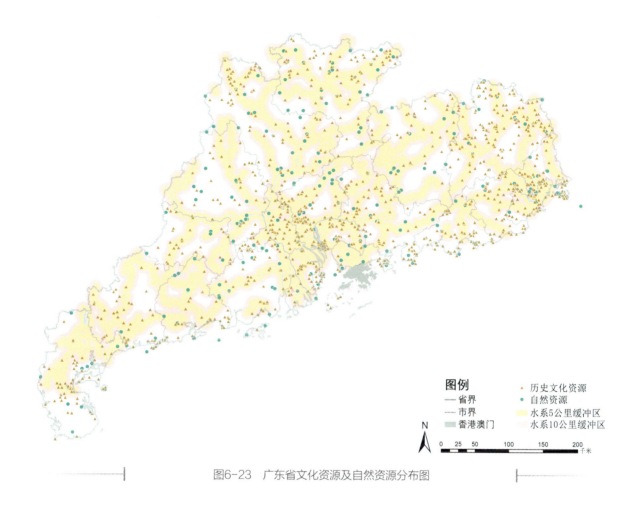

图6-23　广东省文化资源及自然资源分布图

位于广东省内主要水系10公里内的各类历史文化类点状资源及自然要素资源分别有1044处及175处，约占全省73%及69%。

由此可见，广东地域文化的资源要素分布与流域有着紧密的关系。广东省内地域文化资源以珠江流域、韩江流域及沿海诸河流域为空间骨架，并沿流域延伸发展，形成沿海及沿河流水系网络化分布的特征。

6.3　文化要素线性空间

线性开放空间是具有线性形态的开敞空间，可以结合河流、风景道路等自然要素和古驿道等历史文化遗存，为人们的游憩和交往提供公共空间和通道，有着流通以及景观产生机制的综合系统[9]。

绿道、南粤古驿道和碧道是广东省开发利用并串联沿线文化要素的创新性探索。绿道的规划建设对广东省生态安全格局的构建、区域协调发展的践行、城乡人居环境的改善、人民群众生活质量的提升有着十分重要的意义，是广东省践行科学发展观、建设生态文明和幸福广东的标志性工程。南粤古驿道线路保护与利用工作则是在绿道规划工作上更深层次的探索，在为大众提供优质的公共生态产品的同时，结合了美丽乡村建设、旅游、体育、文化等方式，以历史文化为纽带以道兴村，助推乡村振兴。碧道规划建设工作是践行习近平生态文明建设思想、支撑粤港澳大湾区建设的重要举措，是推动广东省生态文明建设的重要支撑，使沿水线性空间成为人民美好生活的好去处、绿水青山变成金山银山的好纽带、践行习近平生态文明思想的好窗口。

6.3.1 绿道

绿道来源于英文单词"greenbelt"和"parkway"[10]，即"绿带"和"公园道"。《珠江三角洲绿道网总体规划纲要》将绿道定义为一种线形绿色开敞空间，通常沿着河滨、溪谷、山脊、风景道路等自然和人工廊道建立，内设可供行人和骑车者进入的景观游憩线路，连接主要的公园、自然保护区、风景名胜区、历史古迹和城乡居住区等，有利于更好地保护和利用自然、历史文化资源，并为城乡居民提供更充足的游憩和交往空间。

绿道由绿廊系统和慢行道、发展节点、配套设施组成的人工系统组成。其中慢行道是指自行车道、步行道、无障碍设施等非机动车道，发展节点是人们游憩的重要空间，如公园、景点等，配套设施包括服务设施系统、标识系统、交通衔接系统等。

（1）基本概况

广东省是全国率先开展绿道规划建设的省份，将居民点、自然和人文景观、生态保护区串联为一体，成为广东"一道亮丽的风景线"。2012年12月11日，习近平总书记视察广东时指出"绿道成绩很显著，符合党的十八大精神，是美丽中国、永续发展的局部细节；今后方方面面都把细节做好，我们的宏伟蓝图就能实现"。

广东省已建成的绿道网络系统中，包括连接城市与城市之间的省立绿道和在城市内部建设的城市绿道。截至2018年广东省累计建设绿道总里程超过18000公里，其中省立绿道系统全长超过8200公里，依托重点景区和重点城镇建设的户外活动中心共计24处，供绿道使用者途中休憩、交通换乘的一级驿站共计263个（图6-24所示）。图6-25为广东省各城市省立绿道建设里程统计情况，其中，珠三角累计建设省立绿道总里程超过3500公里；粤东西北地区累计建设省立绿道总里程超过4900公里。

结合广东省城乡空间布局、地域景观特色、自然生态与人文资源的特点，根据绿道所处位置和目标功能的不同，《珠三角绿道网总体规划纲要》中将省立绿道进一步分为生态型、郊野型和都市型三种类型（图6-26），并给出以下解释。

a. 生态型绿道

生态型绿道主要沿城镇外围的自然河流、小溪、海岸及山脊线建立，通过对动植物栖息地的保护、创建、连接和管理，来维护、培育生态环境和保障生物多样性，可供进行自然科考及野外徒步旅行。生态型绿道控制范围宽度一般不小于200米。

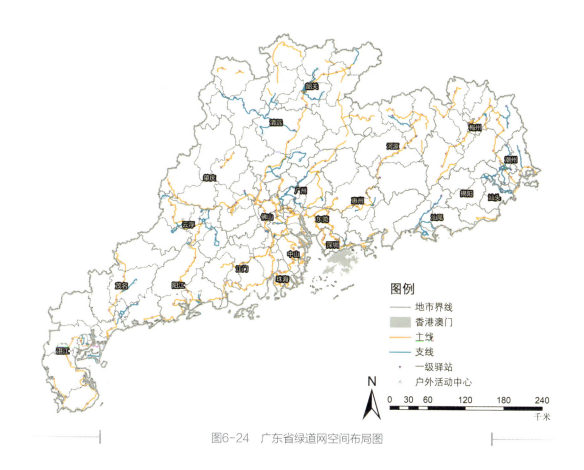

图6-24　广东省绿道网空间布局图

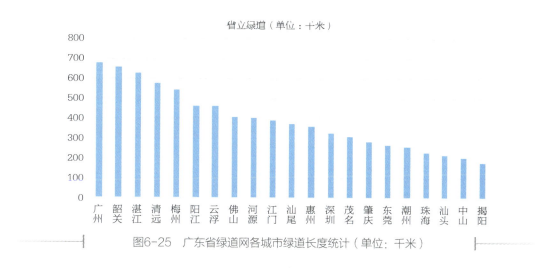

图6-25　广东省绿道网各城市绿道长度统计（单位：千米）

b. 郊野型绿道

郊野型绿道主要依托城镇建成区周边的开敞绿地、水体、海岸和田野，包括登山道、栈道、慢行休闲道等形式，旨在为人们提供亲近大自然、感受大自然的绿色休闲空间，实现人与自然的和谐共处。郊野型绿道控制范围宽度一般不小于100米。

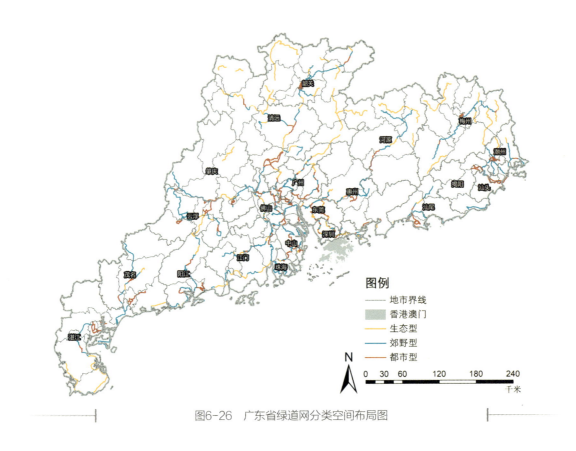

图6-26　广东省绿道网分类空间布局图

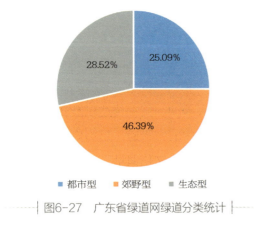

图6-27　广东省绿道网绿道分类统计

c. 都市型绿道

都市型绿道主要集中在城镇建成区内，依托人文景区、公园广场和城镇道路两侧的绿地而建立，为人们慢跑、散步等提供场所，对省域绿道网起到全线贯通的作用。都市型绿道控制范围宽度一般不少于20米。

广东省立绿道建设中，郊野型绿道占比最大，约为总体的46.39%，生态型和都市型所占比例基本相当，分别为28.52%和25.09%（图6-27）。

（2）文化内涵

广东省绿道网串联了珠三角和粤东西北各片区之间的特色文化。珠三角地区人口密度大，经济发达，城镇密集，是岭南文化的重要发源地，且人文资源丰富，包含文物古迹、民族特色建筑在内的人文资源点超过100处；粤东地区人多地少，拥有丰富的海洋资源与湿地资源，人文底蕴深厚，形成了特色鲜明的潮汕文化；粤西地区，人口密度相对较低，生态环境资源条件较好，海洋资源丰富，拥有丰富的湿地和优美的海滩；粤北地区人口密度低，山地、丘陵特色明显，拥有丰富的山林资源和野生动植物资源，客家文化影响较为广泛。

（3）绿道实践的意义

广东绿道实践增添了城市开敞空间的供给方式，为市民进入乡野提供入口，兼具生态、社会、经济、文化等多种功能，意义重大。

a. 生态意义

绿道在生态环境保护中发挥着重要作用。在保护生物多样性方面，绿道建设提高了斑块间物种的迁移率，从而保护了基因多样性；此外，绿道对防风固土、空气净化、水资源清洁、热岛效应缓解等都有重要意义。

b. 社会意义

绿道给城市居民提供了安全、可靠的乡野体验入口，满足了人们亲近自然的天性。绿道作为连接城市与乡村的纽带，增进了城乡居民之间的融合和交流。除此之外，绿道也为人们慢跑、散步、骑行等活动提供充足的户外空间，促进居民参与健康运动，从而提升居民身体素质。

c. 带来经济效益

绿道能够带动城市整体旅游业的发展，同时促进周边零售业、商贸服务等相关产业的发展，并为周边居民提供多样化的就业机会；还能够提升土地使用价值，改善城市投资环境，促进经济增长。

d. 传承文化

广东省历史文化资源丰富，绿道建设将呈点状分布的各类文化遗迹、历史建筑、传统街区等串联起来，实现文化资源的互通和共享，为人们游览文化遗产提供通道，使人们在感受历史风采中领略城市的文化魅力。

6.3.2 古驿道

从广义上可以将古驿道定义为古代不同地区之间进行人员流动、文书传达以及物资交流的通道，古驿道分为古官道和民间古道。南粤古驿道特指在广东省内的古驿道，是历史上岭南地区军事调度、对外经济往来、文化交流的通道，是广东历史发展的线性文化遗址。由广东省住房城乡建设厅组织编制的《广东省南粤古驿道线路保护与利用总体规划》中对南粤古驿道的定义为：指1913年前广东境内用于传递文书、运输物资、人员往来的道路，包括水路和陆路、官道和民间古道，是经济交流和文化传播的重要通道。

（1）基本概况

南粤古驿道线路保护与利用工作则是在绿道规划工作上更深层次的探索，通过对古驿道的保护修复和活化利用促进区域平衡发展，实现乡村振兴。它的规划建设具有文化修复，历史和自然体验，村庄整治和经济发展相融合的多元目标。南粤古驿道线路包含粤北秦汉古驿道线路、北江—珠江口古驿道线路、东江—韩江古驿道线路等六条线路，其中主线14条，约4870公里，支线56条，约6250公里，贯穿全省21个地级市、103个区县，串联1160多个发展节点，全长约11120公里，其中陆路古驿道线路长约6720公里、水路古驿道线路长约4400公里（图6-28）。

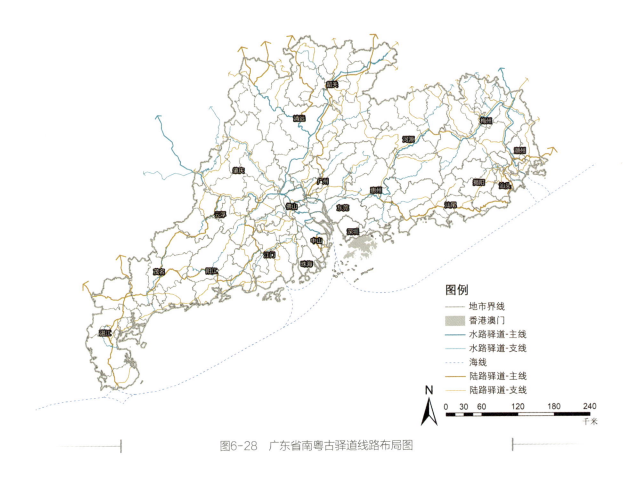

图6-28 广东省南粤古驿道线路布局图

结合南粤古驿道沿线地形地貌、自然资源、人文资源等条件，策划多样化的古驿道主题游径（图6-29），并配套相应的旅游服务设施。

a.历史文化径：是沿线现存古道、历史文化古城、古镇、古村等历史遗存集中，具有历史意义或游憩价值，以历史文化体验与展示为核心主题的游径。结合保护与活化利用，可开展古驿道历史展览、民俗体验、古城采风、古迹探寻、古建考察、主题摄影等活动。

b.地理探险径：是沿线分布有山区、峡谷、河流、森林等典型地貌特色的自然景观资源，以地理探险为核心主题的游径。可开展徒步旅行、森林探险、野外生存体验、山地穿越、定向越野等活动。

c.自然观光径：是依托古驿道途经的乡村田园、风景名胜、山水风光等景观优美的地区，以自然观光为主题的游径。可开展古村游览、自然观光、湿地体验、近海休闲等活动。

d.近郊休闲径：是位于城市近郊，依托古驿道沿途主要历史古迹、郊野公园、田园湖泊、水岸岛屿等资源，以郊游休闲为主题的游径。可开展徒步骑行、滨海观光、田间垂钓、林果采摘等活动。

（2）文化内涵

古驿道被誉为是古代中国的"高速公路"，对维系中国领土统一、政令传达、人口迁徙、文化传播等具有重要意义。古驿道本体作为独特的线性文化遗产，具有独特的历史文化价值，沿线还

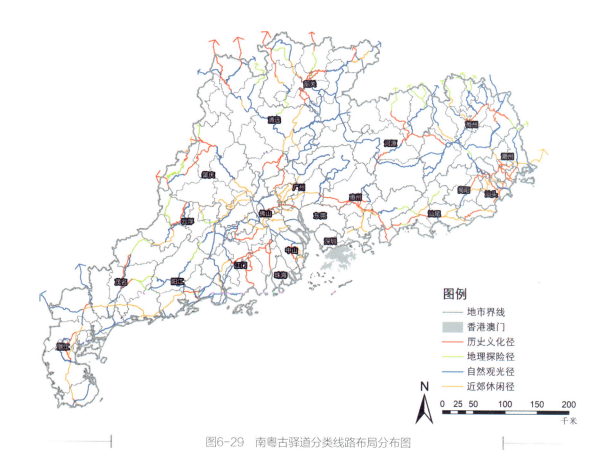

图6-29 南粤古驿道分类线路布局分布图

有丰富的历史文化遗存、历史名城名镇名村等资源。南粤古驿道包涵军事文化（红色文化）、邮驿文化、商贸文化、迁徙文化、宦游文化和民系文化等深厚的历史文化底蕴。

（3）古驿道实践的意义

a. 促进区域平衡发展和乡村振兴

南粤古驿道有效串联整合了途径地区的历史名城名镇名村、旅游资源、体育及休闲配套设施、交通设施等各类资源和设施，通过带动沿线群众发展乡村民宿、农家乐、乡村农耕体验场所等配套服务的同时改善了沿线乡村的人居环境，对促进区域平衡发展和乡村振兴具有重要意义。

b. 带动沿线地区旅游业发展

南粤古驿道的建设有效带动了沿线地区旅游业的发展。以南粤古驿道线路为纽带，将历史文化资源和沿线自然资源有效结合起来，带动人文体验、自然风光、生态休闲、红色革命资源、户外体育等各类型旅游产业的发展。

c. 带动沿线贫困村发展

南粤古驿道线路是一条复合发展带，其发展的范围不仅为古驿道线路本身，还包括周边一定范围内的发展节点所在的区域。南粤古驿道沿线周边5公里范围内还串联了109个省定贫困村。其中，分布在粤北、粤东地区的南粤古驿道串联起最多省定贫困村，如韶关南雄梅关－乌迳古道、河源粤赣古道、梅州兴宁–平远古道、汕尾海丰羊蹄岭–惠州惠东高潭古道、清远连州秦汉古道、清远连州丰阳–东陂古道以及清远阳山古道等多条古驿道沿线串联起10个以上省定贫困村，因此，借助南粤古驿道沿线的产业发展，带动沿线贫困村的发展，是南粤古驿道的一项重要职能。

6.3.3 碧道

碧道是以江河湖水域及岸边带为载体的公共开敞空间，以水为主线，统筹山水林田湖草各种生态要素，兼顾生态、安全、文化、景观、经济等功能，通过系统思维共建共治，优化生态、生产、生活空间格局，打造"水清岸绿、鱼翔浅底、水草丰美、白鹭成群"的生态廊道。

（1）基本概况

碧道以主要江河干流、城镇母亲河、自然人文资源集聚的河湖水系为主要载体，以"河畅、水清、堤固、岸绿、景美"为基本要求，通过水环境治理、水安全提升、水生态保护与修复、特色与景观营造、游憩系统构建，打造广东万里碧道。按照"一年打基础、三年见成效、十年大跨越"的目标要求，规划形成"一湾三片、十廊串珠"的广东碧道空间格局，稳步推进广东万里碧道建设。全省碧道建设近期规划空间布局总长度为5575公里（图6-31），其中珠三角九市近期碧道建设规划总长度为3130公里，约占全省比重的56%，全省碧道远期空间布局总长度为2.73万公里（图6-32）。广东省内主要水系碧道建设规划长度统计如图6-30所示。

结合碧道沿线功能布局，将碧道分为都市型、城镇型、乡村型、自然生态型四个类型。

都市型碧道重在统筹治水、治城、治产，打造宜居宜业宜游一流水岸，根据广东省"一核一带一区"区域发展新格局，主要建设在粤港澳大湾区。

城镇型碧道，重在水环境治理，链接水系周边的各类城市公园、产业园等，系统推进共建共治，打造城镇居民安居乐业的美丽家园，主要建设在其他城镇。

乡村型碧道，围绕乡村振兴战略的实施，重在生态宜居，打造各具特色的美丽村庄，主要建设在广阔农村地区。

图6-30 碧道建设2022年近期规划建设长度统计（单位：千米）

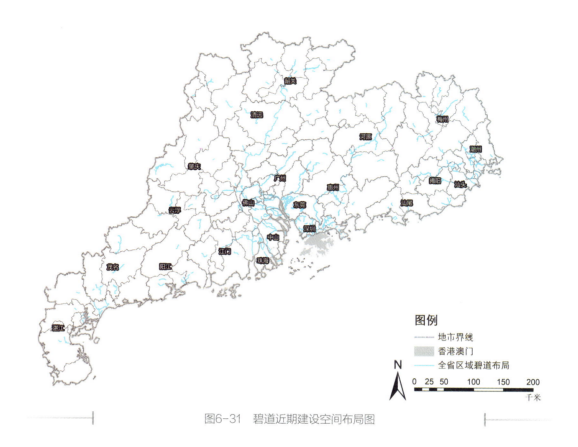

图6-31 碧道近期建设空间布局图

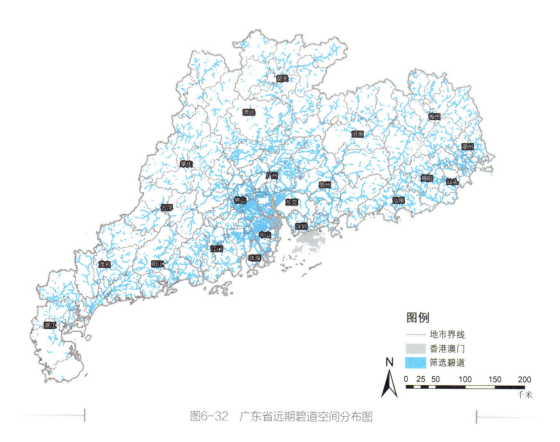

图6-32 广东省远期碧道空间分布图

自然生态型碧道依托生态湿地、森林公园、风景名胜区等自然生态地区建设，粤北生态保护区重点建设自然生态型碧道，重在保护生态，通过修整土质人行通道等生态措施，适当构建人与自然和谐共生的游憩系统。

碧道建设任务包括水环境治理、水生态保护与修复、水安全提升、特色与景观营造、游憩系统构建五大方面。水环境治理包括水质提升、入河排污口整治、面源污染控制、饮用水水源地保护等具体任务。水生态保护与修复包括生态需水保障措施、水土保持、岸边带保护与修复、重要水生生物栖息地与生物多样性保护、河湖连通工程等具体任务。水安全提升包括防洪工程体系建设、内涝防治、堤型生态化改造、提升河湖管护能力等具体任务。特色与景观营造包括打造自然生态、历史文化、城市功能特色空间和节点等具体任务。游憩系统构建包括建设游径系统、河漫滩多元利用等具体任务。

（2）文化内涵

文化层面上，碧道建设可以凸显广东省内各区域的文化气息。根据珠三角水系沿岸历史遗迹分布，感受海丝文化、革命文化和岭南文化，并形成陶瓷文化、海丝文化、侨乡文化、海防文化、海战文化和西学东渐文化、中山文化、革命先烈文化、游宦文化、广府首府文化、岭南建筑文化、岭南水乡文化和迁移商贸文化十四条文化主题径；东江沿线分布以客家文化、东坡文化、古邑文化为代表；韩江流域孕育潮汕客家文化，鉴江包涵古城文化、商贸文化、冼夫人文化。

（3）碧道建设意义

a. 绿水青山成就生态文明建设

通过碧道建设构建连接"北山南海"的河流生态廊道，共同构筑广东省生态廊道网络体系。碧道建设统筹治水、治岸、治城，对山水林田湖草生命共同体进行统筹治理，是践行习近平生态文明建设思想的好窗口，支撑粤港澳大湾区建设的重要举措，推动广东省生态文明建设的重要支撑。

b. 带动绿色经济发展

以水为魂，梳理河湖资源底蕴，打造河湖主题特色，营造重点河段特色空间，促进城镇转型升级。通过碧道串联沿线历史文化名村与传统村落，带动当地旅游业的发展，促进城乡、区域发展平衡，推动乡村振兴。

c. 水岸共治，推动产业升级，彰显南粤特色魅力水岸

水系是承载移民迁徙、商贸往来的重要渠道，构建广东开发、多元、兼容并蓄的文化特征。水系也是联系自然生态要素、景观资源优质的景观廊道，通过碧道建设，满足本地人日常宜居休闲、运动健身需求。通过与区域主题碧道串联，形成提供人民散步、慢跑、骑行、健身的好去处，引领健康生活新风尚。同时，为人们建立远足自然的游径，丰富人民休闲娱乐的方式，提升宜居品质。

d. 韧性水系保障人民财产安全

广东省属热带和亚热带季风气候区，年降雨量丰富，雨季集中在6~8月，降水量占全年70%以上，容易受到洪涝灾害影响。碧道建设通过建设海绵公园，缓解内涝威胁，建设多级堤、生态堤等措施提高城乡韧性，保障了人民财产安全。

第七章
生态保护

良好的生态环境是人类赖以生存的基础,是社会不断向前发展的基石。"生态"这一重要概念,随着时间推进其蕴含的意义不断丰富。早在1866年,德国科学家海克尔首次提出"生态"的概念,其尤指生物群落与生态环境的关系,在20世纪20年代"人类生态学"的概念首次出现,英国学者坦斯勒于1935年阐述了"生态系统"的相关内涵,随后以联合国"人类与环境会议"为起点,生态文明发展被划分为环境问题提出、可持续发展与三个支柱、绿色经济与全球环境治理三个重要阶段。经过一个多世纪的发展,生态发展与保护体系不断得到完善。

生态文明是人类为保护和建设美好生态环境而取得的物质成果、精神成果和制度成果的总和,是贯穿于经济建设、政治建设、文化建设、社会建设全过程和各方面的系统工程,反映了一个社会的文明进步状态。为良好地发展生态文明,2007年10月,中共十七大首次把建设生态文明写入党的报告,作为全面建设小康社会的新要求之一。党的十八大以来,"绿水青山就是金山银山"的理念逐渐深入人心,生态文明建设的重要地位开始显现,2018年中共中央改组相关职能机构组建自然资源部,可看出新型城镇化建设的重心从扩张开发逐渐转移到资源保护上来。

广东省作为改革开发的前沿地区,经济高速发展,城镇扩张明显,人口大量流入,生态发展亟须深化改革。如何在发展中加强保护、在保护中谋求发展,是当前国土空间发展的新议题。为实现山清水秀的生态空间目标,首先应当坚持节约优先,保护优先,自然恢复为主的方针,以建设美丽湾区为引领,着力提升生态环境质量,形成节约资源和保护环境的空间格局、产业结构、生产方式、生活方式;实现绿色低碳循环发展,落实自然为主、人工为辅的生态区域恢复整治原则。其次应践行绿水青山就是金山银山的理念,增强护美绿水青山、做大金山银山的意识;统筹山水林田湖草系统治理,完善并实行最严格的生态环境保护制度;深化和谐人与自然的关系,推进因地制宜的绿色发展方式和生活方式。进一步需要保障陆海生态安全屏障体系,积极推进区域生态协作,保护山、水、林、田、海、湖相互融合的生态基底;完善多级生态空间保护体系保护具有重要水源涵养和生态保障功能区,构建北部、珠三角"两屏一带一网"总体生态外围屏障,发展海洋生态保护带,加强湿地保护修复,组建生态廊道和生物多样性保护网络以及陆域生态绿核,全面提升生态系统质量和稳定性。

本章节将从生态本底、生态安全格局推演、水与人和生态的关系三个部分对广东省生态发展进行相关梳理。

7.1 广东省生态本底梳理

7.1.1 广东省重要的山脉和水系

(1)山脉概况

受地壳运动、岩性、褶皱和断裂构造以及外力作用的综合影响,广东省地貌类型复杂多样,主要以山地、丘陵、台地和平原四种地貌类型为主。其中山地分布最广,占全省陆地总面积的

33.7%。根据山地分析统计数据，我省山体部分面积9.4万平方公里，非山体部分面积8.5万平方公里，两者分别占全省陆地面积52.37%、47.63%。山体部分在粤北地区由北往南，由中间向东西两侧盘踞交错，形成我省的天然地形屏障，非山体部分则被一分为三，形成珠江三角洲平原、潮汕平原与粤西茂湛平原。

从广东省高程图可以看出（图7-1），我省总体地势北高南低，北部多为山地和丘陵地貌，南部则主要为平原和台地，此外，粤东和粤西地区也是山地分布的主要区域（图7-3）。这些山地多因地质构造运动形成，并延伸形成巨大山脉。据统计，我省区域内共有大的山脉十余条，山脉走向基本与地质构造走向一致，为东北－西南走向，如西部的云开大山、大田顶山地、天露山和东部的七目峰山、莲花山以及北部的滑石山等。另外还有少量西北－东南走向的山脉，如粤西北的起微山、大东山和粤东北地区的蕉岭山地。这些山脉不仅能为我省南部平原地区提供天然屏障，同时也为我省孕育出许多宝贵的动植物等自然资源。

莲花山脉：莲花山脉，粤东南有名的三大山脉之一，地处广东省东部，呈东北——西南走向，东北起大埔县北粤闽省界，西南至惠东县稔山镇，长280公里，因主脉上莲花山峰峦攒簇如莲花得名。山体由花岗岩、凝灰岩、糜棱禾岩及硅化岩构成。莲花山主峰是惠东县与海丰县交界的分水岭上最高峰，海拔1337.3米。

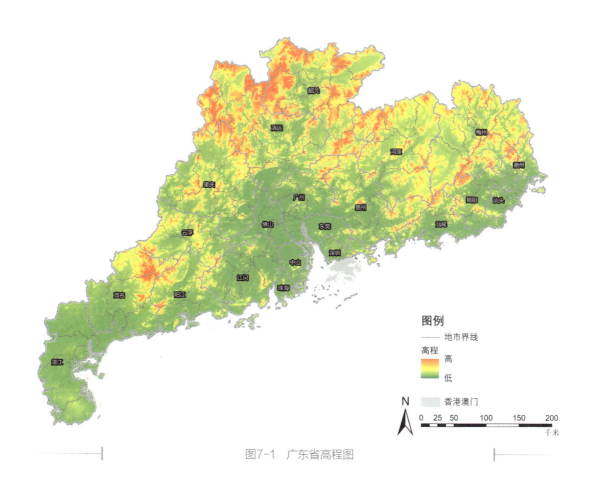

图7-1 广东省高程图

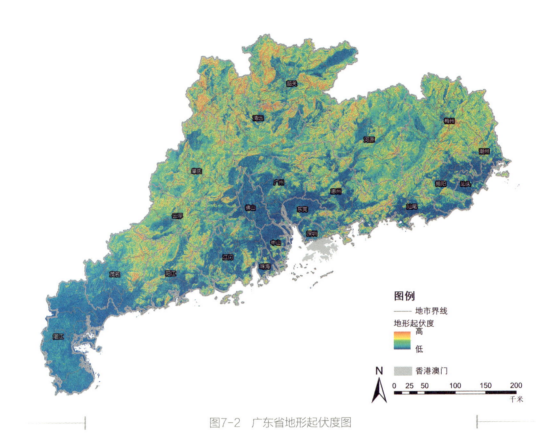

图7-2 广东省地形起伏度图

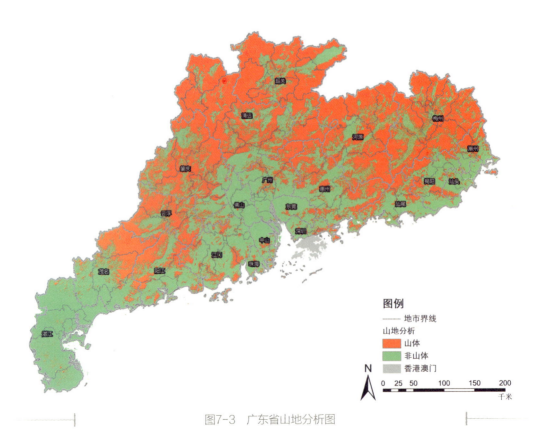

图7-3 广东省山地分析图

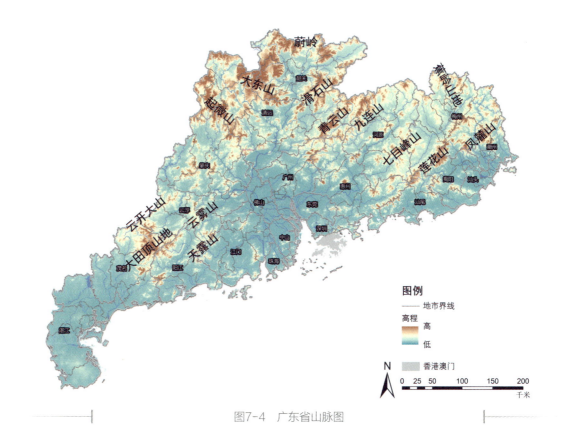

图7-4 广东省山脉图

云雾山脉：云雾山脉位于北纬23度以南，主要分布在粤西的信宜、化州、高州、阳春、罗定一带。山脉腹地信宜的大田顶高达1704米（海拔高度，下同），500米以上山岭370多座，千米以上中山80多座。由于群山环抱，山峦五峰和季风影响，在这里形成独特的低纬山地气候，因山顶、山谷温差大，山顶长时间云雾笼罩，终日云雾缭绕而名。

滑石山脉：滑石山位于广东省北部，是一列东北西南走向的山脉，它北起始兴县浈江南岸，南至英德市翁江北岸，跨越始兴、仁化、曲江、翁源、英德五县。其主要的山峰有：船底顶、金竹崀和雪山嶂，船底顶是滑石山的最高峰，海拔为1586米，位于曲江区罗坑镇。

云开大山山脉：云开大山山脉，包括云开大山、云雾大山、天露大山，主脉分南北两列。北列沿粤桂边境作北东—南西走向；南列在信宜市始于贵子镇的鸭兜山，经茶山镇的石牛肚、猫耳石、横山、怀乡镇的凤凰岭、池洞镇的大人山，高坡镇的过天坡到北界镇的石山岗。山脉由罗定市延伸入信宜市，在茂名市境集结形成山地，面积1300平方公里，占茂名市总面积11.38%。中部主要是丘陵和台地，西南部是平原台地。鉴江纵贯其南北。沿海迂回海岸线220公里，形成南海、博贺、爵山三大半岛和水东、博贺、鸡打等港湾。

大东山：大东山属南岭山系广义莽山的一部分，位于广东省西北部，跨越五个县市，南线在英德市（北部）—阳山县—连州市（属清远市），北线在曲江区（南部）—乳源瑶族自治县（属韶关市），在连江之北，西北靠近湖南省九嶷山脉，与北方的大瑶山（主要在乳源县）之间有乳源大峡谷。主峰岩坑山海拔1604米,广东省第三高山峰。有大东山温泉、大东山自然保护区。

蔚岭:蔚岭是跨越广东韶关市乐昌市—湖南郴州市宜章县的一条山脉,属南岭。上有宜乐古道及其蔚岭关等,是古代广东省通往湖南省及中原一带的要道。与大庾岭的分界线是流经仁化县的锦江河谷。

(2)水系概况

广东省北倚南岭,南邻南海,陆地面积17.97万平方公里,海洋面积41.9万平方公里。受地形与气候的综合影响,境内河流众多、水系发达、河网密布(图7-5),以珠江流域(东江、西江、北江和珠江三角洲)及独流入海的韩江流域和粤东沿海、粤西沿海诸河为主,集水面积占全省面积的99.8%,其余属于长江流域的鄱阳湖和洞庭湖水系。大小河流约1.1万条,总长度约6.6万千米。其中:集水面积在50平方公里以上的河流有1211条,河道总长3.66万千米;集水面积在100平方公里以上的河流有614条,河道总长2.59万千米;集水面积1000平方公里以上的河流有60条,河道总长0.77万千米。

发达的河流水系为发展内河航运提供了极大的便利,受益于得天独厚的地理条件,广东省已成为全国航运资源条件最优越的区域之一。我省现有通航里程11844公里,占全国内河通航里程的9.6%,居全国第二;其中等级航道里程4306公里,占全省36%,居全国第六;四级及以上航道里程1036公里,占全省8.7%,居全国第五。在全国规划重点建设的内河航道"两横

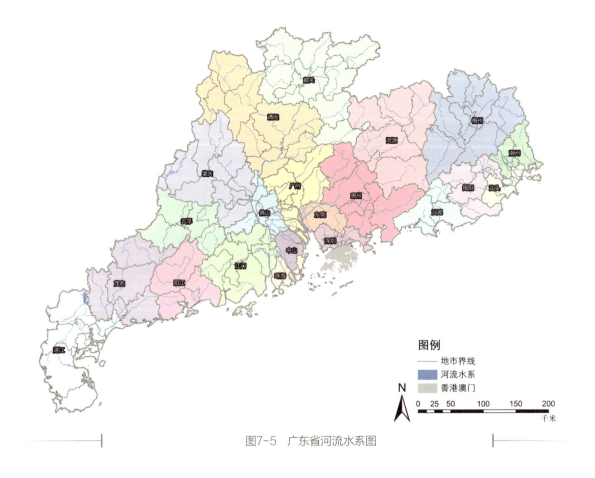

图7-5 广东省河流水系图

一纵两网"中，我省就占了"一横"（西江航道主干线）和"一网"（珠江三角洲航道网）。依托于发达的航运系统，广东省基本形成以广州、深圳、珠海、汕头、湛江为主枢纽港，惠州、茂名等为重要港口，其他中小港为一般港口的分层次格局。这对我省经济发展，对外经济文化交流起到了不可替代的作用。

湖泊

受发达的水系和多雨的气候影响，广东省湖泊广布（图7-6），共有大大小小湖泊9608个，总面积1633.20平方公里，约占广东省总面积的0.86%。湖泊分布总体上南部多于北部，以南部平原和沿海地区最为密集。由于广东省河网密布，人类活动范围广，在很多河流的上游都修建有水库，从而形成了人工湖泊，如新丰江水库、枫树坝水库、鹤地水库、南水水库等，这些水库分布范围广，数量多，在广东省所有湖泊中占有很大比重。此外，广东省湖泊绝大多数为淡水湖，但也有少数咸水湖分布，且多分布于南部沿海地带。这些湖泊在涵养水源，水土保持，保护生物多样性等方面发挥了巨大作用。

水系流域

广东省内水系分为珠江三角洲水系、东江水系、西江水系、北江水系、韩江水系、粤东沿海诸河及粤西沿海诸河七大流域（图7-7），七大流域皆属于外流区，区域内河流最终全部流入南海。各流域具体基本情况详见下表7-1。

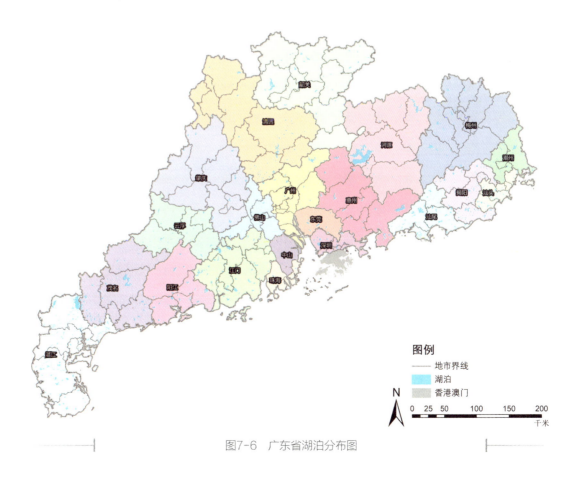

图7-6 广东省湖泊分布图

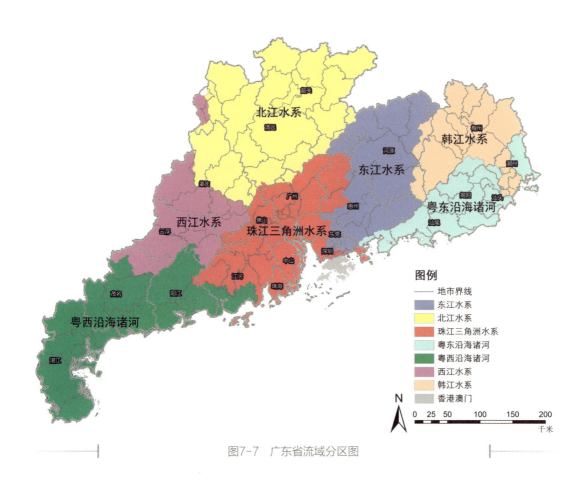

图7-7 广东省流域分区图

广东省各流域基本情况表　　　　　　　　　　表7-1

序号	流域名称	主要支流/河流
1	西江流域	贺江、罗定江和新兴江
2	北江流域	武江、南水、连江、滃江、潖江、滨江、绥江
3	东江流域	俐江、新丰江、秋香江、公庄河、西枝江、石马河
4	韩江流域	五华水、宁江、石窟河和汀江
5	珠江三角洲流域	磨刀门水道、东海水道、顺德水道、东江北干流、东江南支流、潭江、流溪河等
6	粤东沿海诸河流域	黄冈河、榕江、练江、龙江、螺河、黄江等
7	粤西沿海诸河流域	九洲江、鉴江、漠阳江等

主要河流简介：

珠三角流域：珠江三角洲流域面积26820平方公里，其中网河区占9750平方公里，诸河占17070平方公里。珠江三角洲河涌交错，水网相连，大小河道324条，河道总长约1600千米。按行洪流向，大致可分为西、北、东江下游系统，珠江干流、西北江网河和直接流入的河流，主要有潭江、高明河、流溪河、增江、沙河和深圳河等。珠江三角洲汇集东、西、北三江，由虎门、蕉门、洪奇门、横门（俗称东四门）、磨刀门、鸡啼门、虎跳门、崖门八大口门入海。

珠三角流域由北部山区、中部河网区构成（图7-8），河流由八大口门入海。环珠三角丘陵自然保护区、国家森林公园形成天然生态屏障，腹地9750平方公里。河网生态廊道对三角洲内的物质、能量、信息传递起着重要的生态作用，珠江八大入海口门形成湾区湿地群，岭南特有的山、水、林、田、湖、草，形成以珠江三角洲网河联通外围生态屏障和沿海生态防护带的生态网络空间格局，共同发挥自然生态系统效能。

东江流域：东江是珠江流域三大水系之一，发源于江西省寻乌县桠髻钵山，向西南流经广东省龙川县、东源县、源城区、惠城区、博罗县至东莞市石龙镇进入珠江三角洲（图7-9）。东江干流（广东境内）全长393千米，集水面积31840平方公里，流域内多年平均降水量约为1753毫米，多年平均地表水资源总量为329.5亿立方米。流域内有新丰江水库和枫树坝水库两座大型水库及为香港供水的东深供水工程，集水面积1000平方公里以上的一级支流共25条，主要支流自上而下有安远水、浰江、新丰江、船塘河、秋香江、公庄河、西枝江和石马河等。流域内生态资源众

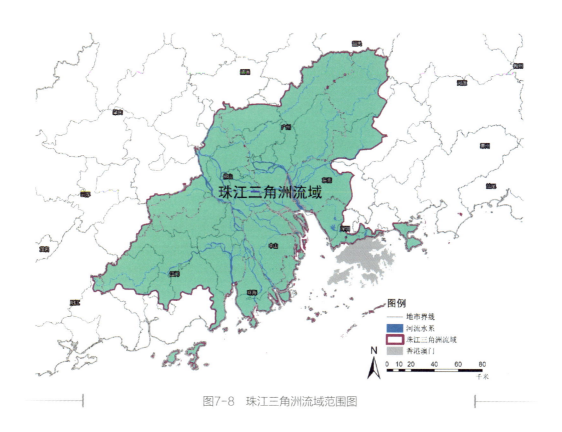

图7-8 珠江三角洲流域范围图

多，包括13个自然保护区、10个森林公园、4个湿地公园（均为省级以上），目前已划定的生态保护红线面积达6588.76平方公里，占流域面积的27.87%。流域内新丰江水库、枫树坝水库、白盆珠水库是省内第一、第二、第五大水库，另外河漫滩"面积大，分布广"是东江特具的生态资源，根据国土口径统计，东江干流沿线河漫滩总面积达到35.75平方公里，占河道范围内总面积的20%左右，主要集中分布在惠州至观音阁，河源至龙川段。此外，东江两岸风景秀丽，适宜亲水。东江河道水位变化较小，水流较缓，江面尺度宜人，两岸沿线地形起伏相对不大，视野开阔，植被茂盛，呈现十分秀丽的一江两岸自然景观。东江沿线城镇（惠州、博罗、河源、东源、龙川）以东江为脉络沿江延伸、跨江发展，城市发展与东江关系密切，同时滨江区域人水关系和谐，江岸人口活力较高，亲水适宜性较高。

图7-9　东江流域范围图

西江流域：西江是珠江流域的干流，源起于贵州省望谟县南盘江，流域面积35.3万平方公里，是珠江流域中流域范围最大的一条河流，占整个珠江流域面积的77.8%，覆盖云南、贵州、广西、广东四省，干流总长度2075千米（图7-10）。西江自梧州市东流13千米至界首大源冲口即进入广东省境内，至广东三水区思贤滘与北江相通，其后转向南流，进入珠江三角洲。西江在广东河段，位于西江流域的中下游，区间面积17960平方公里，约占广东境内珠江流域面积的16.1%。河长197千米，平均比降0.086‰，河道宽70米~2900米，沿河接纳集水面积在1000平方公里以上的一级支流有贺江、罗定江和新兴江。

图7-10 西江在广东省内的流域范围

西江是珠江流域的干流，径流量大，多年平均年径流量2220亿立方米，95%以上来自广东省外上游地区；水质良好，水源保护区众多，西江干流及主要支流共有水源保护区13个，是珠江三角洲主要的供水通道，如珠三角水资源配置工程、对澳门供水。西江还是重要的航运命脉，由于西江水量丰富，冬季不结冰，支流众多而且分布面广，因而有利于发展航运，成了广东、广西地区重要的航运通道。

西江生态基底优良，水资源量丰富，2017年水资源总量达154.87立方米。岸线以自然生态型为主，沿江河漫滩众多，鱼类资源丰富。西江干流的封开贺江段、郁南南江段、云浮城区段、德庆马圩河段及肇庆城区段岸线，生态岸线占86.1%，滩涂面积18.3平方公里，大小江心岛14个，面积最大的江心岛为肇庆鼎湖区砚州岛。江内鱼类主要有广东鲂、鳡、青鱼、草鱼等。干流设有三个国家级水产种质资源保护区、一个省级自然保护区及一个县级自然保护区。西江鱼类江段的洄游通道效果显著，江段分布有6个重要鱼类产卵场，主要产卵鱼类有广东鲂、鳡鱼及海南红鲌等。

北江流域：北江流域位于南岭山脉之南，背山面海，河道整体较平缓，漫滩、丘陵、峡谷众多（图7-11）。北江发源于南岭山系，全长468千米，其中在广东省内458千米，流域集雨面积46710平方公里，广东省内集雨面积达42930平方公里，主要流经韶关、清远2市18个县（区），是珠江流域第二大水系。北江两侧密布大小支流，区内集雨面积100平方公里以上河流有102条，

图7-11 北江流域分布图

800平方公里以上的有14条，1000平方公里的有墨江、锦江、武江、南水、潝江、连江、滃江、滨江、绥江9条，按叶脉状排列，从东西两侧汇入干流。北江上游包括韶关城区以上，全长212千米，平均坡降0.59‰，河道坡降相对陡峭，水流弯曲，多漫滩丘陵。中游从韶关城区以下至清远飞来峡白庙，全长173千米，平均坡降0.125‰，河道坡降稍缓，水流基本顺直，局部回流，多峡谷。下游从飞来峡至三水思贤滘，全长83千米，平均坡降0.0815‰，河道平缓，江阔水深，多漫滩平原。

北江岸线多自然，河漫滩众多，江心岛遍布。北江干流及主要支流浈江、武江、连江两侧岸线总长710千米，其中生态、自然岸线总长占比84.2%，约598千米，滩涂地面积12.4平方公里，大小沙洲66个、面积13.3平方公里，为动植物提供良好的生境条件。北江生态基底优良，各种水生生物自然保护区及水产种质资源保护区14个，市县级森林公园31个，面积23.9万公顷。

韩江流域：韩江主流发源于广东省紫金县和陆河县交界的七星崠，流经广东、江西、福建3省，涉及22个市县，下游进入三角洲网河区分北溪、东溪、西溪出海（图7-12）；全流域面积30112平方公里（广东省内17851平方公里），三角洲以上干流长470千米，总落差920米，河道平均坡降0.4‰；韩江三角洲集水面积1035平方公里。韩江流域多年平均降水量约为1600毫米，潮安水文站多年平均流量780立方米/秒，实测最大洪峰流量13300立方米/秒。下游三角洲出海口潮汐属不规则半日潮，三角洲入海河道拦河桥闸外受潮汐涨落影响属咸淡水区域。

韩江干流水质常年保持Ⅱ~Ⅲ类标准，饮用水源水质达标率100%。韩江源头，江水清澈；中上游，自然资源和人文资源丰富；下游，潮州供水枢纽犹如"玉带横江"，被评为"全国十大最

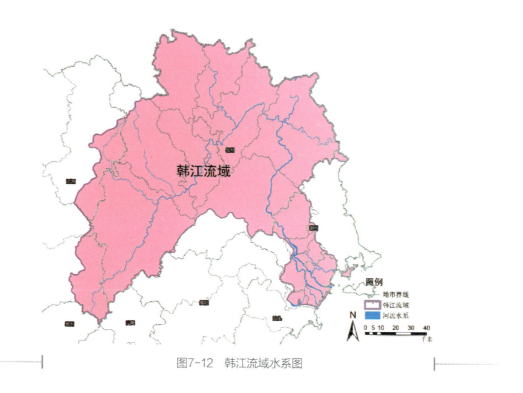

图7-12 韩江流域水系图

美水工程"。韩江流域有广东潮州韩江鼋、花鳗鲡市级自然保护区，2个市级水生生物自然保护区，2个国家级水产种质资源保护区，生态本底较好。

粤西沿海诸河：粤西沿海诸河多属山地暴流性小河，河流短促、独流入海。集雨面积大于1000平方公里的有漠阳江、鉴江、九洲江、南渡河、遂溪河等（图7-13）。其中鉴江是粤西沿海最大的河流，发源于广东省信宜市庄峒村虎豹坑，由北向南流经信宜、高州、化州、吴川，于吴川沙角旋注入南海，全长232千米，流域面积9464平方公里（其中广东省省境内8719平方公里）。鉴江流域多年平均年降雨量1676毫米，多年平均径流量76.82亿立方米。鉴江主要支流有曹江、罗江、袂花江、小东江、塘缀河等。鉴江上游溪流多且落差大，中游为丘陵地带，下游为广阔平原，河面宽阔、江心洲众多。

鉴江水资源有限，人均年占有水量约2240立方米，约为广东省人均占有量的70%，鉴江流域多年平均降雨量1757毫米，平均年径流量85.7亿立方米，较全国人均占有量尚少10%。

鉴江是粤西的母亲河，长期河流流动为两岸地区带来的沉积物含有丰富的有机质，从而为沿线农业发展提供了得天独厚的条件。鉴江流域农业发达，农业人口约420万人，鉴江干流沿线途径的信宜、高州、化州和吴川皆为农业重市，第一产业所占比例超过20%。2017年鉴江流域耕地面积达到2567.62万亩，占同期广东省耕地面积的9.87%，鉴江农业灌溉用水比重高达71.09%。

粤东沿海诸河：粤东沿海诸河集雨面积大于1000平方公里、独流入海的河流有黄冈河、榕江、练江、龙江、螺河及黄江等。其中，黄冈河发源于潮州饶平大矛坪，于潮州饶平石龟头注入

图7-13 粤西沿海诸河示意图

南海，集雨面积1621平方公里（其中我省境内1588平方公里），干流全长88千米，平均坡降2.07‰，年均径流量16.4亿立方米；榕江发源于汕尾陆丰凤凰山，于汕头牛田洋注入南海，集雨面积4628平方公里，干流全长185千米，平均坡降0.49‰，年均径流量61亿立方米；练江发源于揭阳普宁五峰山杨梅坪，于汕头潮阳海门注入南海，集雨面积1353平方公里，干流全长72千米，平均坡降0.89‰，年均径流量22亿立方米；龙江发源于揭阳市普宁南水凹，于惠来赤岭注入南海，集雨面积1164平方公里，干流全长82千米，平均坡降1.63‰，年均径流量17.6亿立方米；螺河发源于汕尾市陆丰三神凸，于陆丰烟港注入南海，集雨面积1356平方公里，干流全长102千米，平均坡降2.69‰，年均径流量23.6亿立方米；黄江发源于汕尾市海丰蜡烛山，于海丰盐屿山注入南海，集雨面积1359平方公里，干流全长67千米，平均坡降1.10‰，年均径流量26亿立方米。

7.1.2　广东省林地、农田、草地空间分布

（1）广东省林地概况

广东省林地总面积为118510.75平方公里，集中分布在韶关市、清远市、河源市、梅州市、肇庆市等城市，中山市、东莞市、珠海市、汕头市、深圳市林地分布少（图7-14）。不同类型林地空间分布中（图7-15），乔木林地面积最大，约92219平方公里，占全省林地面积的85%；灌木林地和红树林地面积很少，占比不到1%。

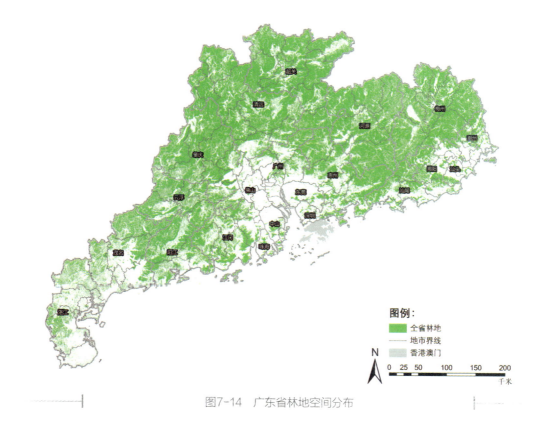

图7-14　广东省林地空间分布

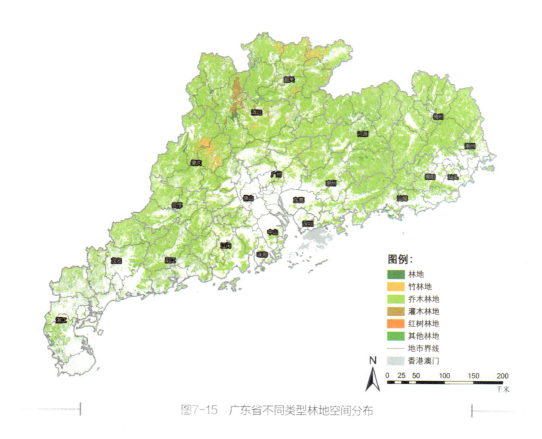

图7-15　广东省不同类型林地空间分布

根据广东省各地市林地面积统计（表7-2），韶关市林地面积最大，约15820.24平方公里，占林地总面积的13.35%；其次是清远市15519.43平方公里、河源市13661.82平方公里、梅州市12978平方公里、肇庆市11572.92平方公里；中山市林地面积最小，331.71平方公里，占林地总面积的0.28%。

广东省各地市林地面积统计　　　　　表7-2

城市名称	占比%
广州	2.74%
深圳	0.63%
珠海	0.41%
汕头	0.56%
佛山	0.90%
韶关	13.35%
河源	11.53%
梅州	10.95%
惠州	7.01%
汕尾	2.65%
东莞	0.39%
中山	0.28%
江门	4.46%
阳江	4.35%
湛江	3.02%
茂名	5.08%
肇庆	9.77%
清远	13.10%
潮州	1.52%
揭阳	2.47%
云浮	4.83%
总计	100.00%

（2）广东省农田概况

广东省农田总面积为23485.86平方公里，其空间分布特征为（图7-17）：湛江市农田分布最集中，深圳市、中山市、东莞市、珠海市与潮州市分布较为分散。农田类型主要分为农田、水田、水浇地和旱地（图7-18），其中水田面积最大，约13517平方公里，占全省农田面积的58%；其次是农田7450平方公里，占全省农田面积的32%。

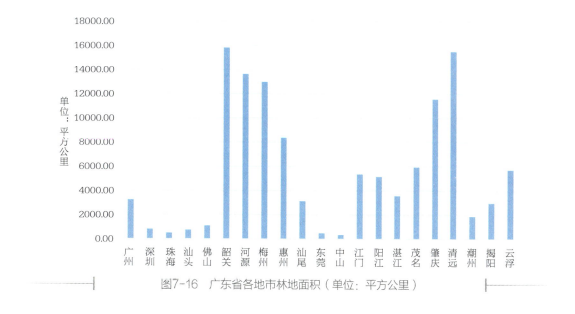

图7-16 广东省各地市林地面积（单位：平方公里）

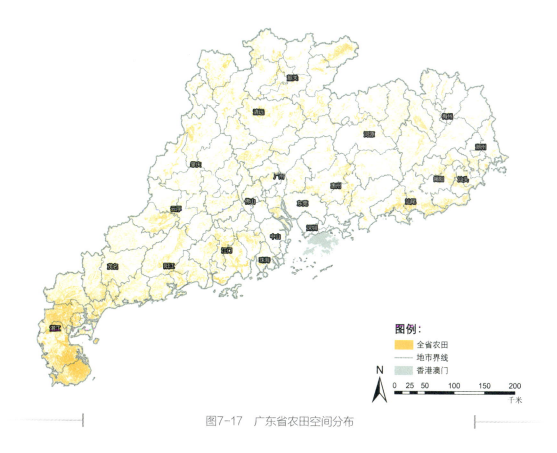

图7-17 广东省农田空间分布

根据广东省各地市农田面积统计（表7-3），湛江市农田面积最大，5171.51平方公里，占农田总面积的22.02%；深圳市农田面积最小，33.29平方公里，占农田总面积的0.14%；中山市、东莞市、珠海市与潮州市农田面积也较少。

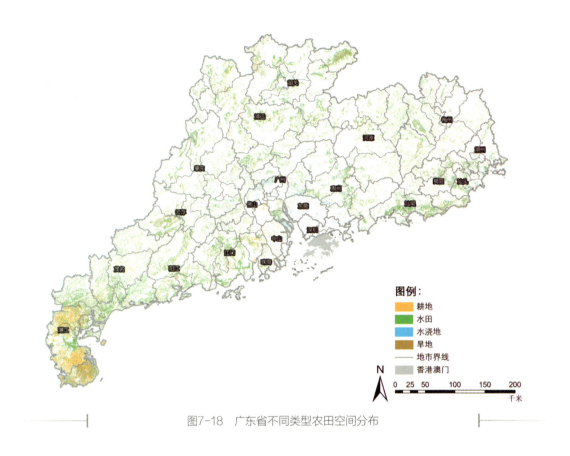

图7-18 广东省不同类型农田空间分布

广东省各地市农田面积统计　　　　　　表7-3

城市名称	占比%
广州	3.06%
深圳	0.14%
珠海	0.60%
汕头	1.41%
佛山	1.52%
韶关	8.30%
河源	5.32%
梅州	5.77%
惠州	4.57%
汕尾	3.66%
东莞	0.57%
中山	0.51%
江门	6.12%
阳江	5.47%
湛江	22.02%

续表

城市名称	占比%
茂名	8.34%
肇庆	5.57%
清远	9.14%
潮州	1.01%
揭阳	3.15%
云浮	3.77%
总计	100.00%

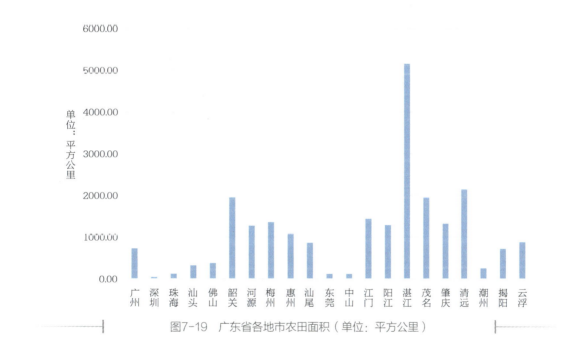

图7-19 广东省各地市农田面积（单位：平方公里）

（3）广东省草地概况

广东省草地总面积为1378.28平方公里，空间分布特征不均衡（图7-20），集中分布在广州市、佛山市、东莞市、中山市、湛江市与茂名市，深圳市分布极少，中山市、东莞市、珠海市与潮州市分布稀少。草地类型主要分为草地、天然牧草地、人工牧草地和其他草地（图7-21），其中，草地面积最大，约1230平方公里，占全省各类草地面积的89%；天然牧草地和人工牧草分布极少。

根据广东省各地市草地面积统计（表7-4），湛江市草地面积最大，165.17平方公里，占草地总面积的11.98%；其次是佛山市、清远市与惠州市；潮州市草地面积最小，7.10平方公里，占草地总面积的0.51%；云浮市、汕头市与揭阳市草地面积也较少。

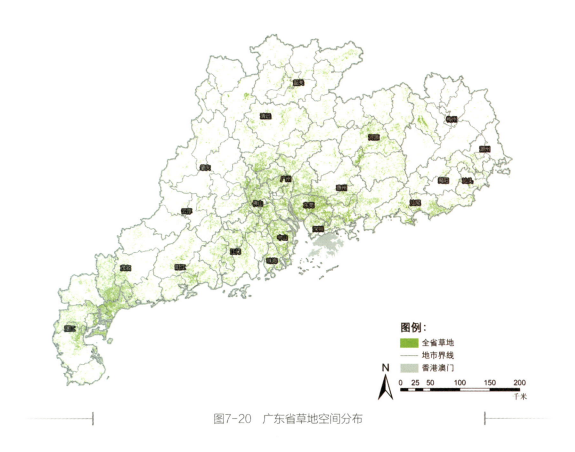

图7-20 广东省草地空间分布

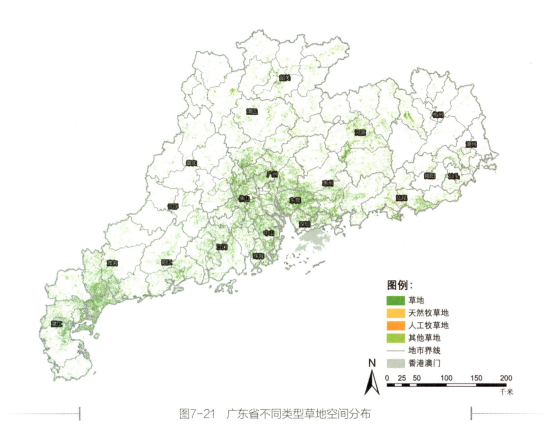

图7-21 广东省不同类型草地空间分布

广东省各地市草地面积统计　　　　　　　　　　　　　　表7-4

城市名称	占比%
广州	6.96%
深圳	2.21%
珠海	4.76%
汕头	1.23%
佛山	9.02%
韶关	3.84%
河源	5.42%
梅州	2.59%
惠州	7.76%
汕尾	5.11%
东莞	5.40%
中山	3.58%
江门	5.94%
阳江	4.01%
湛江	11.98%
茂名	5.49%
肇庆	2.79%
清远	8.44%
潮州	0.51%
揭阳	1.91%
云浮	1.04%
总计	100.00%

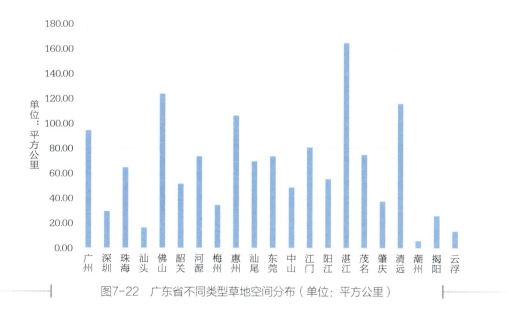

图7-22　广东省不同类型草地空间分布（单位：平方公里）

7.1.3 广东省重要的生态保护地
(1) 自然保护区

广东省自然保护区众多,全省共73个自然保护区,其中1个世界级,11个国家级,61个省级。集中分布在北部韶关市、清远市与河源市(图7-23)。根据广东省自然保护区名录统计(表7-5),面积最大的是广东南岭国家级自然保护区,585.99平方公里,面积超过100平方公里的自然保护区有21个。

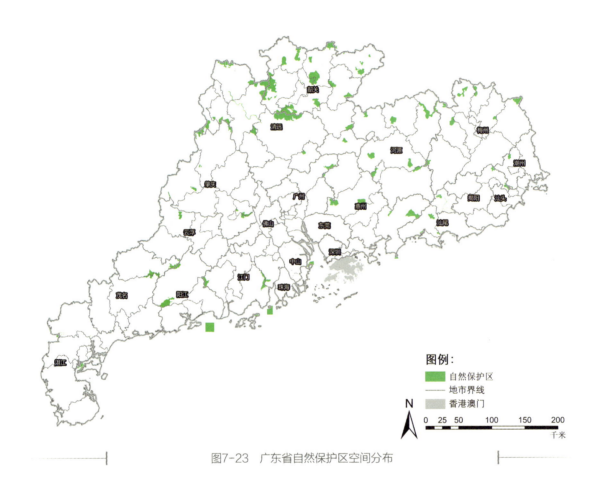

图7-23 广东省自然保护区空间分布

广东省自然保护区名录　　　　　　　　　　　　　表7-5

序号	名称	地市	级别
1	广东南岭国家级自然保护区	韶关市、清远市	国家级
2	英德石门台国家级自然保护区	清远市	国家级
3	广东丹霞山国家级自然保护区	韶关市	国家级
4	曲江罗坑鳄蜥自然保护区	韶关市	国家级
5	阳江南鹏列岛海洋生态省级自然保护区	阳江市	省级
6	广东湛江红树林国家级自然保护区	湛江市	国家级

续表

序号	名称	地市	级别
7	粤北华南虎自然保护区	韶关市	省级
8	兴宁铁山渡田河自然保护区	梅州市	省级
9	龙川枫树坝自然保护区	河源市	省级
10	阳春鹅凰嶂自然保护区	阳江市	省级
11	惠东莲花山白盆珠自然保护区	惠州市	省级
12	云开山自然保护区	茂名市	国家级
13	连州田心自然保护区	清远市	省级
14	古兜山自然保护区	江门市	省级
15	海丰鸟类自然保护区	汕尾市	世界级
16	乐昌杨东山十二度水自然保护区	韶关市	省级
17	连山笔架山自然保护区	清远市	省级
18	广东象头山国家级自然保护区	惠州市	国家级
19	大埔丰溪自然保护区	梅州市	省级
20	连南板洞自然保护区	清远市	省级
21	江门中华白海豚省级自然保护区	江门市	省级
22	罗浮山自然保护区	惠州市	省级
23	广东曲江沙溪自然保护区	韶关市	省级
24	和平县黄石坳自然保护区	河源市	省级
25	平远龙文－黄田自然保护区	梅州市	省级
26	七星坑自然保护区	江门市	省级
27	乐昌大瑶山自然保护区	韶关市	省级
28	广东西江烂柯山自然保护区	肇庆市	省级
29	南雄小流坑－青嶂山自然保护区	韶关市	省级
30	河源新港自然保护区	河源市	省级
31	广东车八岭国家级自然保护区	韶关市	国家级
32	淇澳－担杆岛自然保护区	珠海市	省级
33	翁源青云山自然保护区	韶关市	省级
34	怀集三岳自然保护区	肇庆市	省级
35	清新白湾自然保护区	清远市	省级
36	源城大桂山自然保护区	河源市	省级
37	从化市陈禾洞自然保护区	广州市	省级
38	始兴南山自然保护区	韶关市	省级
39	揭东桑浦山－双坑自然保护区	揭阳市	省级
40	茂名林洲顶鳄蜥省级自然保护区	茂名市	省级

续表

序号	名称	地市	级别
41	康禾自然保护区	河源市	省级
42	五华七目嶂自然保护区	梅州市	省级
43	紫金白溪水源林自然保护区	河源市	省级
44	广东连江龙牙峡水产种质资源省级自然保护区	清远市	省级
45	蕉岭长潭自然保护区	梅州市	省级
46	同乐大山自然保护区	云浮市	省级
47	连平黄牛石自然保护区	河源市	省级
48	阳春百涌自然保护区	阳江市	省级
49	南雄恐龙化石群自然保护区	韶关市	省级
50	乳源大峡谷自然保护区	韶关市	省级
51	肇庆大稠顶自然保护区	肇庆市	省级
52	仁化高坪自然保护区	韶关市	省级
53	封山黑石顶自然保护区	肇庆市	省级
54	云髻山自然保护区	韶关市	省级
55	陆河南万红椎林自然保护区	汕尾市	省级
56	潮安凤凰山自然保护区	潮州市	省级
57	佛冈观音山自然保护区	清远市	省级
58	梅县阴那山自然保护区	梅州市	省级
59	上川岛猕猴自然保护区	江门市	省级
60	惠东古田省级自然保护区	惠州市	省级
61	肇庆西江珍稀鱼类省级自然保护区	肇庆市	省级
62	惠东港口海龟国家级自然保护区	惠州市	国家级
63	龙门南昆山自然保护区	惠州市	省级
64	广东陆河花鳗鲡省级自然保护区	汕尾市	省级
65	连南大鲵省级自然保护区	清远市	省级
66	韶关北江特有珍稀鱼类省级自然保护区	韶关市	省级
67	广东鼎湖山国家级自然保护区	肇庆市	国家级
68	怀集桥头燕岩地质地貌自然保护区	肇庆市	省级
69	广东内伶仃岛－福田国家级自然保护区	深圳市	国家级
70	海山海滩岩自然保护区	潮州市	省级
71	广东南澳岛候鸟自然保护区	汕头市	省级
72	潮安梅林湖古海蚀地貌自然保护区	潮州市	省级
73	河源恐龙蛋化石自然保护区	河源市	省级

根据广东省各地市自然保护区数量统计（图7-24），韶关市自然保护区数量最多，有16个；其次是河源市与清远市各8个，肇庆市7个；东莞市、佛山市与中山市没有自然保护区。

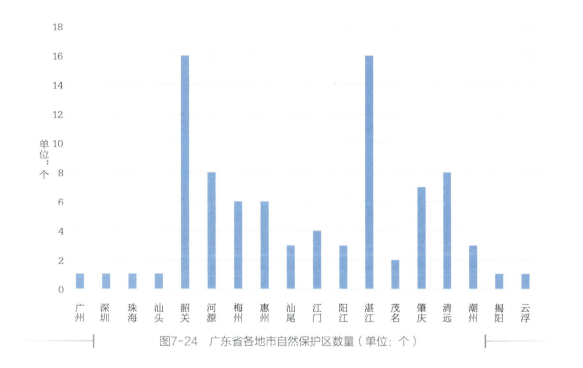

图7-24　广东省各地市自然保护区数量（单位：个）

（2）风景名胜区

广东省风景名胜区较多（图7-25），全省共20个风景名胜区，其中5个国家级，15个省级。根据广东省风景名胜区名录统计（表7-6），面积最大的是丹霞山风景名胜区，292.14平方公里，面积超过100平方公里的风景名胜区有3个。

广东省风景名胜区名录　　　　　　　　　　表7-6

序号	名称	地市	级别
1	丹霞山风景名胜区	韶关市	国家级
2	罗浮山风景名胜区	惠州市	国家级
3	白水寨风景名胜区	广州市	省级
4	梧桐山风景名胜区	深圳市	国家级
5	怀集燕岩风景名胜区	肇庆市	省级
6	从化温泉风景名胜区	广州市	省级
7	凌霄岩风景名胜区	阳江市	省级
8	封开龙山风景名胜区	肇庆市	省级
9	海陵岛海滨风景名胜区	阳江市	省级
10	湖光岩风景名胜区	湛江市	国家级

续表

序号	名称	地市	级别
11	飞霞风景名胜区	清远市	省级
12	礐石风景名胜区	汕头市	省级
13	五指石风景名胜区	梅州市	省级
14	阴那山风景名胜区	梅州市	国家级
15	潮州西湖风景名胜区	潮州市	省级
16	九泷十八滩风景名胜区	韶关市	省级
17	莲花山风景名胜区	广州市	省级
18	蟠龙洞风景名胜区	云浮市	省级
19	金鸡岭风景名胜区	韶关市	省级
20	宝晶宫风景名胜区	清远市	省级

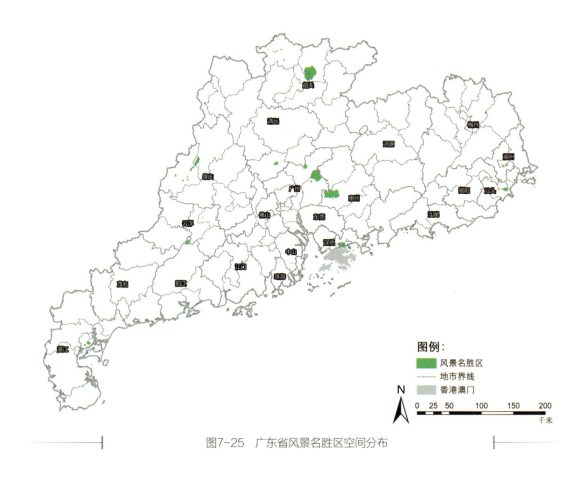

图7-25 广东省风景名胜区空间分布

根据广东省各地市风景名胜区数量统计（图7-26），广州市与韶关市各有3个风景名胜区；梅州市、清远市、阳江市与肇庆市各2个；潮州市、惠州市、汕头市、深圳市、云浮市与湛江市各1个，其他市没有风景名胜区。

（3）森林公园

广东省森林公园众多，全省共104个森林公园，其中26个国家级，78个省级。省内森林公园分布不均衡（图7-27），集中分布在惠州市、梅州市与肇庆市。根据广东省森林公园名录统计（表7-7），面积最大的是广东英德国家森林公园，501.94平方公里，面积超过100平方公里的森林公园有3个。

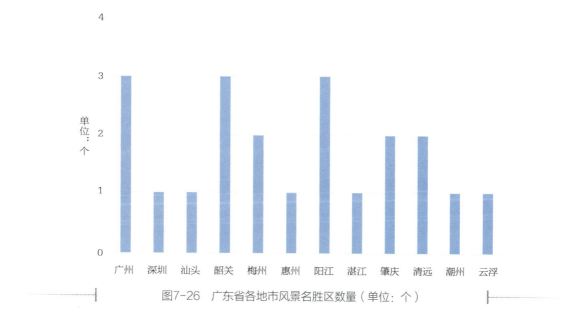

图7-26 广东省各地市风景名胜区数量（单位：个）

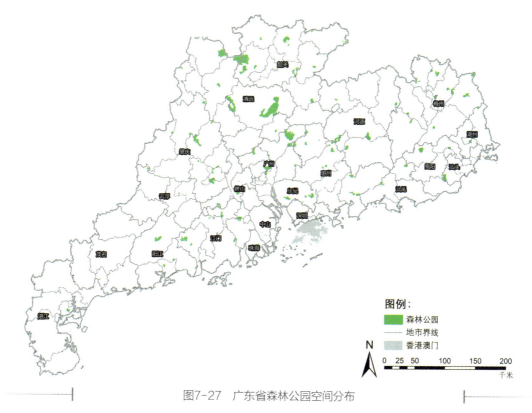

图7-27 广东省森林公园空间分布

广东省森林公园名录　　　　　　　　　　　　　　　　　表7-7

序号	名称	地市	级别
1	广东英德国家森林公园	清远市	国家级
2	广东南岭国家森林公园	韶关市	国家级
3	广东天湖森林公园	清远市	省级
4	广东流溪河国家森林公园	广州市	国家级
5	广东广宁竹海国家森林公园	肇庆市	国家级
6	广东天井山国家森林公园	韶关市	国家级
7	广东康禾温泉国家森林公园	河源市	国家级
8	广东仁化森林公园	韶关市	省级
9	广东新丰江国家森林公园	河源市	国家级
10	广东黄龙湖森林公园	广州市	省级
11	广东大南山森林公园	汕头市	省级
12	广东花滩森林公园	阳江市	省级
13	广东大北山国家森林公园	揭阳市	国家级
14	广东小坑国家森林公园	韶关市	国家级
15	广东帽峰山森林公园	广州市	省级
16	广东丰溪森林公园	梅州市	省级
17	广东王子山森林公园	广州市	省级
18	广东河排森林公园	江门市	省级
19	广东九龙峰森林公园	惠州市	省级
20	广东羚羊峡森林公园	肇庆市	省级
21	广东石门国家森林公园	广州市	国家级
22	广东阴那山国家森林公园	梅州市	国家级
23	广东圭峰山国家森林公园	江门市	国家级
24	广东镇山国家森林公园	梅州市	国家级
25	广东南台山国家森林公园	梅州市	国家级
26	广东龙山森林公园	惠州市	省级
27	广东东江森林公园	河源市	省级
28	广东南昆山国家森林公园	惠州市	国家级
29	广东云勇森林公园	佛山市	省级
30	广东大岭山森林公园	东莞市	省级
31	广东桂峰山森林公园	惠州市	省级
32	广东水东陂森林公园	惠州市	省级
33	广东天鹅山森林公园	梅州市	省级
34	广东贤令山森林公园	清远市	省级
35	广东梁化国家森林公园	惠州市	国家级

续表

序号	名称	地市	级别
36	广东火山峰森林公园	汕尾市	省级
37	广东汤泉森林公园	惠州市	省级
38	广东羚羊山森林公园	肇庆市	省级
39	广东三岭山国家森林公园	湛江市	国家级
40	广东五虎山森林公园	梅州市	省级
41	广东南澳海岛国家森林公园	汕头市	国家级
42	广东西樵山国家森林公园	佛山市	国家级
43	广东莲花山森林公园	汕尾市	省级
44	广东清溪森林公园	东莞市	省级
45	广东霍山森林公园	河源市	省级
46	广东北峰山国家森林公园	江门市	国家级
47	广东紫罗山森林公园	阳江市	省级
48	广东双髻山森林公园	梅州市	省级
49	广东中山国家森林公园	中山市	国家级
50	广东刘张家山森林公园	韶关市	省级
51	广东九洞森林公园	东莞市	省级
52	广东云乡森林公园	江门市	省级
53	广东青云森林公园	韶关市	省级
54	广东韩山森林公园	梅州市	省级
55	广东黄岐山森林公园	揭阳市	省级
56	广东雁鸣湖国家森林公园	梅州市	国家级
57	广东红山森林公园	潮州市	省级
58	广东神光山国家森林公园	梅州市	国家级
59	广东西岩山森林公园	潮州市	省级
60	广东油田森林公园	惠州市	省级
61	广东贞山森林公园	肇庆市	省级
62	广东新岗森林公园	肇庆市	省级
63	广东长潭森林公园	梅州市	省级
64	广东罗琴山森林公园	阳江市	省级
65	广东蒲丽顶森林公园	梅州市	省级
66	广东鹰扬关森林公园	清远市	省级
67	广东螺壳山森林公园	肇庆市	省级
68	广东九龙湖森林公园	肇庆市	省级
69	广东大坑山森林公园	肇庆市	省级
70	广东大王山国家森林公园	云浮市	国家级

续表

序号	名称	地市	级别
71	广东羊角山森林公园	清远市	省级
72	广东状元湖森林公园	肇庆市	省级
73	广东天鹿湖森林公园	广州市	省级
74	广东响水龙潭森林公园	江门市	省级
75	广东象头山森林公园	惠州市	省级
76	广东后洞森林公园	韶关市	省级
77	广东太子森林公园	广州市	省级
78	广东紫莲山森林公园	潮州市	省级
79	广东宝山森林公园	东莞市	省级
80	广东九连山森林公园	河源市	省级
81	广东莲花顶森林公园	广州市	省级
82	广东梧桐山国家森林公园	深圳市	国家级
83	广东坪田古银杏森林公园	韶关市	省级
84	广东黄金谷森林公园	肇庆市	省级
85	广东彩虹岭森林公园	江门市	省级
86	广东东岸森林公园	阳江市	省级
87	广东岚溪森林公园	潮州市	省级
88	广东帽子峰森林公园	韶关市	省级
89	广东天堂山森林公园	惠州市	省级
90	广东罗田森林公园	深圳市	省级
91	广东金钟山森林公园	肇庆市	省级
92	广东大屏嶂森林公园	东莞市	省级
93	广东锦城森林公园	韶关市	省级
94	广东马骝山南药森林公园	广州市	省级
95	广东观音山国家森林公园	东莞市	国家级
96	广东潜龙湾森林公园	江门市	省级
97	广东尖峰山森林公园	珠海市	省级
98	广东南山森林公园	云浮市	省级
99	广东龟顶山森林公园	肇庆市	省级
100	广东分塔山森林公园	惠州市	省级
101	广东大雁山森林公园	江门市	省级
102	广东茂名森林公园	茂名市	省级
103	广东东山森林公园	惠州市	省级
104	广东海景森林公园	佛山市	省级

根据广东省各地市森林公园数量统计（图 7-28），惠州市、梅州市与肇庆市森林公园数量最多，各有 12 个；其次是韶关市 10 个，广州市 9 个，江门市 8 个；茂名市、湛江市、中山市与珠海市最少，各市仅有 1 个森林公园。

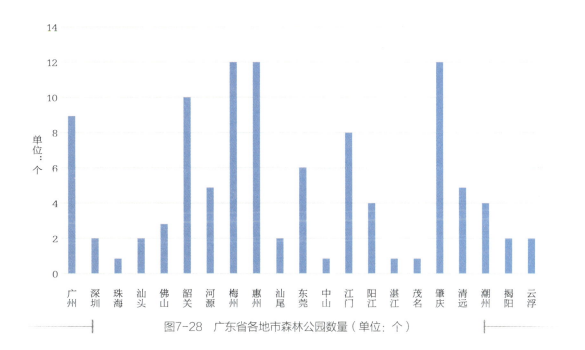

图7-28　广东省各地市森林公园数量（单位：个）

（4）地质公园

广东省共 18 个地质公园，其中 1 个世界级，8 个国家级，9 个省级。地质公园空间分布较为集中（图 7-29），其中韶关市地质公园最多，肇庆市、阳江市与江门市等又少量地质公园。根据广东省地质公园名录统计（表 7-8），面积最大的是广东丹霞山国家地质公园，251.05 平方公里，面积超过 100 平方公里的地质公园有 3 个。

根据广东省各地市地质公园数量统计（图 7-30），韶关市地质公园数量最多，有 3 个；其次是揭阳市与清远市各 2 个，潮州市、佛山市、广州市、河源市、江门市、梅州市、深圳市、阳江市、湛江市、肇庆市与中山市各 1 个，其他市没有地质公园。

（5）湿地公园

广东省共 29 个湿地公园，其中 24 个国家级，5 个省级，主要分布在韶关市（图 7-31）。根据各地市湿地公园名录统计（表 7-9），面积最大的是广东万绿湖国家湿地公园，245.83 平方公里，面积超过 100 平方公里的湿地公园只有 1 个。

根据广东省各地市湿地公园数量统计（图 7-32），韶关市湿地公园数量最多，有 5 个；其次是云浮市与肇庆市各 3 个，佛山市、广州市、河源市、江门市、阳江市、湛江市与珠海市各 2 个，惠州市、清远市、深圳市与中山市各 1 个，其他市没有湿地公园。

图7-29 广东省地质公园空间分布

广东省地质公园名录　　　　　　　　　　　　　表7-8

序号	名称	地市	级别
1	广东丹霞山国家地质公园	韶关市	世界级
2	广东封开国家地质公园	肇庆市	国家级
3	广东阳春凌霄岩国家地质公园	阳江市	国家级
4	广东南雄恐龙省级地质公园	韶关市	省级
5	广东恩平地热国家地质公园	江门市	国家级
6	广东阳山国家地质公园	清远市	国家级
7	广州增城省级地质公园	广州市	省级
8	广东深圳大鹏半岛国家地质公园	深圳市	国家级
9	广东平远五指石省级地质公园	梅州市	省级
10	广东连平坡头省级地质公园	河源市	省级
11	广东英德英西省级地质公园	清远市	省级
12	广东揭西黄满寨省级地质公园	揭阳市	省级
13	广东饶平青岚地质公园	潮州市	国家级
14	广东湛江湖光岩国家地质公园	湛江市	国家级
15	广东佛山西樵山国家地质公园	佛山市	国家级
16	广东乐昌金鸡岭省级地质公园	韶关市	省级
17	广东揭西黄满寨省级地质公园	揭阳市	省级
18	广东中山黄圃省级地质公园	中山市	省级

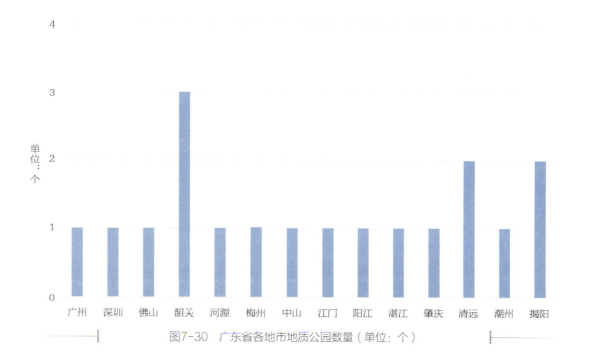

图7-30 广东省各地市地质公园数量（单位：个）

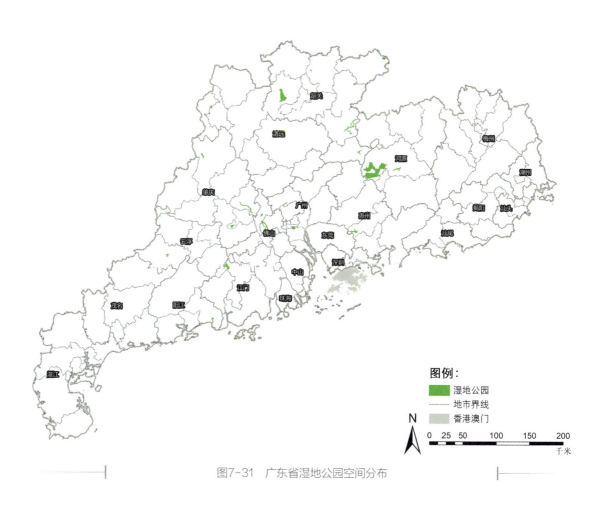

图7-31 广东省湿地公园空间分布

广东省湿地公园名录　　　　　　　　　　　　　　　　表7-9

序号	名称	地市	级别
1	广东万绿湖国家湿地公园	河源市	国家级
2	广东乳源南水湖国家湿地公园	韶关市	国家级
3	广东开平孔雀湖国家湿地公园	江门市	省级
4	广东南海金沙岛国家湿地公园	佛山市	国家级
5	广东雷州九龙山红树林国家湿地公园	湛江市	国家级
6	广东孔江国家湿地公园	韶关市	国家级
7	广东四会绥江国家湿地公园	肇庆市	国家级
8	广东惠州潼湖国家湿地公园	惠州市	国家级
9	广东星湖国家湿地公园	肇庆市	国家级
10	广东广州海珠国家湿地公园	广州市	国家级
11	湛江湖光红树林湿地公园	湛江市	省级
12	广东东江国家湿地公园	河源市	国家级
13	广东罗定金银湖国家湿地公园	云浮市	国家级
14	广东中山翠亨国家湿地公园	中山市	国家级
15	广东怀集燕都国家湿地公园	肇庆市	国家级
16	广东翁源滃江源国家湿地公园	韶关市	国家级
17	广东台山镇海湾红树林国家湿地公园	江门市	国家级
18	广东阳东寿长河红树林国家湿地公园	阳江市	国家级
19	广东三水云东海国家湿地公园	佛山市	国家级
20	广东新丰鲁古河国家湿地公园	韶关市	国家级
21	广东连南瑶排梯田国家湿地公园	清远市	国家级
22	广东珠海横琴国家湿地公园	珠海市	国家级
23	广东海陵岛红树林国家湿地公园	阳江市	国家级
24	广东花都湖国家湿地公园	广州市	国家级
25	韶关仁化澌溪湖湿地公园	韶关市	省级
26	珠海斗门黄杨河华发水郡省级湿地公园	珠海市	省级
27	广东郁南大河国家湿地公园	云浮市	国家级
28	广东深圳华侨城国家湿地公园	深圳市	国家级
29	云浮郁南九星湖省级湿地公园	云浮市	省级

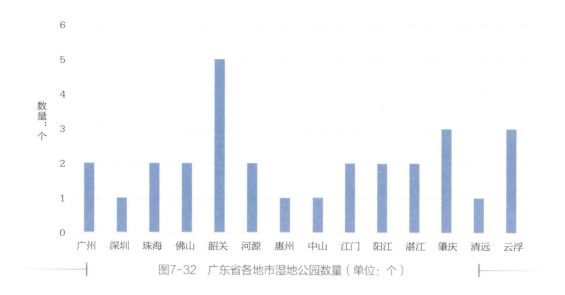

图7-32 广东省各地市湿地公园数量（单位：个）

7.2 广东省生态安全格局推演

生态安全格局也被称为生态安全框架，指的是在景观中存在某种潜在的生态系统空间格局。20世纪90年代国内学者首次提出生态安全格局的理论和方法后，不少学者持续地在多个尺度上进行了国土"生态安全格局"的研究，明确的结论为：应对快速城市化带来的各种问题，最核心的解决途径是建立国土生态安全格局，在各个尺度上维护国土生态安全。随着中共十八大的召开，"生态安全格局构建"的明确提出，这一要求被进一步理解和贯彻，在此基础上，全国完成了一系列的生态文明实践工作，生态安全格局的理论也在不断地丰富和完善。

生态安全格局推演是在充分了解区域生态环境的基础上，科学判定对维护区域生态系统健康、完整和安全最为关键的景观要素，进而通过景观要素之间的空间联系而共同构成一个多层次、完整的生态网络结构体系。广东省生态安全格局推演过程建立在生态系统服务重要性、生态敏感性两项评估结果的基础上。

7.2.1 生态安全格局评估模型

（1）生态系统服务重要性评估

生态系统服务功能指的是生态系统与生态过程所形成及所维持的人类赖以生存的自然环境条件与效用，包括对人类生存及生活质量有贡献的生态系统产品和生态系统功能。其价值评估研究对于促进生态系统可持续发展具有深远意义。生态系统服务重要性越高，该区域对维持与支撑生态系统稳定的作用更加明显。广东省生态系统服务重要性综合水土保持服务性、水源涵养、净初级生产力以及生境质量相关单因子评价。

a. 水土保持服务

土壤保持即土壤保持量，指的是生态系统凭借自身结构特性及生态过程减弱由降水等侵蚀作用成的土壤流失，是生态系统重要的调节功能之一，估算土壤保持对当地的生态安全保护具有重要价值。计算土壤保持量主要有统计数据计算法和"3S"空间模型法，常用模型有 USLE 模型、RUSLE 模型和 LISEM 模型等，广东省生态安全格局评估借助 USLE 模型量化潜在和现实土壤侵蚀量差值进行评价。通用土壤侵蚀方程（USLE）计算公式为：

$$A_p = R \times K \times L \times S \tag{7-1}$$

$$A_r = R \times K \times L \times S \times C \times P \tag{7-2}$$

$$A_c = R \times K \times L \times S \times (1 - C \times P) \tag{7-3}$$

式中，A_p 是潜在土壤侵蚀量，A_r 是现实土壤侵蚀量，A_c 是土壤保持量，R 是降雨量侵蚀因子，K 是土壤可蚀性因子，L 是坡长因子，S 是坡度因子，C 为植被覆盖因子，P 为水土保持措施因子。

b. 水源涵养

水源涵养能力体现为植被的保水能力，主要通过林冠截流、枯枝落叶层保水和土壤理水作用实现，植被的蓄水能力可以用来研究区域的保水量，参考采用综合蓄水法估算保水量，公式的主要参数有冠层截留量、枯枝落叶吸水能力和土壤层水分截留。计算公式为：

$$Q = Q_1 + Q_2 + Q_3 \tag{7-4}$$

式中，Q 为单个象元的保水量，Q_1 是植被冠层的截留量，Q_2 是估值落叶层的吸水截留量，Q_3 是土壤层的截留量。

$$Q_1 = 降水量(mm) \times 林冠截留率(\%) \times 面积(hm^2) \times 10 \tag{7-5}$$

$$Q_2 = 枯枝落叶层干重(t/hm^2) \times 饱和吸水率(\%) \times 面积(hm^2) \tag{7-6}$$

$$Q_3 = \sum_{i=1}^{n} FMC \times 面积(hm^2) \times h_i \times 10^4 \tag{7-7}$$

$$FMC = 0.003075 \times n_1 + 0.005886 \times n_2 + 0.008039 \times n_3 + 0.002208 \times OM - 0.14340 \times p \tag{7-8}$$

式中：降水量由气相站点数据在 ArcGIS 软件中通过反距离加权插值法得到，林冠截留率、枯枝落叶层干重、饱和吸水率三个参数主要是在参考相关研究成果的基础上，根据植被类型得到。FMC 表示田间最大持水量；h_i 表示土壤 i 的厚度；n_1 表示土壤砂粒含量百分比；n_2 表示土壤粉砂含量百分比；n_3 表示土壤黏粒含量百分比；OM 表示土壤有机质含量百分比；p 表示土壤容重（g/cm³）。其中，FMC 公式中的数据和参数主要通过查阅相关土壤质地和土壤类型数据得到。

c. 净初级生产力

净初级生产力是指绿色植物吸收的净二氧化碳量,是植物光合作用与呼吸作用(释放吸收的二氧化碳量)之差,为生态系统的物质基础。通过计算植被净初级生产力(NPP),再利用每千克干物质会固定一定质量的CO_2的原理来求出固碳量。参考被广泛应用在NPP的计算中的CASA模型,计算公式为:

$$\text{NPP}(x,t) = APAR(x,t) \times \varepsilon(x,t) \tag{7-9}$$

式中,NPP(x,t)是栅格单元x在月份t的净初级生产力($g \cdot C/km^2$),$APAR(x,t)$表示象元x在月份t的光和有效辐射(MJ/km^2);$\varepsilon(x,t)$是象元x在月份t的实际光能利用率($g \cdot C/MJ$)。

d. 生境质量

生境质量反映了某种环境下物种持续发展的能力,土地利用变化越激烈,对环境破坏越大,生境质量越差,反之,则生境质量越好。参考InVEST模型评估生境质量,该模型在评估过程中综合考虑了土地利用方式和土地利用格局变化。首先需要计算生境的退化程度,其退化程度的计算公式为:

$$D_{XJ} = \sum_{r=1}^{R} \sum_{y=1}^{Y_r} (W_r / \sum_{r=1}^{R} W_r) r_y i_{rxy} \beta_x S_{jr} \tag{7-10}$$

式中:D_{XJ}为土地利用类型j中栅格x的生境退化程度;R为该类型中威胁因子的数量;Y_r为威胁层图层范围在土地利用类型图中所占栅格的个数;W_r是威胁因子的权重值;β_x为该区域法律保护程度,将β_x设置为1。r_y为土地利用类型图中某一栅格上威胁因子的数量;S_{jr}是生境类型中土地利用类型j对威胁因子r的敏感度大小,取值为0-1,越接近1表示越敏感;i_{rxy}为栅格y的威胁因子r对土地利用类型生境栅格x的影响水平,i_{rxy}计算公式为:

$$i_{rxy} = 1 - (\frac{d_{xy}}{d_{\max}}) \tag{7-11}$$

$$i_{rxy} = \exp(-\frac{2.99}{d_{\max}}) d_{xy} \tag{7-12}$$

式中,d_{xy}为生境栅格x和栅格y威胁因子之间的最近距离,$d_{\max}$是威胁因子r的影响区域。生境质量的计算公式为:

$$Q_{xj} = H_j (1 - \frac{D_{xj}^z}{D_{xj}^z + K^z}) \tag{7-13}$$

式中,Q_{xj}为栅格x在土地利用类型图j中的生境质量;H_j为土地利用类型图j的生境适宜性,z为化常量是模型默认的系统参数(设置为2.5),k为半饱和常数,一般取生境退化程度最大值的一半。生境评分处于0到1之间,越接近1其生境质量越高。

（2）生态敏感性评估

生态敏感性是指为保证环境质量不遭破坏和损害，生态系统所表现出的适应外来压力或变化的能力。生态敏感性可以衡量面对损失干扰，生态系统修复能力的强弱，敏感性越高表示该区域的生态用地在全域的环境安全中扮演的角色越重要，在生态规划中越需要加强保护。生态敏感性参考选取了高程、坡度、植被覆盖度、土地利用类型与土壤侵蚀强度五个指标进行评估，叠加分级权重如表 7-10 所示：

生态敏感性赋值　　　　　　　　　　　　　　　　　　表7-10

生态初判等级	敏感性赋值					权重
	高	较高	一般	较低	低	
植被覆盖度	> 0.75	0.65~0.75	0.5~0.65	0.35~0.5	≤ 0.35	0.15
高程 /m	≤ 500	500~1000	1000~1500	1500~2000	> 2000	0.20
坡度 /°	≤ 5	5~10	10~15	15~25	> 25	0.25
土地利用类型	林地	水域	草地	耕地	其他	0.10
土壤侵蚀强度	极强烈侵蚀	强烈侵蚀	中度侵蚀	轻度侵蚀	微度侵蚀	0.30

（参考[111]）

表中植被覆盖度利用 NDVI 归一化植被指数计算得到，高程、坡度、土地利用类型根据已有数据进行分级，土壤侵蚀强度采用目前最为广泛的修正土壤流失方程（RULSE）进行计算，其中 RULSE 模型的计算公式如下：

$$A = R \times K \times LS \times C \times P \qquad (7-14)$$

式中，A 为年均土壤侵蚀模数（$t/(km^2 \cdot a)$）；R 为降雨侵蚀力因子（$(MJ \cdot mm)/(km^2 \cdot h \cdot a)$）；$K$ 为土壤可蚀性因子（$(t/(km^2 \cdot h))/(km^2 \cdot MJ \cdot mm)$）；$LS$ 为坡长坡度因子，C 为地表植被覆盖于管理因子，两者均无量纲。

7.2.3 多尺度安全格局构建

（1）区域生态安全格局

为综合评估省级区域生态安全格局，选取广东以及邻省广西、湖南、江西、福建五省进行区域生态安全格局构建，综合生态系统服务重要性与生态敏感性两个评价层面，进而评估区域生态重要性空间分布，评价尺度单元为 250×250 米单元网格。生态系统服务重要性评估得到（如图 7-33）：a. 水土保持、b. 水源涵养、c. 净初级生产力、d. 生境质量，其结果均为五级：一般、中等、高、较高、极高；

单指标分级结果空间分布特征不一，水土保持与生境质量评估结果空间分布较为类似，评分高区主要分布在粤北大东山、起微山等、湘西武陵山、雪峰山等、福建玳瑁山、武夷山脉等

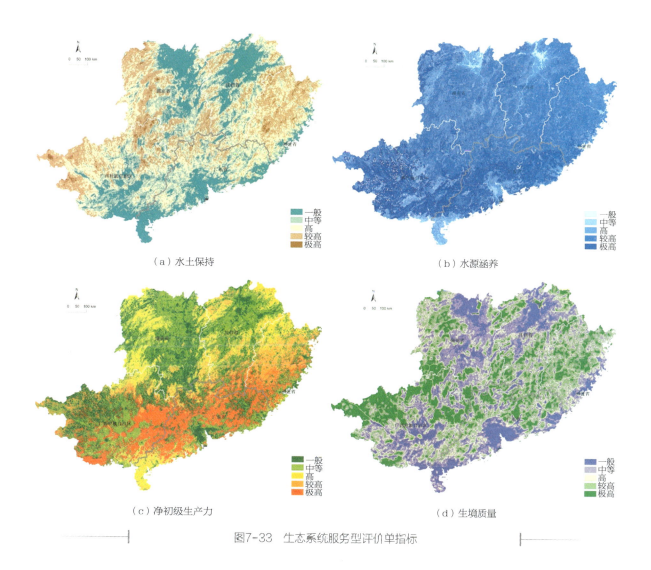

图7-33 生态系统服务型评价单指标

生态自然保护区、地形复杂区域，在广东与湖南、江西、福建省界交界处呈现出大面积高评价区域。净初级生产力的评价结果南北差异明显，评分较高的区域主要集中分布在广东省与其他省份交界的粤西云开大山、粤东莲花山、粤北等连片斑块。水源涵养总体呈现明显区位差异，南部与西部水源涵养总体水平更高，洞庭湖水系、鄱阳湖水系与珠江水系等周边水源涵养较低。

上述四个指标进行加权叠加得到生态系统服务重要性结果如图7-34左所示，综合植被覆盖度、高程、坡度、用地类型、土壤侵蚀强度进行叠加分级，所得到生态敏感性结果生态敏感性结果如7-34右所示：

生态系统服务重要性分化明显，重要性高值多分布在重要山脉如大东山、莲花山、罗霄山脉、玳瑁山、武陵山等山林地区覆盖重要的生态区；低值主要分布在平原地区如泛珠三角平原、洞庭湖平原、广西盆地等城镇扩张明显地区。生态敏感性高评估区在洞庭湖平原与鄱阳湖平原地区较

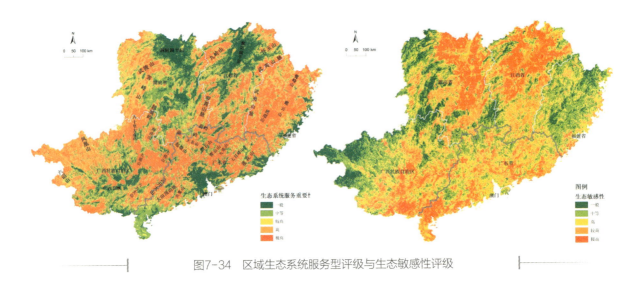

图7-34 区域生态系统服务型评级与生态敏感性评级

为集中,其他区域呈一定破碎状分布,整体广东省较广西壮族自治区、福建省等分布较为平均,生态敏感性集中区处于湛江以及与广西交界处。

综合生态系统服务重要性与生态敏感性得到区域生态重要性结果,分为一般、较高、高、极高四级,如图7-35所示:

从空间分布上来看,较其他四省,广东省生态重要性高值区域集中明显,且区域连续程度较高,广西、江西、福建省域高值区域较为离散。凤凰山、九岭山脉、武夷山脉、罗霄山脉、云开大山、

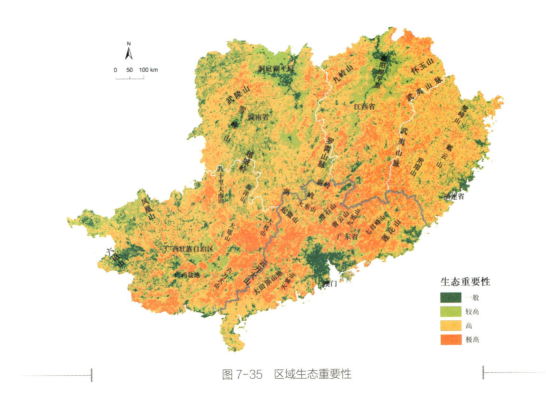

图7-35 区域生态重要性

大桂山、莲花山等区域具有重要生态功能，其中云开大山、九连山脉、南岭和起微山连接了广东省内山脉与周边省份高值区域。在区域安全格局的搭建下，南方五省中广东省生态环境呈现较高的重要性。

从区域生态评估数值来看（图7-36），评估结果在不同省份有较为明显的差异，湖南省、福建省呈现"中间高两头短"型区域集中效应，生态重要性较高、高等级占主导地位，其中湖南省中间两级区域占到86.29%，福建省达76.23%。广西壮族自治区与江西省以第二高等级区域为主导，生态保护区域存在较为大的提升空间，其中广西壮族自治区与江西结果为高等级区域占到各省域面积的48.56%与51%。与其他四省对比，广东省各个生态保护等级分布区域更为平均，广东省生态保护等级极高等级区域为51047.75平方公里，均高于其他四省，极高等级区域的面积占比高达29.14%，相较湖南5.49%、福建16.33%、广西18.4%、江西20.23%四省，广东省生态保护重要性突出。

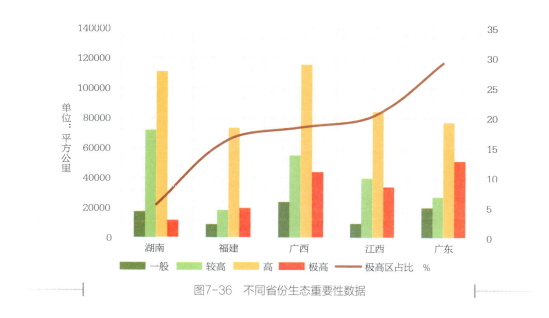

图7-36 不同省份生态重要性数据

（2）省级生态安全格局

基于区域生态安全格局的评估方法，明晰广东省生态重要区分布的区域性与内部生态保护优先等级的重要性，进一步搭建广东省安全格局对广东省生态保护与发展具有重要意义。在广东省级的安全格局搭建中，将数据评估精度进一步提高为30米×30米网格单元，进一步结合生态多要素阻力，科学界定生态源地，划分生态廊道，完善生态格局。

广东省生态安全格局的构建主要流程如图7-37下：

按照流程方法，第一步对广东省生态系统服务重要性与生态敏感性进行综合评价，生态系统服务重要性分为一般、中等、高、较高四级，生态敏感性分为低、中等、较高、高、极高五级，所得到的评价结果如图7-38所示：

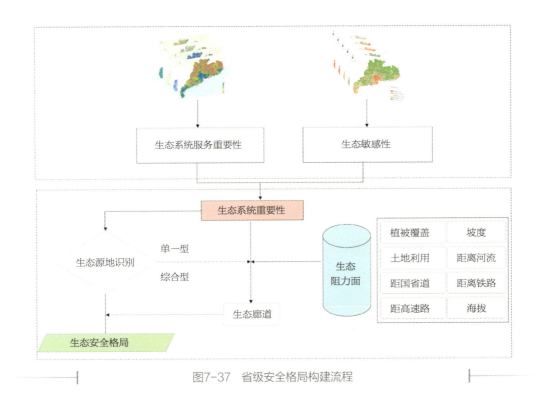

图7-37 省级安全格局构建流程

生态系统服务重要性评价结果与区域生态安全格局（五省评价）结果差异较小，但使用精细尺度的 NDVI 数据对生态敏感性结果有一定影响，相比区域生态敏感性，其高值区存在一定程度的减少。

在生态系统服务重要性与生态敏感性的基础对广东省生态重要性进行结果集成，其结果分为一般、中等、高、极高四个等级，如图 7-39 所示：

广东省生态重要性的分布层次明显，粤北南岭山区、粤东凤凰-莲花山区、粤西云雾山区等地区构建成明显的安全屏障体系，广州市、佛山市、中山市、东莞市、湛江市、汕头市生态重要分值较低，其中大田顶山地、起微山、滑石山、青云山、莲花山等山脉组成了高值区域，生态重要性斑块聚合程度高，珠三角核心区由于城镇扩张，生态重要性处于低值。

依托于生态重要性，对生态源地进行选择，其选择的参考原则有：

① 国家国家级自然保护区、湿地公园和森林公园的几何中心；

② 面积大于 100 平方公里的非国家级自然保护地几何中心；

③ 具有重要的区域性生态系统服务功能区几何中心。

选择的生态源地如图 7-40 所示：

其生态源地的分布较为平均，具体生态源地的类型如表 7-11 所示：

源地之间存在着动植物迁徙廊道，廊道的划定对安全格局起到良好的支撑作用。为合理划定廊道，进一步构建阻力面。其构建阻力面所采用的数据有植被覆盖度、坡地、海拔、土地利用类型、距河流距离、距铁路距离、距高速路距离、距国省道距离等要素，计算结果如图 7-41 所示。

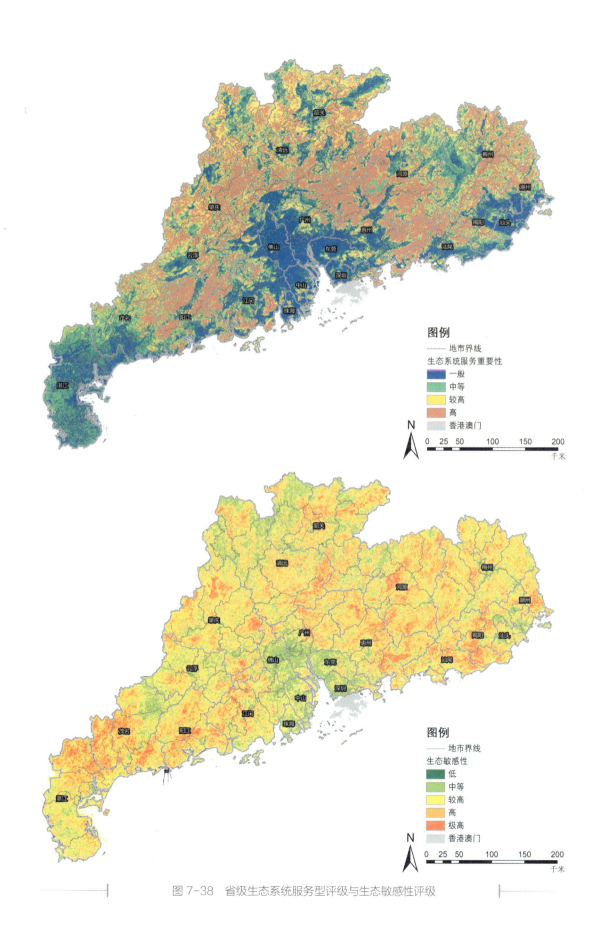

图 7-38 省级生态系统服务型评级与生态敏感性评级

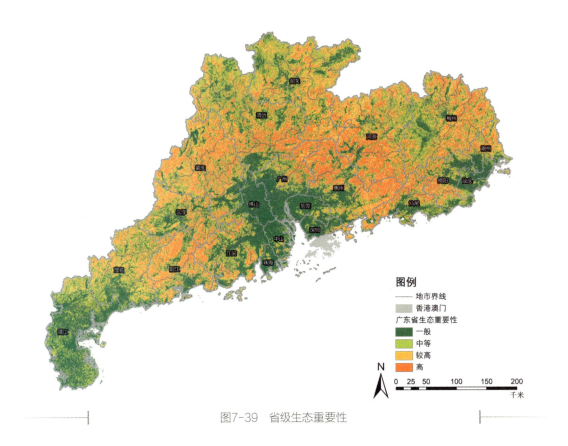

图7-39　省级生态重要性

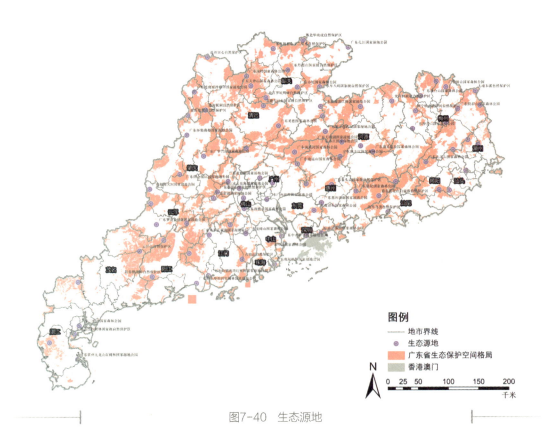

图7-40　生态源地

生态源地类型　　　　　　　　　　　　　　　　　　　　表 7-11

类型	个数
国家级自然保护区	6
国家级森林公园	21
国家级湿地公园	23
面积大于 100 平方公里的非国家级自然保护地	14
具有重要生态系统服务能力区域	23

将已识别的生态源地的几何中心作为源，使用最小阻力模型，依次计算每个源点到达其他生态源点的最小耗费路径，构建生态廊道。其计算公式为：

$$\text{MCR} = f \sum_{j=n}^{i=m} D_{ij} \times R_i$$

式中：MRC 为最小累计阻力模型；D_{ij} 为物种从源地 j 到景观单元 i 的空间距离；R_i 为景观单元 i 的生态阻力系数；f 表示最小累积阻力与生态过程的正相关关系。

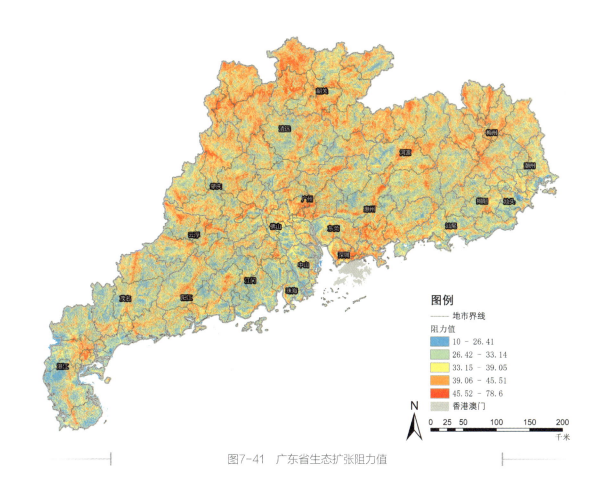

图 7-41　广东省生态扩张阻力值

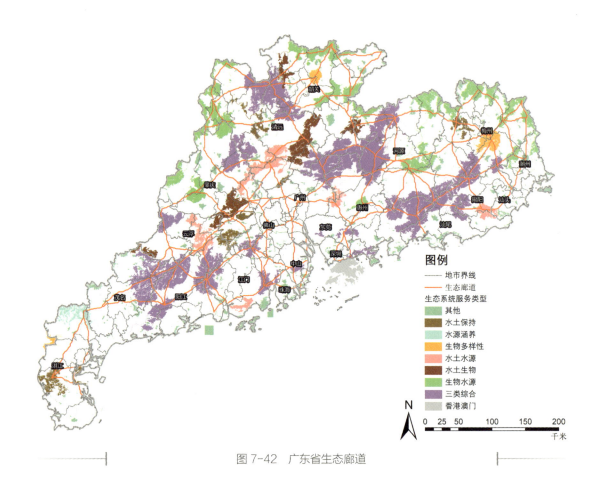

图 7-42　广东省生态廊道

基于 87 个生态源地进行相邻源地之间的廊道计算，一共得到 152 条生态廊道（图 7-42）。南岭的生态廊道穿越了丹霞山国家自然保护区、国家森林公园等重要生态斑块，与湖南省云霄山脉相连接，形成了重要区域性生态廊道；云雾山、云开大山、九连山脉、大东山、青云山等区域处于重要生态区域中。

水系蓝色生态廊道主要以东江、西江、北江、珠江三角洲河网、韩江、粤东沿海诸河和粤西沿海诸河等为主，生态景观林带、绿道网、森林公园、湿地公园和自然保护区等核心区域构成了道路绿色生态廊道体系。广东省内的生态廊道与其他省份之间具有紧密的联系，主要是通过跨省份的山脉相连接，如莲花山与福建的武夷山脉相连接、云开大山与广西相邻、南岭与湖南的罗霄山脉相连。

生态廊道是省域生态安全屏障体系的重要构成部分，明确生态廊道划分体系，合理划分生态廊道等级，对野生动物生境廊道、水源涵养廊道、隔离功能廊道实行分类保护，加强大东山、青云山、云雾山脉等重要区域性生态廊道的保护，维护全省生物多样性，对完善省域生态格局具有重要意义。

7.3 广东省水与人和生态的关系

7.3.1 水与生态的关系

（1）水与重要的自然保护地

水系是联系自然生态要素、景观资源优质的景观廊道，本身作为一种重要的自然生态要素和景观要素，又可以串联不同的自然资源要素，从而形成具有体系性的生态廊道（图7-43）。广东省所有河流水系2公里范围内，串联了1个世界自然遗产地、69个自然保护区、89个森林公园、27个湿地公园、19个风景名胜区、17个地质公园。

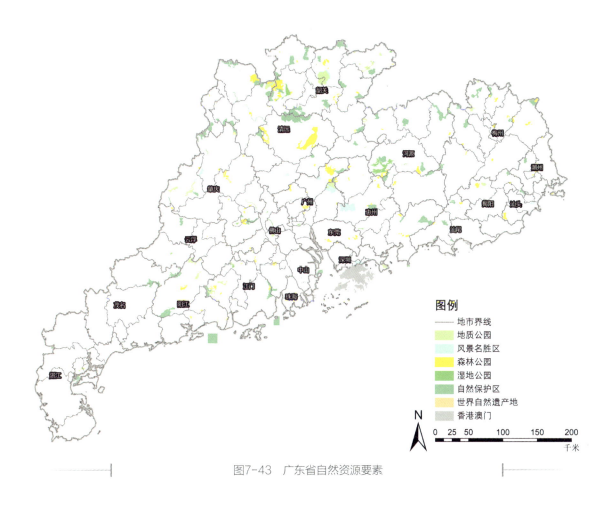

图7-43 广东省自然资源要素

（2）水与生态空间

珠三角地区城镇化开发强度过大，建设用地快速蔓延，大量挤占生态用地，城市边缘区的耕地、湿地、绿地、林地等重要生态资源受到严重侵蚀，部分流经城镇的河流、河涌水生态系统近乎消亡。快速城市化进程中，不合理的开发模式和人为活动造成河湖湿地、水源涵养区、河湖滩地、蓄滞洪区等水生态空间遭受严重侵占，导致河湖水沙等循环条件显著变化，湖泊及河流萎缩，水生态空间格局遭到挤压和破坏，水生态系统退化，生物多样性丧失，水体生态系统质量和服务功能不能有效发挥。

（3）水环境问题

2018年，全省城市集中式生活饮用水水源水质100%达标，重要水功能区水质达标率为79.1%，71个地表水国考断面水质达标率（78.9%）与2018年年度目标（81.7%）相差2.8%，劣Ⅴ类断面比例（12.7%）与年度目标（7%）相差5.7%。练江、茅洲河、广佛跨界河、深圳河、淡水河、石马河、东莞运河等7条重污染河流水质仍为劣Ⅴ类。全省243个黑臭水体中已有191个完成了整治工程，达到了国家"初见成效"的要求，但还有部分未完成阶段整治任务，部分黑臭水体治理存在污染反弹现象。

（4）河流生态流量

随着水资源供需矛盾的加剧，生态用水经常被经济社会用水所挤占，河湖生态流量缺乏保障，如西江下游控制水文站高要站1800立方米/秒流量保证率仅为75%。目前广东尚未划定主要江河生态流量，也未制定基于生态流量保障的水量调度方案，生态流量管理体制机制有待建立。部分水电站无生态放水设施，导致下游河道生态环境恶化，对各流域中小河流（流域面积50~3000平方公里）的统计发现，全省存在减脱水问题的电站达1049宗，占相应河流电站总数的75%；涉及河流195条，占相应河流总数的77%；减水长度1847.6千米，占相应河流总长度的25%；从流域来看，北江流域河流的减水长度占比最高，占31%，其次为粤西，占比29.1%，粤东占比最低为9%。

7.3.2 水与人的关系

广东省河流纵横，水网密布，城乡逐水而建，百姓依水而居，大量城乡社会经济活动集中在滨水地区。滨水地区是广东省经济最活跃的地区，是串联地方经济发展重点区域的纽带。

（1）滨水地区是城市建设的重要场所

广东省21个地级市中，有17的城市的主城区有干流河流经过。全省水系2公里范围内建设用地达15023平方公里，占全省建设用地的82.2%（图7-44）。所有水系周围500米缓冲区内的县城共有41个，占总数的33.6%（干流和一、二级河流周围500米内有23个）；所有水系周围500米缓冲区内的镇区共有432个，占总数的36.2%（干流和一、二级河流周围500米内有166个）。

全省各地重要的标志性建筑物均位于滨水地区，如广州塔、珠海歌剧院等，展示地方独特的文化魅力；广东省自古以来为区域重要通商口岸，滨水区域有大量历史遗迹，如古码头、古驿道等，具有展示地方历史魅力的作用。

在城市建设中，滨水地区一般设置有公共属性的场所，博物馆、图书馆、青少年活动中心等城市公共建筑一般设置于滨水区域，并与城市重要的户外活动空间相结合。

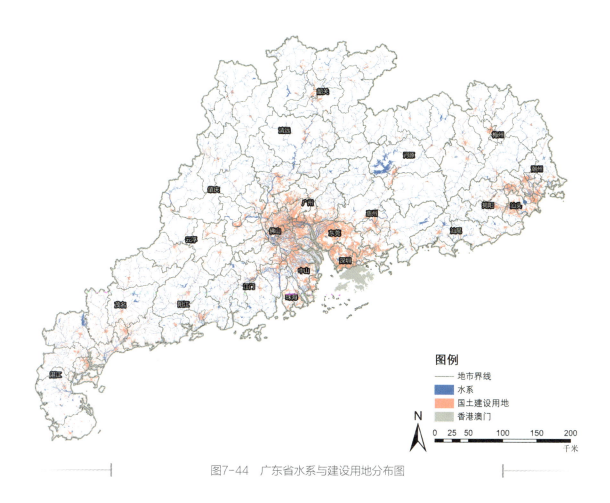

图7-44　广东省水系与建设用地分布图

（2）滨水地区是城乡居民休闲游憩的重要场所

广东省滨水区域多是通风廊道，夏季凉爽，环境宜人，多数城市在滨水区域建设景观公园、城市广场等。根据大数据分析，全省河湖水系 2 公里范围内的日常活动人群高达 8035 万（图 7-45），占到全省日常活动人口的 80% 左右，广东省居民出行的主要步行路径和骑行路径均围绕水系展开，以珠江三角洲地区、潮汕地区为典型代表。

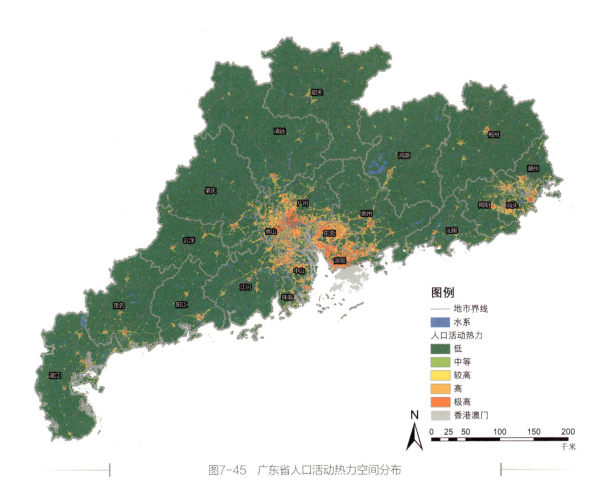

图7-45 广东省人口活动热力空间分布

参考文献

[1] （美）杰里米·里夫金. 第三次工业革命：新经济模式如何改变世界[M]. 张体伟译. 北京：中信出版社，2012.

[2] 美国国家情报委员会. 全球趋势2030：变换的世界[M]. 中国现代国际关系研究院美国研究所译. 北京：时事出版社，2013.

[3] （瑞士）克劳斯·施瓦布. 第四次工业革命：转型的力量[M]. 北京经济论坛北京代表处译. 北京：中信出版社，2012.

[4] （德）恩格尔贝特·韦斯特坎博尔. 欧洲工业的未来：欧洲制造2030[M]. 王志欣译. 北京：机械工业出版社，2016.

[5] 胡鞍钢. 2030中国：迈向共同富裕[M]. 北京：中国人民大学出版社，2011.

[6] 世界银行国务院发展研究中心联合课题组著. 2030年的中国：建设现代、和谐、有创造力的社会[R]. 北京：中国财政经济出版社，2013.

[7] 李善同. 2030年的中国经济[M]. 北京：经济科学出版社，2011.

[8] 中国科学院. 科技革命与中国的现代化：关于中国面向2050年科技发展战略的思考[M]. 北京：科学出版社，2009.

[9] 卢璐. 基于景观风貌塑造的城市设计策略研究[D]. 太原：太原理工大学，2014.

[10] 张云彬，吴人韦. 欧洲绿道建设的理论与实践[J]. 中国园林，2007，（3）：33-37.

[11] 杨天荣，匡文慧，刘卫东. 基于生态安全格局的关中城市群生态空间结构优化布局[J]. 地理研究，2017，36（03）：441-452.

[12] 杨明，周伟. 广东社科院. 广东2035：发展趋势与战略研究[J]. 新经济，2018，509（6）：10-27.

后记

本书尝试通过多源数据的挖掘分析，从人口、用地、产业、公共服务、地域文化、生态格局等6个方面解析广东省的发展特征及趋势。书中所有分析结论及图纸均由编委会经统计后得出与绘制。编委会在图书编撰过程中广泛收集科研文献、研究报告、政府公开文件、地方志等文件资料，同时通过解译遥感数据，购买商业数据、抓取互联网开源数据等多种途径获取数据以支撑分析总结。

为了规范地理数据使用，书中所有基础地理数据均来源国家基础地理信息中心的全国地理信息资源目录服务系统。各章分析数据均具有明确来源，符合学术要求。第一章对广东省经济社会发展变化进行描述的数据主要使用《广东统计年鉴》数据并结合其他省市统计数据进行对比分析；第二章人口特征及趋势判断数据主要使用《广东统计年鉴》《广东省人口普查资料》《广东省人口抽样调查资料》和百度慧眼人口大数据等人口数据；第三章土地利用格局及发展特征总结主要使用遥感影像解译及国土统计资料数据进行分析；第四章产业发展特征及空间分布分析中使用了网络公开的工商登记数据及国家知识产权专利注册数据等；第五章社会保障与公共服务分析主要采用各地市统计年鉴数据、网络地图POI数据等；第六章地域文化分析数据资料来源于广东省地方志及我院开展的各类规划文本等；第七章生态本底梳理及安全格局推演数据来自各遥感、气象及环境监测网站公开数据。

书中涉及的分析数据出于对数据使用敏感性、保密性要求，文中各图表未一一列明数据来源，编委会对数据来源及使用情况具有最终解释权，如有图表使用需要和疑问，欢迎各位读者咨询作者及编委会。